21世纪高等院校金融类系列教材
金融学国家级特色专业指定教材

金融市场与金融机构教程

主审　丁俊峰

主编　杜晓颖　梅光仪　徐镱菲

经济科学出版社

图书在版编目（CIP）数据

金融市场与金融机构教程 / 杜晓颖，梅光仪，徐镱菲主编. —北京：经济科学出版社，2011.12

ISBN 978-7-5141-1392-1

Ⅰ. ①金…　　Ⅱ. ①杜…　②梅…　③徐…　　Ⅲ. ①金融市场－高等学校－教材②金融机构－高等学校－教材　Ⅳ. ①F830.9 ②F830.3

中国版本图书馆 CIP 数据核字（2011）第 264194 号

责任编辑：周胜婷　张萌
责任校对：王凡娥
技术编辑：王世伟

金融市场与金融机构教程
主审　丁俊峰
主编　杜晓颖　梅光仪　徐镱菲
经济科学出版社出版、发行　新华书店经销
社址：北京市海淀区阜成路甲 28 号　邮编：100142
总编部电话：88191217　发行部电话：88191104
网址：www.esp.com.cn
电子邮件：esp@esp.com.cn
保定市时代印刷厂印装
787×1092　16 开　14 印张　310 000 字
2012 年 1 月第 1 版　2014 年 9 月第 2 次印刷
ISBN 978-7-5141-1392-1　定价：33.00 元

前　言

　　金融是现代经济的核心。金融业作为现代高端服务业，是所有发达国家乃至正处于转型发展中国家所追求的产业发展方向。金融业既是经济发展的引擎，同时也是推动经济持续发展的恒动力，金融市场的发达程度决定一国或一地区在世界经济中能否居于主导地位，金融手段甚至成为国际政治斗争的强有力的武器。金融市场为公司、政府及私人部门的投资活动提供了融资便利，而金融机构是资金融通的主要媒介，金融机构在金融市场中的作用显然举足轻重，金融机构与金融市场浑然一体不可分割。介于此，让财经类本科院校的学生系统了解金融机构与金融市场体系是最基本要求，因而我们着手编写了这本教材。

　　本书以我国金融改革和发展的具体实践为主线，运用国际上金融教育领域通用的语言和逻辑，以中国的金融市场与机构为对象，参照发达国家已较成熟的理论和实践，介绍了我国各主要金融机构和金融市场的主要业务和管理的基本理论和基本方法，以一种较为系统的方式向读者展示当今中国逐渐丰富的金融产品、不断创新的金融机构和日新月异的金融市场。本书具有理论性、知识性、实用性和通俗性的特点。

　　本书共三篇十九章，第一篇导论，重点介绍了金融机构和金融市场的定义、分类、基本理论和特点；第二篇金融机构，分别从金融监管机构、银行机构和非银行金融机构三个层面介绍了它们各自的业务范围和管理方式；第三篇金融市场，是在第二篇的基础之上，分别介绍了与各类金融机构相对应的货币、债券、股票、黄金、衍生品和外汇等不同类别的金融市场及在我国的运行状况。

　　本教材适用于高等职业教育院校、普通高等院校、成人高等院校相关专业的教学与学习，也可作为希望了解中国金融系统全貌的实际工作者、自学者的参考书或学习用书。

　　作为广东金融学院"金融学国家级特色专业"的指定使用教材，本书由广东金融学院金融系的杜晓颖副教授、梅光仪、徐镱菲老师任主编。徐镱菲编写第一篇；杜晓颖编写第二篇；梅光仪编写第三篇。丁俊峰教授、杜晓颖副教授对全书进行了审阅和修改。在编写过程中参考和引用了大量的文献资料，吸收和借鉴了国内外学者的有关研究成果，在此特向有关作者表示谢意。

　　金融机构和金融市场是一个庞大体系，其发展伴随非常复杂的理论和现实问题，其业务也在不断创新，各金融机构业务混合经营趋势明显，所以本书的内容也将在今后发展中不断更新。限于作者的学识和水平，书中定有许多需要进一步完善之处，恳请读者不吝指正。

编　者

2011 年 11 月 11 日

目　　录

第一篇 导　　论

第一章　金融机构与金融市场概述

学习目标

1. 了解金融机构的定义、分类与功能
2. 了解我国现行金融机构体系
3. 了解金融市场的定义、分类、功能与要素
4. 了解金融市场与其他市场的关系
5. 了解金融市场的运行机制

第一节　金融机构概述

一、金融机构的定义

一般而言，凡是专门从事各种金融活动的组织，均称为金融机构。由于金融活动有两类：直接金融与间接金融。相应地，金融机构也可分为直接金融机构和间接金融机构。间接金融机构，又称为金融中介机构，是作为资金余缺双方进行金融交易的媒介体，如各种类型的银行和非银行金融机构；直接金融机构则是为筹资者和投资者双方牵线搭桥的证券公司、证券经纪人以及证券交易所等。直接金融机构与间接金融机构的区别在于，间接金融机构要通过各种负债业务活动集聚资金，然后再通过各种资产业务活动分配这些资金；直接金融机构则主要是促成贷款人与借款人接上关系，而并非主要在借贷双方之间进行资产负债的业务经营活动。由于金融中介机构是金融机构的重要组成部分，从整个国民经济的资金运动来看，金融中介机构又具有重要的意义，因而通常所讲的金融机构就是指金融中介机构。

二、金融机构的分类

按照不同的标准，金融机构可划分为不同的类型：

（1）按照金融机构的管理地位，可划分为金融监管机构与接受监管的金融企业。例如，中国人民银行、国家外汇管理局、中国银行业监督管理委员会、中国保险监督管理委员会、中国证券监督管理委员会等是代表国家行使金融监管权力的机构，其他的所有银行、证券公司和保险公司等金融企业都必须接受其监督和管理。

（2）按照是否能够接受公众存款，可划分为存款性金融机构与非存款性金融机构。存

款性金融机构主要通过存款形式向公众举债而获得其资金来源，如商业银行、储蓄贷款协会、合作储蓄银行和信用合作社等，非存款性金融机构则不得吸收公众的储蓄存款，如保险公司、信托金融机构、政策性银行以及各类证券公司、财务公司等。

（3）按照是否担负国家政策性融资任务，可划分为政策性金融机构和非政策性金融机构。政策性金融机构是指由政府投资创办、按照政府意图与计划从事金融活动的机构。非政策性金融机构则不承担国家的政策性融资任务。

（4）按照是否属于银行系统，可划分为银行金融机构和非银行金融机构；按照出资的国别属性，又可划分为内资金融机构、外资金融机构和合资金融机构；按照所属的国家，还可划分为本国金融机构、外国金融机构和国际金融机构。

根据中国人民银行 2009 年 11 月 30 日发布的《关于印发〈金融机构编码规范〉的通知》（银发［2009］363 号），我国金融机构的一级分类如下：

A-货币当局

B-监管当局

C-银行业存款类金融机构

D-银行业非存款类金融机构

E-证券业金融机构

F-保险业金融机构

G-交易及结算类金融机构

H-金融控股公司

Z-其他

我国金融机构二级分类如下：

A-货币当局

　　1-中国人民银行

　　2-国家外汇管理局

B-监管当局

　　1-中国银行业监督管理委员会

　　2-中国证券监督管理委员会

　　3-中国保险监督管理委员会

C-银行业存款类金融机构

　　1-银行

　　2-城市信用合作社（含联社）

　　3-农村信用合作社

　　4-农村资金互助社

　　5-财务公司

D-银行业非存款类金融机构

　　1-信托公司

　　2-金融资产管理公司

　　3-金融租赁公司

4-汽车金融公司

5-贷款公司

6-货币经纪公司

E-证券业金融机构

1-证券公司

2-证券投资基金管理公司

3-期货公司

4-投资咨询公司

F-保险业金融机构

2-人身保险公司

3-再保险公司

4-保险资产管理公司

5-保险经纪公司

6-保险代理公司

7-保险公估公司

8-企业年金

G-交易及结算类金融机构

1-交易所

2-登记结算类机构

H-金融控股公司

1-中央金融控股公司

2-其他金融控股公司

Z-其他

1-小额贷款公司

4-汽车金融公司

5-贷款公司

6-货币经纪公司

E-证券业金融机构

1-证券公司

2-证券投资基金管理公司

3-期货公司

4-投资咨询公司

F-保险业金融机构

1-财产保险公司

2-人身保险公司

后面还有三级分类，是指境内单家法人金融机构或境外金融机构直接在境内设立的不具备法人资格的机构，这里就不再赘述。

三、金融机构的功能

金融机构的功能主要包括以下几个方面：

（1）在市场上筹资从而获得货币资金，将其改变并构建成不同种类的更易接受的金融资产，这类业务形成金融机构的负债和资产。这是金融机构的基本功能，行使这一功能的金融机构是最重要的金融机构类型。

（2）代表客户交易金融资产，提供金融交易的结算服务。

（3）自营交易金融资产，满足客户对不同金融资产的需求。

（4）帮助客户创造金融资产，并把这些金融资产出售给其他市场参与者。

（5）为客户提供投资建议，保管金融资产，管理客户的投资组合。

上述第一种服务涉及金融机构接受存款的功能；第二和第三种服务是金融机构的经纪和交易功能；第四种服务被称为承销功能，提供承销的金融机构一般也提供经纪或交易服务；第五种服务则属于咨询和信托功能。

四、我国现行金融机构体系

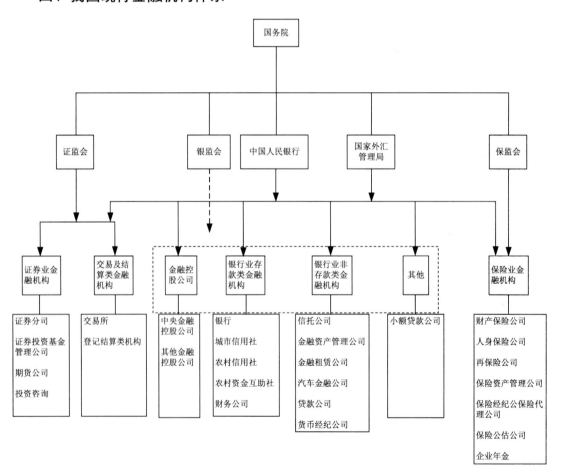

第二节　金融市场概述

一、金融市场的定义与分类

金融市场是指资金供求各方实现资金融通或进行金融商品交易的市场，有广义和狭义之分。广义的金融市场泛指资金供求双方运用各种金融工具通过各种途径进行的全部金融性交易活动。狭义的金融市场是指资金供求双方以票据和有价证券作为金融工具的货币资金交易、黄金外汇买卖和金融机构间的同业拆借等活动的总称。它包括如下三层含义：一是金融资产进行交易的一个有形和无形的场所；二是它反映了金融资产的供应者和需求者之间所形成的供求关系；三是它包含了金融资产交易过程中所产生的运行机制，其中最主要的是价格机制。

金融市场从不同的角度考察，可作如下分类。

（一）按地理范围分

（1）国际金融市场，由经营国际间货币业务的金融机构组成，其经营内容包括资金借贷、外汇买卖、证券买卖、资金交易等。

（2）国内金融市场，由国内金融机构组成，办理各种货币、证券及作用业务活动。它又分为城市金融市场和农村金融市场，或者分为全国性、区域性、地方性的金融市场。

（二）按经营场所分

（1）有形金融市场，指有固定场所和操作设施的金融市场。

（2）无形金融市场，以营运网络形式存在的市场，通过电子电信手段达成交易。

（三）按融资交易期限划分

（1）长期资金市场（资本市场），主要供应一年以上的中长期资金，如股票与长期债券的发行与流通。

（2）短期资金市场（货币市场），是一年以下的短期资金的融通市场，如同业拆借、票据贴现、短期债券及可转让存单的买卖。

（四）按交易性质划分

（1）发行市场，也称一级市场，是新证券发行的市场。

（2）流通市场，也称二级市场，是已经发行、处在流通中的证券的买卖市场。

（五）按交易对象划分

可分为拆借市场、贴现市场、大额定期存单市场、证券市场（包括股票市场和债券市场）、外汇市场、黄金市场和保险市场。

（六）按交割期限分

（1）金融现货市场，融资活动成交后立即付款交割。

（2）金融期货市场，投融活动成交后按合约规定在指定日期付款交割。按照上述各内在联系对金融市场进行科学系统的划分，是进行金融市场有效管理的基础。

（七）按交易标的物划分

（1）货币市场。

（2）资本市场。

（3）金融衍生品市场。

（4）外汇市场。

（5）保险市场。

（6）黄金及其他投资品市场。

二、金融市场的功能及特点

（一）金融市场的功能

金融市场的功能可以从微观和宏观两个经济层面来考察。

1. 金融市场的微观经济功能

（1）资金积聚功能：金融市场最基本的功能就是将众多分散的小额资金汇聚为能供社会再生产使用的大额资金的集合。金融市场通过金融工具，将储蓄者或资金盈余者的货币资金转移给筹资者或资金短缺者使用，为两者提供了融通资金的渠道。

（2）财富功能：所谓财富功能是指金融市场为投资者提供了购买力的储存工具。金融市场上销售的金融工具作为储蓄财富、保有资产和财富增值的途径，使许多人在银行存款外找到了更好的收益与风险匹配的投资渠道。

（3）避险功能：金融市场为市场参与者提供了防范资产风险和收入风险的手段。投资者通过对资产组合的分散化管理，可以有效地降低甚至抵消投资风险。同时，金融工具的应用将大额投资分散为小额零散资金投资，从而将较大的投资风险分由大量投资者共同承担，既使投资者的利益得到保证，又便于筹资者融资目标的实现。

（4）交易功能：规范的交易组织、交易规则和管理制度，使得金融市场工具大都具有较高的流动性，能更加便捷地进行交易和支付。便利的金融资产交易和丰富的金融产品选择，使得交易成本大大降低，进而促进了金融市场的发展。

2. 金融市场的宏观经济功能

（1）资源配置功能：在金融市场上，投资者对交易工具价格波动信息的分析判断，决定资金或其他经济资源的流向。通过金融市场将资源从低效率的部门转移到高效率的部门，使全社会的经济资源得到更加有效的配置和利用。

（2）宏观调控功能：金融市场是政府调控宏观经济运行的重要载体，为政策的执行提供了操作平台。中央银行通过金融市场，运用存款准备金率、再贴现率和公开市场操作三大货币政策工具，调节货币供应量，对经济起到刺激或平抑作用。此外，财政政策的实施也与金融市场紧密相连，政府通过发行国债等手段，对宏观经济进行引导和调控。

（3）反映功能：金融市场是公认的国民经济信号系统，主要表现在：股票、债券、基金市场的每天交易行情变化，能够为投资者判断投资机会提供信息；金融交易会直接、间接地反映货币供应量的变动情况；金融市场上每天有大量专业人员从事信息情报研究分析，及时了解上市公司发展动态；金融市场发达的通信网络和信息传播渠道，能够把全球金融市场融为一体，及时了解世界经济发展变化行情。正因为如此，各国政府、金融机构、企业及居民都高度关注金融市场指标的变化，并以此作为决策的重要依据。

（二）金融市场的特点

金融市场是商品经济发展导致信用形式多样化的必然产物。金融市场与一般商品市场比较，有三个明显的特点：

（1）金融市场上商品的单一性和价格的相对一致性。在金融市场上，交易对象不是具有各种各样使用价值的商品，而是单一的货币形态的资金商品。资金商品无质的差别性，只有单一的"使用价值"——获得收益的能力。利息以资本商品"价格"的面貌出现，而利息受市场利润率的制约，并由于竞争的结果，利息率趋向于一致。因此，商品的单一性和价格的相对一致性是金融市场的一个重要特征。

（2）金融市场具有交易工具和交易方式的多样性。在一般商品市场上，买方的目的在于消费，交易活动必定以标的商品在物质上转手作为终点。但在金融市场上，金融产品的交易可以非物质化。金融商品交易的非物质化首先表现为债券、股票的转让并不涉及发行企业相应份额资产的变动；其次，即使在"纸张"上，金融商品的交易也不一定具体化到以这些证券在物质上从一人手中转入另一人手中，在有些情况下表现为结算和保管中心有关双方账户上的证券数量和现金储备额的变动。

（3）金融市场交易可以完全凭空进行，从而使交易具有高收益性和高风险性并存。即金融市场上的"买空卖空"行为，没有金融商品的人可以在金融市场上卖出该商品，他们只需在金融市场上进行一次反向业务或以现金结算差价，便不必提供或购入有关金融商品。由于交易迅速，参与者众多，致使金融市场波动幅度很大，在提供高收益机会的同时，风险也非常大。这完全不同于一般商品市场。

三、金融市场的要素

金融市场一般由以下四个要素构成：

（一）交易主体

金融市场上的狭义主体是指参加金融交易的资金盈余或不足的企业和个人以及金融中介机构。广义主体是指包括资金供给者、资金需求者、中介人和管理者在内所有参加交易的单位、机构和个人。

（二）交易对象

金融市场的交易对象不管具体形态如何，都是货币资金，其交易都是实现货币资金的所有权、使用权转移的过程。包括各种债券、股票、票据、可转让存单、借款合同、抵押契约等，是金融市场上实现投资、融资活动必须依赖的标的。

（三）交易工具

交易工具又称金融工具和融资工具，它是证明债权债务关系并据以进行货币资金交易的合法凭证。这种工具必须具备规范化的书面格式、广泛的社会可接受性和可转让性以及法律效力。

（四）交易价格

这是指它所代表的价值，即规定的货币资金及其所代表的利率或收益率的总和。

四、金融市场与其他市场的关系

金融市场是货币资金或金融商品交易的场所，也是资金融通的场所。它主要是进行货币借贷以及各种票据、有价证券、黄金和外汇买卖的场所。通过金融市场的交易活动，沟通资金供求双方的关系，实现资金融通。金融市场同其他各种商品市场既有联系又有区别。

（一）金融市场同其他市场之间的联系

具体表现在：一是金融市场为商品市场提供交易的媒介，使商品交换能得以顺利进行；二是金融市场可以有力地推动商品市场的发展，在外延的广度上促进商品市场的发展；三是通过金融市场的带动和调节，使商品市场进行流动和组合，从而引起对资源的重新配置。

（二）金融市场同其他市场的区别

一是交易场所的区别。一般商品交易有其固定的场所，以有形市场为主；而金融市场既有有形市场，在更大的范围内也有通过电话、电报、电传、电脑等通信工具进行交易的无形市场，这种公开广泛的市场体系，可以将供求双方最大限度地结合起来。二是交易对象的特殊性。一般商品的交易是普通商品或劳务，其本身含有一定的价值和使用价值，一经交易就进入消费；金融市场的交易对象是金融商品，其价值和使用价值有着不同的决定方式：使用价值是指为其所有者带来收益的功能，价值具有多重的决定方式。三是交易方式的特殊性。一般商品的交易，遵循等价交换的原则，通过议价、成交付款、交货而使交易结束，双方不再发生任何关系；金融市场的交易是信用、投资关系的建立和转移过程，交易完成之后，信用双方、投融资双方的关系并未结束，还存在本息的偿付和收益分配等行为。可见，金融市场上的交易，作为金融商品的买卖关系虽然已经结束，但作为信用或者投资关系却没有结束。四是交易动机的不同。一般商品交易的卖者为实现价值取得货币，买者则为取得使用价值满足消费的需求；金融市场上交易的目的，卖者为取得筹资运用的权利，买者则取得投融资利息、控股等权利，此外，还派生出保值、投机等种种动机。

五、金融市场国际化

金融市场国际化是金融业务的发展趋势之一。金融市场发展超越国界的限制，与世界金融日益融合，逐渐趋向全球一体化。在席卷全球的金融市场一体化潮流中，我国金融市场对外开放程度不断扩大，国际化进程加速。

（一）金融市场国际化的主要表现

20世纪70年代以来，金融市场国际化的趋势日益明显和加速。主要表现在：

（1）金融机构跨国化。不仅发达国家在世界金融中心设立了大批的跨国银行，而且发展中国家也在境外设立了一批离岸金融中心和金融机构。

（2）金融资产经营国际化。欧洲货币市场、欧洲债券市场和全球性股票市场的建立，使人们可在离岸市场上经营世界任何一国的货币金融资产。

（3）货币国际化。黄金作为世界货币的职能已经蜕化，人们可以通过国际汇兑来转移各国间的货币购买力。不仅美元、德国马克、英镑、日元可作为国际结算货币，而且还有大批中等发达国家甚至发展中国家的货币也逐渐成为可自由兑换的货币，朝着世界货币的方向发展。

（4）现代信息网络全球化。现代信息革命在国际金融领域的普及和发展，使得各国间的资金调拨业务可以通过电讯设备在瞬间完成，从而使各国的金融市场在时间和空间上联结成为一个统一的整体。

（5）价格信号趋同化。任何一国的利率和汇率明显背离利率平价关系，都会导致社会游资在各个不同国家之间的迅速流动，导致一国或数国外汇市场价格的大幅波动，从而使全球金融市场的价格信号趋向一致。

（二）金融市场的国际化进程

过去10年来，国际金融市场突飞猛进，急速发展。可兑换货币间的外汇市场交易规模持续扩张，2010年全球外汇市场日均交易量达到4.0万亿美元，较2007年增长20%。据国际清算银行（BIS）统计，截至2010年6月末，全球场外（OTC）利率衍生品市场名义余额达451.8万亿美元，比2009年末小幅增长0.4%。其中，利率远期、互换和期权的名义余额分别为56.2万亿美元、347.5万亿美元和48.1万亿美元。

在规模持续扩张的同时，金融市场的国际化进程不断加快，国际外汇市场率先实现单一市场形态的运作，其显著标志是全球外汇市场价格的日益单一化，主要货币的交叉汇率与直接兑换的汇率差距明显缩小。在资本市场，资金开始大范围地跨过边界自由流动，各类债券和股票的国际发行与交易数额快速上升。2010年，国际债券发行受欧洲主权债务危机影响较2009年大幅下降46%，但全年净发行债券仍达14880亿美元。2010年，全球股票市场共融资（包括首次公开发售和再融资）9661亿美元，较上年上升13%；全球股票市值继续增长，据世界交易所联盟（WFE）的不完全统计，2010年末全球主要证券交易所的股票市值约为54.88万亿美元，较上年同期上升18%，接近2007年末的水平。

与此同时，国际债券市场的二级市场获得了蓬勃发展。债券市场信息传递渠道、风险和收益评估方式以及不同类型投资者的行为差异逐渐减小，以投资银行、商业银行和对冲基金为代表的机构投资者，以复杂的财务管理技巧，在不同货币计值的不同债券之间，根据其信用、流动性、预付款风险等的差异，进行大量结构性交易，导致各国债券价格互动性放大，价格水平日趋一致。海外证券衍生交易的市场规模有了突破性提高。几乎在所有主要的国际金融中心，都在进行大量的海外资产衍生证券交易，也有部分马来西亚的衍生证券交易；美国期货交易所的交易对象，更是包括了布雷迪债券和巴西雷亚尔、墨西哥比索、南非兰特、俄罗斯卢布、马来西亚林吉特、泰国铢和印尼盾等多种货币计值的证券和衍生产品。

（三）我国金融市场的国际化发展

在席卷全球的金融市场一体化潮流中，我国金融市场对外开放程度不断扩大，国际化进程加速。

在银行领域，1979年起，外资银行就开始在我国设立代表处、分行、合资银行、独资银行、财务公司。截至2010年年末，有45个国家和地区的185家银行在华设立了216家代处；有14个国家和地区的银行在华设立了37家外商独资银行（下设分行223家）、2家合资银行（下设分行6家，附属机构1家）。外商独资财务公司有1家，另有25个国家和地区的74家外国银行在华设立了90家分行。共有32家中资商业银行引进41家境外投资者，引进外资余额为 384.2 亿美元，其中 2010 年引进外资 54.2 亿美元；16 家新型农村金融机构引进 5 家境外投资者，引进外资余额为 0.8 亿美元，2010 年引进外资 0.3 亿美元；9家中资银行在海外上市，引进资金余额为 630.8 亿美元，其中 2010 年海外上市引进资金137.4 亿美元。截至 2010 年年底，获准经营人民币业务的外国银行分行 44 家、外资法人银行 35 家，获准从事金融衍生产品交易业务的外资银行机构 56 家。截至 2010 年年末，在华外资银行资产总额 1.74 万亿元，同比增长 29.13%，占全国金融机构资产总额的 1.85%；各项贷款余额 9103 亿元，同比增长 26.4%，占全部金融机构各项贷款余额的 1.79%；各项存款余额 9850 亿元，同比增长 40.3%。在华外资法人银行平均资本充足率为 18.98%，核心资本充足率为 18.56%。

证券期货领域方面。截至 2010 年年底，先后有中金公司等 13 家合资证券公司获准设立，其中长江巴黎（长江证券和法国巴黎银行合资）已终止合资变更为内资证券公司，目前合资证券公司共 12 家，其中 2010 年最新批准 3 家。此外，根据合格境外机构投资者（QFII）管理办法，外资还可以依法通过 QFII 购买上市证券公司股权。截至 2010 年年底，先后有37 家合资基金管理公司获准设立，其中 17 家合资基金公司的外资股权已达 49%。2010 年，中外合资基金管理公司增加了 3 家，其中 2 家为新设成立，1 家为由内资公司转为合资公司。截至 2010 年年末，上海、深圳证券交易所各有 3 家特别会员，并各有 38 家和 22 家境外证券经营机构直接从事 B 股交易。此外，还有 8 家境外证券交易所驻华代表处、156 家境外证券类经营机构驻华代表处获准成立。根据 CEPA 及相关补充协议的安排，截至 2010年年底，中国证监会先后批准了苏皇金融期货亚洲有限公司、新际经纪香港有限公司、摩根大通经纪（香港）有限公司分别参股银河期货经纪有限公司（现更名为银河期货有限公司）、中信期货经济有限责任公司（现更名为中信新际期货有限公司）及中山期货经纪有限公司（现更名为摩根大通期货有限公司），出资比例分别为 16.68%、42% 和 49%。

保险领域方面。截至 2010 年年底，我国共有外资保险公司 54 家，包括外资财产险公司 19 家，寿险公司 28 家，再保险公司 7 家。此外，有 23 个国家和地区的保险机构在 15个城市设立了 169 家代机构。截至 2010 年年底，外资保险公司总资产为 2621 亿元，较年初增加 569 亿元，增长 27.71%，占全部保险公司总资产的 5.19%，同比上升 0.14 个百分点。2010 年，外资保险公司原保险保费收入 634.3 亿元，占市场份额为 4.37%，比上年同期增加 0.25 个百分点。其中，外资财产险公司原保险保费收入为 42.83 亿元，市场份额为 1.06%；外资寿险公司原保险保费收入为 591.47 亿元，市场份额为 5.63%。在北京、上海、深圳、广东外资保险公司相对集中的区域保险市场上，外资保险公司的市场份额分别为 16.31%、17.94%、7.88%、8.23%。2010 年 5 月，经中国保监会批准，劳合社再保险（中国）有限公司在原有业务范围的基础上，在上海市及已设立分公司的省市，增加以下保险业务：一是财产损失保险、责任保险、信用保险、保证保险等财产保险业务；二是短期健康保险、意外伤害保险。自此，英国劳合社进入中国市场 3 年后终获直接承保业务资格，公司性质也由再保险公司变更为财产保险公司。

合格境外机构投资者（QFII）方面。至 2010 年年末，国家外汇管理局共批准 22 家 QFII机构投资额度合计 30.5 亿美元。其中，新批 12 家 QFII 机构投资额度 18.50 亿美元，追加9 家 QFII 机构投资额度 13 亿美元，收回 1 家 QFII 机构投资额度 1 亿美元。截至 2010 年年末，累计批准 97 家 QFII 机构共计 197.2 亿美元额度。2010 年，中国证监会批准 13 家境外机构的 QFII 资格，其中 11 家为资产管理机构，1 家为政府投资机构，1 家为其他机构投资者，长期资金管理机构在全部 QFII 中所占比例已达到 69%。截至 2010 年 12 月底，QFII 总数达 106 家，其中 91 家 QFII 已开展投资运作。

第三节　金融市场的运行机制

金融市场上绝大多数资金的运动有其规律性，由于资金余缺调剂的需要，资金总是从多余的地区和部门流向短缺的地区和部门。金融市场的资金运动起因于社会资金的供求关系，最基本的金融工具和货币资金的形成，是由银行取得（购入）企业借据而向企业发放贷款而形成的。银行及其他金融机构作为中间人，既代表了贷者的集中，又代表了借者的集中，对存款者是债务人，对借款者是债权人，因而，它所进行的融资是间接融资。当银行创造出大量派生存款之后，为其他信用工具的创造和流通建立了前提。当各种金融工具涌现，多种投融资形式的形成，金融工具的流通轨迹就变得错综复杂，它可以像货币一样多次媒介货币资金运动，资金的交易不是一次完成的，金融市场已形成了一个相对独立的市场。金融工具会脱离最初的交易场所反复地运动，这种运动，大多是借助于直接融资工具如股票、债券的多次流通而实现的。这种直接融资是资金供求双方的直接交易，无需借助于中间人，或者只需中介者集中撮合即可。另外，借助于中介机构发行的金融工具，形成金融流通市场，表现在支票、汇票、本票的流通及贷款证券化的流通。因而，在金融市场上，金融工具的卖出者可以转化为买入者，金融工具的买入者可以转化为卖出者。再加上新的交易伙伴的不断涌入，推动着金融工具流通转让；与此同时，资金相应地作逆向的流动，使金融市场纷繁复杂起来。金融市场的范围很广，不仅指银行之外的资金交易和融通，也包括银行所进行的融资活动。其实，当银行走向市场化之后，以银行所推动的金融产品交易，同样是作为商品的交易，即使是在过去计划经济时代，资金交易也仅是有计划的商品交易。可以说，金融市场是各类金融机构、金融活动所推动的资金交易的总和，它是一个宏观的概念，只要是资金交易，就离不开金融市场，它是无所不包的。

更具体来讲，金融市场的运行机理如下：

第一，直接融资方式下的金融市场传导机理。直接融资是政府、企业、单位及个人在金融市场上，利用直接信用工具（金融工具）相互进行资金调剂的经济行为。其传导机理为：那些有盈余资金的社会经济部门或个人，通过直接拆借或借助直接金融工具（主要有债券与股票），将货币资金的使用权按约定期限调剂给那些短缺资金的社会经济部门或个人使用，待一定时期后，资金使用方再把借用资金的本金连同利息一并归还资金所有者。

第二，间接融资方式下的金融市场传导机理。间接融资就是金融机构通过间接金融工具给予各级政府、企业及个人的信贷支持，或通过认购其发行的债券与股票而予以融资的行为。间接融资的传导机理为：各级政府、企业或个人在资金吃紧的情况下，向金融机构提出信贷申请或用票据申请贴现，或将其发行的有价证券卖给金融机构，或用有价证券抵押申请贷款，待金融机构审核符合要求条件下，金融机构按约定期限给予信贷资金支持，在一定时期后，这些社会经济部门或个人将按期还本付息。

本章小结：

1．凡是专门从事各种金融活动的组织，均称为金融机构。由于金融活动有两类：直接金融与间接金融，相应地，金融机构也可分为直接金融机构和间接金融机构。

2．金融市场包括三个层次的含义：一是金融资产进行交易的一个有形和无形的场所；二是它反映了金融资产的供应者和需求者之间所形成的供求关系；三是它包含了金融资产交易过程中所产生的运行机制，其中最主要的是价格机制。

3．金融市场是各类金融机构、金融活动所推动的资金交易的总和。其中，直接融资是政府、企业、单位及个人在金融市场上，利用直接信用工具（金融工具）相互进行资金调剂的经济行为。而间接融资就是金融机构通过间接金融工具给予各级政府、企业及个人的信贷支持，或通过认购其发行的债券与股票而予以融资的行为。

思考题：

1．什么是金融机构？它具备哪些功能？

2．金融机构有哪些类型？我国的金融机构体系是怎样的？

3．什么是金融市场？它具备哪些经济功能？

4．金融市场一般由哪些要素构成？

5．金融市场的运行机制是什么？

第二章　金融市场基础

学习目标

1. 掌握利率的概念
2. 了解主要的利率决定理论有哪些
3. 了解利率的风险结构和期限结构
4. 了解金融资产、金融资产收益率、利率之间的关系
5. 了解金融中介结构和我国金融中介机构的概况
6. 了解有效市场理论和行为金融学理论对金融市场效率问题的贡献

第一节　金融资产价格和利率的决定

一、利率及利率决定

（一）利率

利率是利息与本金的比率，即一定时期的利息额与贷出本金额的比率。利率是单位货币在单位时间内的利息水平，表明利息的多少。利息额的大小决定于借贷资本额的大小、借贷期限的长短，以及利率的高低。从借款人的角度来看，利率是使用资本的单位成本，是借款人使用贷款人的货币资本而向贷款人支付的价格；从贷款人的角度来看，利率是贷款人借出货币资本所获得的报酬率。因此，利率作为资本的价格，其水平的高低直接影响着借贷活动能否进行。利率过高，将使借款者无利可图，影响借款的积极性；而利率过低，又会使贷款者收入低微而不愿贷出。

如果用 i 表示利率，用 I 表示利息额，用 P 表示本金，则利率可用公式表示为：

$$i = \frac{I}{P}$$

一般来说，利率根据计量的期限标准不同，表示方法有年利率、月利率、日利率。年利率一般是按本金的百分之几表示，如年利率 7.2%，则表示每 100 元本金每年可获得利息 7.2 元。月利率一般是按本金的千分之几表示，如月利率 6‰，则表示每 1000 元本金每月可获得利息 6 元。日利率一般是按本金的万分之几表示，如日利率 0.2‱，表示每 10000 元本金每日可获得利息 2 元。年利率、月利率和日利率可以互相换算。西方国家习惯以年利率为主，我国采用以月利率为主。在我国，无论是年利率、月利率、日利率，都习惯用"厘"作单位，都称为几厘。如年息 4 厘、月息 5 厘、日息 2 厘等，其表示年利率为 4%、月利率为 5‰、日利率为 0.2‱。

（二）利率的决定

1．利率决定理论

利率决定理论是利率理论的一个重要组成部分。在资本主义发展的早期，经济学家探讨的重点主要集中于利息来源、性质等关于利息本质的内容上。在现代经济中，利率作为资金的价格，不仅受到经济社会中许多因素的制约，而且，利率的变动对整个经济产生重大的影响，因此，现代经济学家在研究利率的决定问题时，特别重视各种变量的关系以及整个经济的平衡问题，利率决定理论也经历了古典利率理论、凯恩斯利率理论、可贷资金利率理论、IS-LM 利率分析以及当代动态的利率模型的演变、发展过程。

凯恩斯认为储蓄和投资是两个相互依赖的变量，而不是两个独立的变量。在他的理论中，货币供应由中央银行控制，是没有利率弹性的外生变量。此时货币需求就取决于人们心理上的"流动性偏好"。而后产生的可贷资金利率理论是新古典学派的利率理论，是为修正凯恩斯的"流动性偏好"利率理论而提出的。在某种程度上，可贷资金利率理论实际上可看成古典利率理论和凯恩斯理论的一种综合。

英国著名经济学家希克斯等人则认为以上理论没有考虑收入的因素，因而无法确定利率水平，于是在 1937 年提出了一般均衡理论基础上的 IS-LM 模型（见图 2-1）。

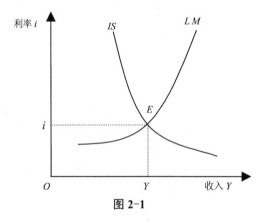

图 2-1

在 IS-LM 模型的分析中，利率和收入水平由商品市场和货币市场的相互作用所决定。IS 曲线表示商品市场的均衡，由储蓄供给等于投资需求情况下所有利率和收入的组合所构成，均衡的条件是储蓄等于投资，即 S=I。由于储蓄是收入的正函数，即储蓄随着收入的增加而增加；投资是利率的反函数，即投资随着利率的上升而减少，IS 曲线则向右下方倾斜。LM 曲线表示货币市场的均衡，由货币供给等于货币需求情况下所有利率和收入的组合所构成，均衡的条件是货币的供给等于需求，即 $M_S=M_d$。根据凯恩斯的货币理论，交易性货币需求是收入的正函数；投机性货币需求是利率的反函数。LM 曲线的特点是利率升到一定高度后，曲线呈一条垂直线，这一区域被称作古典区域；当利率降到一定低点后，曲线将呈一条水平线，这一区域被称作流动性陷阱区域；介于两区域的中间一段曲线呈向右上方倾斜。IS 曲线与 LM 曲线相交之处 E 同时满足两个市场的均衡，由交点 E 所决定的利率及收入则是满足两个市场的均衡条件的均衡利率和均衡收入。从理论上说，处于均衡点之外的任何利率和收入的组合，均会受到要求变动的压力而向均衡点调整。

根据 IS-LM 分析模型，利率的决定取决于储蓄供给、投资需求、货币供给、货币需求四个因素，导致储蓄投资、货币供求变动的因素都将影响到利率水平。在其他影响因素保持不变以及不考虑各因素间相互作用的前提下，消费倾向和资本边际效率的变动都将使 IS 曲线左移或右移，从而影响到均衡利率的水平，并且在一般情况下，消费倾向和资本边际效率与利率呈同向变动。而货币供求的变动将使 LM 曲线左移或右移，在一般情况下，货币供给增加将使 LM 曲线向右下方移动，导致利率下降，货币供给减少则导致利率上升；货币需求增加使 LM 曲线向左上方移动，从而导致利率上升，货币需求减少则造成利率下降。

马克思的利率决定理论是从利息的来源和实质的角度，考虑了制度因素在利率决定中的作用的利率理论，其理论核心是：利率是由平均利润率决定的。马克思认为，在资本主义制度下，利息是利润的一部分，是剩余价值的一种转化形式。利息产生的制度基础是资本的所有权与使用权的分离，利息是借贷资本家将货币资本的使用权转让给职能资本家所获得的报酬。这种建立在所有权与使用权相分离、贷出者和借入者以债权债务关系相对立的基础之上的内在的货币信用关系，以生产经营者的总利润分割为利息和减去利息之后的企业利润的外在形式得以表现。生产经营者的总利润分割，首先表现为数量上的分割，决定于有待分割的利润总额有多大，以及利润总额在贷款人和借款之间进行分割的比例。一般来说，利润总额取决于利润率，利润总额在贷款人与借款人之间进行分割的比率取决于利息率；利息率与利润率的关系，则是利息率由利润率决定，而且是由平均利润率决定。马克思在分析利息的本质时，从宏观分析中得出利息是利润的一部分的结论，而在微观分析中，将利息作为占用资金的成本，是职能资本家总成本中的一个耗费项目。马克思认为："利息在职能资本家面前，就是作为商品和商品价值的生产上一个预先存在的要素独立出现的。利息量尽管变动很大，但在任何一个瞬间，对任何一个资本家来说，总是作为一个已定的量，加入这个资本家所生产的商品的成本价格。"利息是一种成本，是从微观生产企业的角度来看的，并不是说利息从企业利润中列支。利息的独立化，对于真正显示资金使用者在再生产过程中所起的能动作用有积极意义。

2. 决定利率的因素

利率作为资金的价格，决定和影响的因素很多、很复杂。一般而言，决定利率的因素主要有产业的平均水平、货币的供给与需求状况、经济发展的状况等。此外，价格水平、利率管制、国际经济状况、货币政策等其他因素会影响利率的变动，影响利率的因素是多种多样的。

（1）产业的平均利润水平。

根据马克思的利率理论，利息是利润的一部分，是剩余价值的转化形态，所以利息首先要受平均利润率的制约。一般来说，平均利润率是利息的最高限，如果其他条件不变，平均利润率提高了，利息率也会随之提高；平均利润率降低了，利息率也随之下降。利率以平均利润率为上限，以零为下限，经常在平均利润率与零之间波动，形成平均利润率>利率>零的不等式。在现代经济中，利息来源于产业利润，利息只能是产业利润的一部分，利率的总水平要适应大多数产业、行业的企业的负担能力，利率的总水平不能太高，太高了大多数企业承受不了；但利率的总水平也不能太低，太低了金融企业没有盈利，利率的杠杆作用也不能得以发挥。因此，利率的确定是以产业的平均利润水平为依据的，由平均利润率所调节的，利率水平的高低既要满足金融企业经营货币资金获取盈利的要求，又要使融资企业能够负担和承受。

（2）货币的供给与需求状况。

利率作为资本的价格，与普通商品一样，货币的供求状况决定和影响其价格的高低。当货币的供给大于需求时，利率水平就会下降；当货币的需求大于供给时，利率水平就会上升。在现代信用经济中，人们的资产一般以两种形态持有，即货币与金融资产。货币的收益率为零，金融资产的收益率一般以利率作为投资的衡量标准，在其他条件不变的前提下，若金融资产的预期收益率上升，对金融资产的需求就会增加，对货币的需求将减少，当货币供给大于货币需求时，货币的超额供给表示人们持有的货币量多于愿意持有量，人们将通过购买金融资产来减少超额货币余额，从而相应地提高了金融资产的价格，随着金融资产价格的上升，利率则会下降。若金融资产的预期收益率下降，对金融资产的需求将会减少，货币的需求将增加，当货币的供给小于需求时，货币的超额需求表示人们手持货币量低于愿意持有的水平，为了获得货币，人们将出售部分金融资产以满足对货币的需求，从而使金融资产的价格下降，利率水平上升。

关于货币供求关系对利息水平的决定作用，上述的利率决定理论尽管侧重点有所不同，但在实际分析中的差别并不很大。古典利率决定理论认为储蓄与投资（即借贷资金的供给与需求）决定着利率水平；凯恩斯的货币利率理论强调货币供给与货币需求对利率水平的决定作用；可贷资金理论则认为利率是由信贷（可贷资金）的供给与需求相互作用来决定的。

（3）经济发展的状况。

一般来说，利率的决定取决于储蓄供给、投资需求、货币供给、货币需求，导致储蓄投资、货币供求变动的因素都将影响的利率的水平。一国经济发展的状况，决定了企业利润水平的高低和人们收入的多少，决定和影响了储蓄供给与投资需求，也影响了货币的需求与供给。一般情况下，若储蓄量超过对投资资本的需求，造成超额的资本供给，储蓄者将以越来越低的利率提供资金；若投资需求超过了可获得的储蓄量，企业将抬高利率，直到利率达到储蓄等于投资需求的资金量水平。

在经济繁荣时期，经济增长迅速，企业预期的经营收益率将提高，预期能够盈利的投资机会就越多，许多项目对企业而言在经济上是可行的，企业需要更多的资金为更多项目融资，企业对资金的需要将增加，利率将随着企业平均利润率水平的提高、企业对资金需求的增加而上升。在经济衰退时期，企业预期的经营收益率将下降，预期盈利的投资机会减少，可以进行的投资项目将会减少，企业对资金的需求将会减少，利率将有所下降。在经济的扩张时期，随着经济的扩张，收入水平和财富的增加，人们希望使用货币完成更多的交易，持有更多的货币作为价值贮藏，也就是说，随着人们收入水平的提高，对货币需求的增加，利率将有所上升；在经济的衰退时期，人们的收入水平下降，对货币的需求减少，利率将有所下降。

二、利率的风险结构与期限结构

（一）利率的风险结构

一般来说，相同期限的债券或贷款其利率应该是相同的，然而，现实并非如此。为什么期限相同的债券或贷款其利率可能是不相同的？期限相同的各种债券或贷款的利率之间存在怎样的关系呢？这就是金融资产利率的风险结构问题。

1．违约风险

所谓违约风险，就是指债券发行人不能支付利息或者在债券到期时不能清偿面值的风险。也就是说，债券发行人有可能违约，不能按期还本付息，这是债券所固有的风险，它影响债券的利率水平。

一般来说，公司发行的债券发生违约风险的可能性较大，特别是遭受巨大损失的公司，很可能延迟支付债券的利息，违约的可能性很大，因而其公司债券的违约风险很大。一般将公司债券等存在违约风险的债券称为有违约风险债券。政府债券是由政府发行的，政府总是可以通过增加税收或印刷钞票来偿付其债务，因而政府债券几乎没有什么违约风险，一般称之为无违约风险债券。有违约风险债券与无违约风险债券利率的差额，称为风险升水，即人们为了持有某种有风险债券必须获得额外的利息收入。一般情况下，有违约风险的债券总是具有正值的风险升水，并且其风险升水随着违约风险的增加而增加。公司债券和无违约风险债券的利率之差就是公司债券的风险升水，违约风险相对较低的债券被称为投资级证券，而具有较大违约风险的债券被称为垃圾债券。

造成一种利率不同于另一种利率的重要因素之一就是每一种证券的违约风险程度不同。证券投资者面临许多不同种类的风险，但最重要的风险之一是违约风险。除政府债券之外的所有证券都有不同程度的违约风险，公司债券具有一定的风险，因而公司债券的利率比政府债券的高，并且，随着公司债券的违约风险和风险升水的增大，公司债券与政府债券的利率差额也将扩大。例如，1930～1933 年经济大萧条年代，美国工商企业破产倒闭率很高，导致脆弱的公司发行的债券违约风险大大提高，Baa 级债券的风险升水达到前所未有的高度。1987 年 10 月 19 日的"黑色星期一"股市大崩溃，使许多投资者开始怀疑信用评级较低的垃圾债券发行公司在财务上是否健全，垃圾债券违约风险加大，无违约风险的政府债券变得更受欢迎，垃圾债券与政府债券的利率差额增大了两个百分点，从崩溃之前的 4%，迅速升至崩溃之后的 6%。

总之，违约风险与预期收益率正相关。寻求较高的预期收益率的投资者也必须愿意接受较高的亏损风险。风险升水呈现周期性的波动变化，在经济高涨时期，投资者为寻求高回报的投资而愿意承担更多的风险，金融资产的风险升水则有缩小的趋势；在经济衰退时期，投资者最关心的是资金的安全性和流动性，投资于风险较高的金融资产，必然有较高的风险升水，同时也更希望持有流动性更大的资产，金融资产的风险升水有扩大的趋势。

2．流动性

影响金融资产的利率或收益率的另一个因素是其流动性程度。金融资产的流动性，就是资产持有人通常能够以很小的损失风险转卖资产收回其资金。流动性资产是必要时可以迅速、低成本变现的资产，流动性资产易销售，其价格趋于稳定，并且是可逆的，因而，资产的流动性越大，就越受投资者的欢迎。

由于金融资产的流动性特征降低了它们的风险，所以与非流动性资产相比，流动性资产具有较低的利率。对利润最大化有强烈兴趣的投资者力图使其流动性资产的持有量最小。一般来说，政府债券是交易广泛、最容易迅速出手且费用低廉的债券，因而是流动性最强的债券；而任何一家公司债券的交易量都小于政府债券，因而公司债券的流动性也相对较小，在紧急情况下可能难于迅速找到买主，所以出售公司债券的费用较大，一般情况下对政府债券的需求就必然大于对公司债券的需求。其结果，流动性大的政府债券价格下降，利率上升。公司债券与政府债券之间的利率差额，不仅反映违约风险大小的不同，也是流动性程度不同的体现，因而将两种债券的利率差额也称之为流动性升水，但一般仍然称之为风险升水，最准确的应是一个综合，即称之为"风险和流动性升水"。

3．所得税因素

一般来说，政府发行的债券都有免缴所得税的税收待遇，特别是地方政府债券往往是免税证券，免税证券表示为引导投资者支持地方政府为学校、高速公路、机场和其他需要的公共项目融资的补贴，因而免缴所得税的证券的利率相对而言比较低。例如，公司发行债券的票面利率为 10%，所得税为 20%，则其实际所得利息收入为 $10\% \times (1-20\%) = 8\%$。所以，即使不考虑风险升水的因素，政府债券的票面利率只要不低于 8%，购买者就会优先考虑购买政府债券。也就是说，被赋予税收优惠的证券，由于其税后预期回报率相对于其他证券有所上升，从而更受欢迎，对其需求增加，证券价格上升，利率将会下降。因此，免税证券或被赋予税收优惠的证券的利率比较低。

（二）利率的期限结构

利率的期限结构主要是讨论和研究金融资产到期收益与到期期限之间的关系及其变化的。在理论分析中，不考虑其他因素变化对收益影响的条件下，债券利率与时间之间存在四种关系：第一，利率与时间无关，即无论时间如何变化，利率都不会发生变化，见图2-2（a）；第二，利率与时间正函数关系，即时间越长，利率越高，时间越短，利率越低，见图 2-2（b）；第三，利率与时间反函数关系，即时间越长，利率越低，时间越短，利率越高，见图 2-2（c）；第四，利率与时间相关，但变化关系无序，见图 2-2（d）。与此相适应，利率的期限结构就可以用一条曲线来表示债券收益与到期期限的函数关系，通常有四种不同图形的债券的收益率曲线，如图 2-2 所示。

在图 2-2 中，长短期利率之间存在四种情况：（a）长短期利率一致；（b）短期利率低于长期利率；（c）短期利率高于长期利率；（d）长短期利率处于波动之中。长期利率与短期利率二者之间的关系以及二者变动所发生的影响等问题就是利率的期限结构问题，对于此问题的探讨，逐渐形成了各种不同的理论。

1．预期假说理论

预期假说理论是最早用来解释长短期利率关系的一种理论，20 世纪以来，经过一些经济学者对预期假说使用统计数据进行实证分析之后，使这一理论得到了更广泛的流传，成为利率期限结构理论中最主要的理论。预期假说理论的主要代表是 J.希克斯。

预期假说理论认为，一种长期债券的现期利率是短期债券的预期利率的函数，长期利率与短期利率之间的关系取决于现期短期利率与预期未来短期利率之间的关系。预期假说理论在进行分析时，假定了以下前提条件：（1）持有债券和从事债券交易时不存在交易成本、税收等其他费用；（2）货币市场是完全的，资金借贷双方能够对短期利率未来变化趋势进行合理预期，对债券未来利率水平的预期是确定的；（3）投资者追求利润最大化，资金借贷双方对于不同期限的利率可以自由套利；（4）长短期资金市场的资金移动完全没有限制，没有违约风险。在这些假定条件下，无论人们进行短期投资还是长期投资，其所得的收益总是相等的，因而，长期利率是投资期间内预期短期利率的算术平均数。

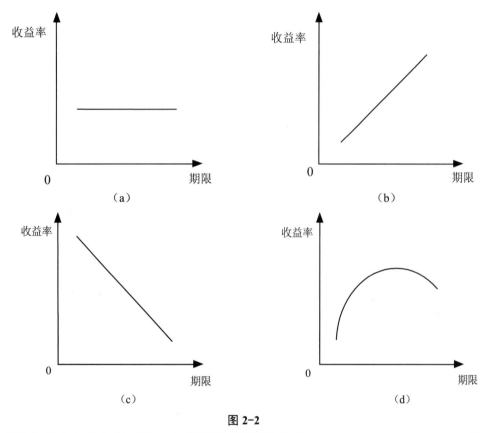

图 2-2

假设今后几年内人们对于 1 年期的利率预期分别为：i_1、i_2、i_3、$\cdots$、i_{n-1}、i_n，则 n 年期债券的票面利率应该为：

$$r_n = \frac{i_1 + i_2 + i_3 + \ldots + i_{n-1} + i_n}{n}$$

例如，假如人们对于未来 5 年内的 1 年期利率预测分别为：5%、6%、7%、8%、9%，则 2 年期债券的票面利率应为：（5%+6%）÷2＝5.5%；相应 5 年期的债券利率为：（5%+6%+7%+8%+9%）÷5＝7%。

由此得出预期假说理论的基本结论：如果预期的未来短期债券利率与现期短期债券利率相等，则长期债券利率就等于现期短期债券利率，收益率曲线表现为一条水平线；如果预期的未来短期债券利率上升，则长期债券的利率必然大于现期短期债券利率，而且，期限越长利率越高，收益率曲线表现为一条向上倾斜的曲线；如果预期的短期债券利率下降，则长期债券的期限越长利率就越低，收益率曲线表现为一条向下倾斜的曲线。

预期假说理论所假定的条件存在与现实社会不符的部分，对未来短期债券的利率的形成也没有进行说明，因而其存在一定的不足和缺陷。但是，预期假说理论是具有重要影响的，而且可作为一国采用货币政策调节经济的依据之一。

2. 市场分割理论

市场分割理论把市场分成长期市场和短期市场，不同期限的债券市场被视为是完全独立的互不相关的分割市场，各种债券的利率由供求来影响和决定，并不受其他期限债券预期回报率的影响。最早提出市场分割理论的经济学家是科伯森（J.M.Culbertson），之后，莫迪格列尼（F.Modigliani）等经济学家进一步加以了阐述。

市场分割理论的关键是假设不同期限的债券根本不是替代品，短期债券市场与长期债券市场是彼此分割的，因而，不能简单地把长期利率看成是预期的短期利率的函数，长期利率的高低应该决定于长期资金的供求状况。一般来说，投资者通常在使用资金的期限内进行投资，即买进同期债券，为了避免资本风险，不会买进更长期限的债券；而筹资者通常根据所需资金的期限到适当的资金市场上去寻找所需的资金，为避免风险贴水，不会借入比这期限更长的资金。由于资金的借贷双方都是根据自己对资金的实际运用而选择资金借贷的期限，有的偏好短期债券，有的偏好长期债券，从而出现了相对独立的长短期资金市场，也就形成了不同的利率水平。由于长短期资金市场是完全分割的，所以长期债券市场的利率不会随短期利率的变动而作规律性的变动。也就是说，当长期债券供给增加而需求不变时，长期债券的价格下跌，利率上升，但由于短期债券投资者并不会因此转向购买长期债券，长期债券利率的变动也就不会对短期债券的利率造成影响，因而长期债券的供求关系只决定其本身的利率曲线。同理，短期债券的供求关系也只决定其本身的利率曲线。

由于市场分割理论将不同期限的债券市场视为完全分割的市场，因而对现实经济生活中的一些事实无法做出解释，存在一定的不足和缺陷。但是，市场分割理论对中央银行货币政策的实施具有一定的指导作用，中央银行可以依据这一理论的基本观点，通过改变长期或短期债券的相对供给来改变利率结构，不需要担心因改变短期债券的供给而影响长期债券，或改变长期债券的供给而影响短期利率。

3. 期限选择和流动性升水理论

考夫曼（G.Kaufman）在1977年出版的《货币、金融体系和经济》的著作中提出了期限选择理论，即长期债券的利率等于该种债券到期之前短期利率预期的平均值加上该种债券随供求条件的变化而变化的期限升水。即在预期假说理论的长短期利率关系的方程式中加入一项正值的期限升水，则可以得到期限选择理论的方程式：

$$r_n = \frac{i_1 + i_2 + i_3 + \ldots + i_{n-1} + i_n}{n} + k_n$$

其中，k_n 为期限升水。

与期限选择理论密切相关的是流动性升水理论，又称为偏好利率理论。希克斯首先提出了不同期限债券的风险程度与利率结构的关系，较为完整地建立了流动性升水理论。希克斯关于流动性升水反映不同期限债券风险程度的思想，受到了很多经济学家的赞同，迈泽尔曼（D.Meiselman）、豪根（R.Haugen）、罗宾逊（R.Robinson）等对希克斯的思想从不同的角度加以发展。

根据流动性升水理论，在不同期限的债券之间存在着一定的替代性，一种债券的预期收益确实可以影响不同期限债券的收益，但投资者对不同期限的债券具有一定的偏好，只有当能够获得更高的预期收益时，投资者才会投资那些非偏好期限的债券。因此，长期利率比短期利率高出的部分就是长期债券发行人对债权人的报酬，用于补偿债权人流动性偏好的更长时间的放弃所承担的风险。这个补偿性报酬称为流动性升水，一般用公式表示为：

$$1+k_m = n\sqrt{(1+k_1)(1+k_2+k_1)(1+k_3+k_2)\cdots(1+k_n+k_n-1)}$$

其中，k_1，k_2，$\cdots$，k_{n-1} 是第 2，3、$\cdots$、（$n-1$）年的流动性升水，k_m 为流动性升水。

在期限升水（流动性升水）k_m 总是为正值且随着债券期限的延长而增大的前提下，期限选择理论的方程式与流动性升水理论的方程式相同，即长期利率等于即期短期利率和预期未来短期利率的算术平均数加上相关的流动性升水。因此，一般在对利率期限结构进行分析研究时，将基本观点相同的两个理论综合起来，称之为期限选择和流动性升水理论。期限选择和流动性升水理论实质上是将投资者对资本价值不确定性风险的回避因素导入预期假说理论，使我们可以从回报率曲线的斜度的观察，获知市场关于未来短期利率走势的预期。陡直向上倾斜的回报率曲线表明未来短期利率预期将会上升；相对平缓向上倾斜的回报率曲线表示未来短期利率预期不变；向下倾斜的回报率曲线表明未来短期利率预期将大幅度下跌；水平的回报率曲线表明短期利率预期将会轻微下降。期限选择和流动性升水理论综合了预期假说理论和市场分割理论的特点，充分地解释了不同期限债券的利率为什么会出现差别、为什么收益率曲线总是向上倾斜、短期利率较低时收益率曲线为什么会急剧上升等问题，因而得到了较为广泛的认可。

关于利率期限结构的研究已经有一百多年，试图解释期限结构的理论有很多，预期假说理论最简单、最容易，而市场分割理论和流动性升水理论是对预期假说理论的发展。目前又有了更加复杂的，如 Cox-Ingersoll-Ross 模型、二项式或网状模型等期限结构模型，这些模型虽然提高了人们对利率期限结构的认识和理解，但却难以在实践中使用。

三、利率与金融资产价格

（一）金融资产收益率的计算

金融资产，就是指能够带来利息或股息收益的各种票据和证券以及各种票据和证券的衍生品种。金融资产属于无形资产，按性质可分为债务工具和权益工具。在现实生活中，资金的价格一般用各种金融资产的收益率来衡量。所谓收益率，就是指使用金融资产在未来收入的现值与其今天的价值相等时的利率。

金融资产的收益是对未来现金流的要求权，这种要求权可以是对不变的现金流的固定收益要求权，也可以是对可变的现金流的权益要求权。金融资产的现金流就是投资金融资产所预期每个时期得到的现金，由于未来现金流是可预测的，因而，金融资产的收益具有可预测性。如固定收益的债务工具具有很强的收益可预测性，权益工具具有较弱的收益可预测性。

1. 当期收益率

当期收益率是一种贷款或债券收益率的普遍的衡量标准。当期收益率是附息债券到期收益率的近似值，它是年息票利息对其当前市场价值的比率。计算公式如下：

$$i_c = \frac{C}{P_b}$$

其中，i_c——当期收益率；

P_b——附息债券的价格；

C——年息票利息。

例如，一张面值为 1000 元的附息债券，目前债券的市场价格为 1100 元，年息票利息为 100 元，则其当期收益率：$i_c = \frac{100}{1100} = 0.0909$ 或 9.09%。

当期收益率是年度息票利息与债券价格之比，因此，当债券价格等于债券面值时，当期收益率就等于息票利率。息票利率是发行债券时，债券发行人同意支付的协定利率，是证券收益率最有名的衡量标准之一。当期收益率与到期收益率总是一同波动，当期收益率的变动总是预示着到期收益率的同向变动。债券价格越接近债券面值，期限越长，当期收益率就越接近到期收益率；而债券价格越偏离债券面值，期限越短，当期收益率就越偏离到期收益率。通常金融报刊上公布的股票与债券的收益率都是当期收益率。当期收益率忽视了贷款或债券实际的与预期的付款和投资者能够卖出或变现债券的价格，因而一般不能很好地反映贷款人或投资者获得的实际收益率。

2．到期收益率

到期收益率，是指使来自于某种信用工具的收入的现值总和与其今天的价值相等的利率。由于到期收益率概念具有显著的经济学含义，因而经济学家通常将到期收益率作为衡量利率水平的最精确指标，到期收益是被广泛接受的贷款与债券收益率的衡量标准。在各种计算利率的方法中，到期收益率是最重要的一种。为了更好地理解到期收益率，我们分别对四种不同金融资产的到期收益率进行考察。

（1）简式贷款的到期收益率。

简式贷款是贷款人向借款人按双方约定的利率提供一笔一定期限的资金（或称本金），借款人于贷款到期日一次性向贷款人偿还本金和利息。运用现值概念，简式贷款的到期收益率很容易、非常简单地计算出来。

例如，一笔 100 万元的 1 年期贷款，1 年后的偿付额为 110 万元（100 万元本金+10 万元利息）。根据到期收益率的概念，未来偿付款的现值必须等于贷款今天的价值。显而易见，这笔贷款今天的价值是 100 万元，因此，100 万元贷款的今天价值等于 1 年后 110 万元偿付额的现值，即：

$$100万元 = \frac{110万元}{(100+i)^1}$$

则：

$$i = \frac{110}{100} - 1 = 0.1(或10\%)$$

由上面计算过程可以看出，对于简式贷款来说，单利率等于到期收益率，I 既表示单利率，也表示到期收益率。因此，对于简式贷款而言，存在以下等式：

$$L = \frac{L + I}{(1+i)^n}$$

其中，L——贷款额；

$\quad\quad I$——支付的利息额；

$\quad\quad N$——贷款期限；

$\quad\quad I$——到期收益率。

（2）定期定额清偿贷款的到期收益率。

定期定额清偿贷款是贷款人向借款人按双方约定的利率提供一笔一定期限的资金，在约定的期限内，借款人分期进行包括部分本金和利息在内的等额偿付贷款。根据到期收益率的概念，贷款今天的价值等于其现值。由于定期定额清偿贷款涉及不止一次的偿付，因此，贷款偿付额的现值相当于所有支付金额的现值之和。

例如，一笔 1000 元的抵押贷款，期限为 25 年，要求每年支付 126 元。在第 1 年年底要偿付 126 元，其现值 PV 为 $126/(1+i)$；第 2 年年底也需偿付 126 元，其现值 PV 为 $126/(1+i)^2$；依次类推，到第 25 年年底，偿付最后一笔 126 元，其现值为 $126/(1+i)^{25}$。于是，要使 1000 元贷款今天的价值等于各年度偿付额现值之和，便得到下面等式：

$$1000 = \frac{126}{1+i} + \frac{126}{(1+i)^2} + \frac{126}{(1+i)^3} + \ldots + \frac{126}{(1+i)^{25}}$$

利用利息查算表或借助于袖珍计算器，可以得到这笔抵押贷款的到期收益率为 12%。

一般来说，对于任何一笔定期定额清偿货款，都可以用下列公式计算到期收益率：

$$L = \frac{FP}{(1+i)^1} + \frac{FP}{(1+i)^2} + \frac{FP}{(1+i)^3} + \ldots + \frac{FP}{(1+i)^n}$$

其中，L——贷款额；

$\quad\quad FP$——固定的年偿付额；

$\quad\quad n$——贷款的期限；

$\quad\quad I$——到期收益率。

对于一笔定期定额清偿贷款，一般情况下，固定的年偿付额和贷款期限均是已知量，只有到期收益率是未知的。因此，求解该等式，即可以得知到期收益率。

（3）附息债券的到期收益率。

附息债券是一种附有息票的债券，其发行人在债券到期之前必须每年向债券持有人定期支付固定金额的利息，到债券到期日再偿还债券面值的金额。附息债券的到期收益率的计算方法与定期定额清偿贷款到期收益率的计算方法大致相同，即使来自于附息债券的所有支付的现值总和等于附息债券今天的价值。由于附息债券同样涉及不止一次的支付，因而债券的现值等于所有息票利息支付额的现值总和再加上最后偿还的债券面值的现值。

例如，一张息票率为 10%、面额为 1000 元的 10 年期附息债券，每年支付利息，最后按照债券面值偿付本金。于是，在第一年年底，支付的息票利息为 100 元，其现值 PV 为 $100/(1+i)$；第二年年底，需支付 100 元的息票利息，其现值 PV 为 $100/(1+i)^2$。依此类推，到期满时，需支付最后的 100 元息票利息，其现值 PV 为 $100/(1+i)^{10}$，同时按债券面值偿付 1000 元，其现值为 $1000/(1+i)^{10}$。根据到期收益率的概念，将债券今天的价值（当期价格，用 P_b 表示）等于该债券全部偿还额的现值之和，即：

$$P_b = \frac{100}{(1+i)} + \frac{100}{(1+i)^2} + \frac{100}{(1+i)^3} + ... + \frac{100}{(1+i)^{10}} + \frac{1000}{(1+i)^{10}}$$

借助于利息查算表或袖珍计算器，P_b 为 1000 元时，此附息债券的到期收益率为 10%。
一般情况下，对于任何附息债券，均可以通过下列计算公式进行计算。

$$P_b = \frac{C}{1+i} + \frac{C}{(1+i)2} + \frac{C}{(1+i)^3} + ... + \frac{C}{(1+i)^n} + \frac{F}{(1+i)^n}$$

其中，C——每期支付的息票利息；

F——债券的面值；

P_b——债券的价格；

i——到期收益率；

n——债券的期限。

一般来说，息票利息、债券的面值、期限以及债券的价格都是已知量，只有到期收益率是未知的，因而求解这一等式，即可得到到期收益率。与定期定额清偿贷款相同，这种计算比较烦琐，通常借助于袖珍计算器或查阅债券表来获得到期收益率的数据。

根据上述计算公式，在 C、F、n 为一定数值的情况下，债券价格 P_b 与到期收益率 i 之间存在一定的关系。例如，对于一张面额为 1000 元、息票率为 10%、期限为 10 年的附息债券，当债券价格为 800 元、900 元、1000 元、1100 元、1200 元时，附息债券的到期收益率分别为 13.81%、11.75%、10%、8.48%、7.13%。

（4）贴现发行债券的到期收益率。

贴现发行债券又称无息债券，即债券发行人以低于债券面值的价格发行（或按折扣价格出售），并在到期日按照债券面值偿付给债券持有人的一种债券。贴现发行债券的到期收益率的计算，与简式贷款类似。以 1 年期的国库券为例，面额为 1000 元，发行价格为 900 元，1 年后按照 1000 元的面值偿付。根据到期收益率的概念，这张国库券的面值的现值等于其今天的价值，即：

$$900 = \frac{1000}{(1+i)}$$

$$i = \frac{1000 - 900}{900} = 0.111 \text{或} 11.1\%$$

一般来说，对于任何 1 年期的贴现发行债券，到期收益率的计算公式为：

$$i = \frac{F - P_d}{p_d}$$

其中，i——到期收益率；

F——债券的面值；

P_d——债券的购买价格。

从以上公式可以看出：到期收益率等于一年中价格的增值部分（$F-P_d$）除以初始价格 P_d，因此，对贴现发行债券来说，到期收益率与债券的价格负向相关。即债券的价格上升，则到期收益率下降；债券的价格下降，到期收益率则上升。如面值为 1000 元的贴现发行债券，若债券的价格从 900 元上升到 950 元，到期收益率则从 11.1%下降到 5.3%；若债券的价格从 900 元下降到 850 元，则到期收益率从 11.1%上升到 17.6%。

3．持有期收益率

对于中长期债券，无论是公司债券还是政府债券，往往会出现这种情况，投资者只持有债券一段时期，然后在债券的到期日之前将其卖给另一个投资者，于是，就产生一个投资者的持有期收益率的问题。中长期公司债券和政府债券一般是采取附息债券的形式，因此，对附息债券的到期收益率稍做修正，即可以得到另一种收益率的衡量标准——持有期收益率。持有期收益率就是使一种债券的市场价格等于从该债券的购买日到卖出日的全部利息支付额的现值总和再加上卖出价格的现值的利率，即：

$$P_b = \frac{C}{(1+i)} + \frac{C}{(1+i)^2} + \frac{C}{(1+3)^3} + ... + \frac{C}{(1+i)^m} + \frac{P_m}{(1+i)^m}$$

其中，P_b——债券的购买价格；

   P_m——债券的卖出的价格；

    i——持有期收益率；

   m——债券的持有期限；

   C——每期支付的息票利息。

到期收益率作为金融资产收益率的一种衡量标准，是最精确的利率指标。经济学家使用利率一词时，指的就是到期收益率，利率和到期收益率一般是作为同义概念使用的。我国经济类报纸，如《金融时报》在"每日证券"版的"债券专栏"中，对每种债券收盘收益率的报出就是采用到期收益率作为衡量标准。

（二）利率与金融资产价格

金融资产价格与收益率、或金融体系中的现行利率之间存在多种重要的关系。

1．金融资产价格的决定

金融资产的市场价格与商品的市场价格一样，是由金融资产的需求和供给决定的。我们以证券代表金融资产，说明金融资产市场价格的决定。

证券的需求是投资者在各种可能的价格下希望购买的某种证券的数量，证券的需求函数表示某种证券的需求量与这种证券的价格之间的函数关系。证券的供给是投资者在各种可能的价格下希望出售某种证券的数量，证券的供给函数表示某种证券的供给量与这种证券的价格之间的函数关系。由于资金贷放产生的均衡利率是由资金的供给与需求的相互作用所决定的，资金的需求者是金融市场证券的供给者，而资金的供给者是对证券的需求者、证券的投资者。因此，一种证券的均衡收益率与其均衡价格也是同时被决定的。如果用 D 表示证券的需求曲线、S 表示证券的供给曲线，那么，证券的需求曲线与可贷资金的供给曲线类似，证券的供给曲线与可贷资金的需求曲线类似（见图 2-3）。

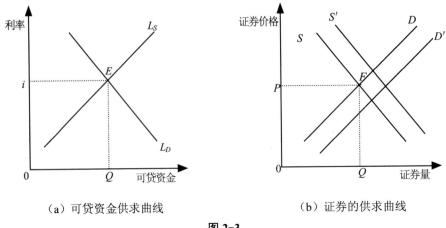

（a）可贷资金供求曲线　　　　　　　（b）证券的供求曲线

图 2-3

如图 2-3 所示，利率越高，借款人需求的可贷资金量越少；利率越低，贷款人供给的可贷资金量越少。同样，价格越高，借款人发行的证券越多；价格越低，投资者需求的证券越多。由于证券价格与利率成反比例关系，因而，可贷资金需求增加，证券供给增加，利率上升，证券价格下跌；可贷资金供给增加，证券需求增加，利率降低，证券价格上涨。由此可见，证券的价格与证券的供给成反比例关系，与证券的需求成正比例关系；而证券的价格与利率成反比例关系。

2．影响金融资产价格变动的因素

影响金融资产价格变动的因素主要有：发行者的经营状况、市场利率水平、政府的经济政策、价格水平等。

（1）发行者的经营状况。

在经济处于景气时期，发行者的经营状况良好时，盈利增加，违约风险等投资风险减少，对金融资产的需求将会增加，在金融资产供给不变或减少的情况下，导致金融资产的价格上升；反之，当经济处于萧条或衰退时期，发行者的经营状况出现问题，违约风险等投资风险加大，从而对金融资产的需求减少而供给将会增加，导致金融资产的价格下降。

（2）利率水平。

一般来说，债务工具的利息收益是固定的，因而，当市场利率下降时，债务工具的内在价值将上升，对债务工具的需求将会增加，在供给不变或将会减少的情况下，债务工具的价格将会上升。当市场利率上升时，债务工具的内在价值将下降，对债务工具的需求将会减少，在供给不变或将会增加的情况下，引起债务工具的价格下降。

对权益工具来说，当利率水平上升时，投资者认为投资债务工具比投资权益工具更有利，权益工具的需求将减少，在供给不变或将会增加的情况下，导致权益工具的价格下降。反之，当利率水平下降时，投资者认为投资于权益工具更有利，对权益工具的需求将增加，在供给不变或将会减少的情况下，导致权益工具的价格上升。

除此之外，商品价格水平的变动，会引起发行者利润的变化，引起金融资产需求与供给的变化；国家经济政策的改变，对金融资产的发行者盈利水平产生变化，引起对金融资产需求与供给的变化，从而导致金融资产的价格发生变化。另外，非经济因素如政治局势、社会局面、心理预期等方面的变化，也会引起金融资产供求发生变化，金融资产的价格将发生变动。

（3）金融资产的价格与利率。

通过以上金融资产的收益率计算和价格分析，可以得出：金融资产的价格与其收益率、市场利率是呈反向关系，即金融资产收益率的上升意味着其价格的下跌，市场利率的上升意味着金融资产价格的下降；反之，金融资产收益率的下降意味着其价格的上升，市场利率的下降意味着金融资产价格的上升。

具体来说，金融资产的价格与金融资产的供给成反比例关系，与金融资产的需求成正比例关系；而金融资产的价格与利率成反比例关系。由于利率越高，借款人需求的资金量越少；利率越低，贷款人供给的资金量越少；同样，价格越高，借款人发行的证券越多；价格越低，投资者需求的证券越多，而证券价格与利率成反比例关系。因此，可以说，对资金需求的增加，将引起金融资产供给的增加，造成利率上升，金融资产价格的下跌；反之，若资金供给增加，对金融资产的需求将增加，引起利率降低，金融资产价格的上涨。金融资产的价格与到期收益率负向相关，即到期收益率上升，则金融资产的价格下降；如果到期收益率下降，则金融资产的价格上升。同样，若金融资产的价格上升，则到期收益率下降；若金融资产的价格下降，则到期收益率上升。这是因为：将未来得到的本息折算成现值，则利率越高，该现值越低，因此金融资产的价格必然更低。

一般来说，债券价格和利率之间存在着密切的关系，即利率上升，债券的市场价格就下降；利率下降，债券的市场价格就上升。而且，债券价格与利率的反方向变化关系是非线性的，债券价格是市场利率的凸函数，称之为债券价格的凸性。如果用横轴表示市场利率，纵轴表示债券价格，则债券价格凸性如图 2-4 所示，是一条凸向原点的下凸曲线。

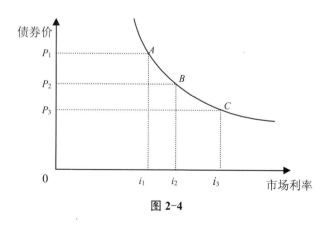

图 2-4

如图 2-4 所示，当市场利率下降时，债券价格将以加速度上升；而当市场利率上升时，债券价格将以减速度下降。

对股票而言，收益决定股票的内在价值，股票的内在价值又是股票市场价格的基础，因而当收益发生变化时，股票的内在价值和市场价格将会发生变化。作为权益证券，当市场利率发生变化时，股票的市场价格也将发生变化。当市场利率水平上升时，投资者认为投资于债券等债务证券有利，对权益证券的股票需求将会减少，在股票供给不变或供给增加的情况下，股票的市场价格将会下降；当市场利率水平下降时，投资者认为投资于权益证券的股票更有利，对股票的需求增加，股票的市场价格将会有所上升。

利率期货是标的资产价格依赖于利率水平的期货合约，利率期货合约的标的资产主要有国库券、政府中长期国债、欧洲美元存单等债券。因此，当市场利率上升时，作为标的资产的债券在到期日的市场价格将会低于期货价格，卖出方将会获得到期日期货价格与初始买入价格的差额的收益。如果市场利率下跌，利率下跌导致固定利率债券价格的上升，卖出方若持有债券，将失去价格上升带来的超额利润即到期日标的物市场价格与到期日期货价格的差额；卖出方若没有持有债券，履行合约将要承担到期日标的物市场价格与到期日期货价格差额的损失。

利率互换是交易双方交换一系列现金流的合约，通常，一方的现金流是根据浮动利率计算出来的，另一方的现金流是根据固定利率计算的，因而，利率互换实际只是交换利息差额。因此，当市场利率发生变化时，利率互换的交换利息差额由于浮动利率的上升或下降而增大或减小，从而引起利率互换合约价格发生变化。

（4）金融资产的价值与价格分析。

金融资产的价值，就是根据金融资产预期现金流用利率折算的现值。金融资产一般在发行时都设有条款，赋予发行者或投资者改变收益支付或偿还本金方式的权利，发行者存在违约的可能性，现金流有可能发生变化或中断，加之某些金融资产的收益的不确定性，对大多数金融资产而言，其现金流是不确定的，有可能发生变化。因此，在计算金融资产的价值时，首先需要对金融资产未来的现金流作出预测和估计；由于折算未来现金流的最低利率是无违约风险利率，如国库券的利率，因而还需要将金融资产的风险与国库券的风险相比较，确定出能够补偿金融资产风险的合适的折算利率。如果用 R_1、R_2、…、R_n 表示 n 个时期的收益，i 表示利率，采用现在贴现值计算公式，金融资产的价值 PV 可用公式表示为：

$$PV = \frac{R_1}{1+i} + \frac{R_2}{(1+i)^2} + ... + \frac{R_n}{(1+i)^n}$$

金融资产的价格分析，就是运用一定的方法，分析预测金融资产价格的走向、变化趋势。通常，对金融资产的价格分析采取两种方法：（a）基本分析法。即通过估算金融资产的内在价值，将金融资产的内在价值与市场价格进行比较，分析金融资产市场价格的变化趋势。根据基本分析方法，如果金融资产的市场价格相对于内在价值存在较大幅度的偏差，那么，其市场价格将会被市场纠正。也就是说，如果金融资产的价格低估，即内在价值高于市场价格，则金融资产的市场价格将会出现较大幅度的上升；如果金融资产的价格高估，即内在价值低于市场价格，则金融资产的价格将会出现较大幅度的下降。（b）技术分析法。即根据金融资产价格变化的特点和过去的经验，分析预测金融资产的价格变化趋势。

第二节 金融中介

一、中介机构

金融中介机构是指资金盈余者与资金需求者之间融通资金的信用中介。它主要指以发行间接证券（存款）的方式形成资金来源，然后，把这些资金投向贷款、收益证券等金融资产。金融机构是金融体系的重要组成部分，其种类繁多，下面以我国的金融中介机构为例，介绍我国金融中介机构的构成。我国金融中介按照它们的性质和主要业务类别来划分，可分为五大类。

（一）银行业金融机构

这类机构可以吸收公众存款或提供公众贷款，包括各类银行、信用合作社、财务公司、农村资金互助社、信托公司、金融资产管理公司、金融租赁公司、汽车金融公司、贷款公司、货币经济公司等。

（二）证券业金融机构

这类机构主要为社会公众（包括机构）提供证券发行、上市、投资、交易代理或相关服务。包括证券公司、证券投资基金管理公司、期货公司、投资咨询公司等。

（三）保险业金融机构

包括各类财产保险公司、人身保险公司、再保险公司、保险资产管理公司、保险经纪公司、保险代理公司、保险公估公司、企业年金等。

（四）交易及结算类金融机构

交易类金融机构为社会公众进行证券交易或商品大宗交易的市场，所买卖的可以是现货，也可以是期货。通常分为证券交易所和商品交易所。而以股票、公司债券等为交易对象的叫证券交易场所；以大宗商品（如棉花、小麦等）为交易对象的叫商品交易所。登记结算类金融机构是指为证券交易提供集中的登记、托管与结算服务，是不以营利为目的的法人。证券登记清算公司在我国目前主要有两种形式：一种是专门为证券交易所提供集中登记、集中存管、集中结算服务的专门机构，称为中央登记结算机构；二是代理中央登记结算机构为地方证券经营机构和投资者提供登记、结算及其他服务的地方机构，称为地方登记结算机构。

（五）金融控股公司

包括中央金融控股公司和其他金融控股公司。这类机构存在一个控股公司作为集团的母体，控股公司既可以是一个单纯的投资机构，也可以是以一项金融业务为载体的经营机构，前者如金融控股公司，后者如银行控股公司、保险控股公司等。

二、市场载体

市场载体是指金融市场交易主体对市场交易客体进行交易的一切设施和场所。由于市场的高度发达和场外交易的蓬勃发展，现代金融市场的市场载体的组织结构、管理结构、交易方式、交易标的等诸多方面都已经发生了很大的变化。

（一）有形市场载体

这是指有固定场所和操作设施的市场载体。我国的两家证券交易所、四家期货交易所都是典型的有形市场载体。在金融机构有关章节里我们将详细介绍，这里就不详述。

（二）无形市场载体

它是以营运网络形式存在的、通过电子、电信手段达成交易的中介平台。中国外汇交易中心暨全国银行间同业拆借中心（以下简称交易中心）就是典型的无形市场载体。此外，保险市场、证券发行市场、非上市公司债券市场等都以无形的市场载体为基础构建。

其中，中国外汇交易中心暨全国银行间同业拆借中心概况如下。

1．发展历程

交易中心是国家外汇体制改革的产物，成立于 1994 年 4 月。根据中国人民银行、国家外汇管理局发展市场的战略部署，交易中心贯彻"多种技术手段，多种交易方式，满足不同层次市场需要"的业务工作方针，于 1994 年 4 月推出外汇交易系统，1996 年 1 月启用人民币信用拆借系统，1997 年 6 月开办银行间债券交易业务，1999 年 9 月推出交易信息系统，2000 年 6 月开通"中国货币"网站，2001 年 7 月试办本币声讯中介业务，2001 年 10 月创办《中国货币市场》杂志，2002 年 6 月开办外币拆借中介业务，2003 年 6 月开通"中国票据"网，推出中国票据报价系统，2005 年 5 月上线银行间外币买卖业务，2005 年 6 月开通银行间债券远期交易，2005 年 8 月推出人民币、外币远期交易，以电子交易和声讯经纪等多种方式，为银行间外汇市场、人民币拆借市场、债券市场和票据市场，提供交易、清算、信息和监管等服务。

2．性质和职能

交易中心为中国人民银行直属事业单位，它的性质是传导央行货币政策、服务金融机构和监管部门的一个平台。

其主要职能是：提供银行间外汇交易、人民币同业拆借、债券交易系统并组织市场交易；办理外汇交易的资金清算、交割，提供人民币同业拆借及债券交易的清算提示服务；提供网上票据报价系统；提供外汇市场、债券市场和货币市场的信息服务；开展经人民银行批准的其他业务。

3．业务状况

（1）'交易服务。

组织原则：国家外汇管理局为外汇市场的监管部门，中国人民银行公开市场业务操作室为外汇市场调控部门，交易中心负责外汇市场组织运行。

会员构成：外汇市场实行会员制的组织形式，凡经中国人民银行批准可经营结售汇业务的外汇指定银行及其授权分支机构可成为外汇市场会员。

交易方式：外汇市场采用电子竞价交易系统组织交易。会员通过现场或远程交易终端自主报价，交易系统按"价格优先、时间优先"撮合成交。会员可选择 DDN、F.R 或拨号上网等方式实现远程联网。

交易时间：每周一至周五（节假日除外）上午 9：30～15：30。

交易品种：人民币兑美元、港币、日元和欧元的即期交易。

汇价形成：外汇市场每场交易产生开盘价、收盘价和加权平均价，人民币兑美元的加权平均价由中国人民银行公布作为第二日人民币兑美元的基准汇价，银行据此公布人民币兑美元挂牌价。

（2）清算服务。

清算原则：外汇市场实行"集中、双向、差额、一级"的清算原则，由交易中心在清算日集中为会员办理人民币、外汇资金收付净额的清算交割。

清算速度：外汇市场本、外币资金清算速度为 T+1，交易日后的第一个营业日办理资金交割。

清算方式：人民币资金清算通过中国人民银行支付系统办理，外汇资金清算通过境外清算系统办理。

清算备份：在北京备份中心建立实时清算备份系统。

（3）网络服务。

交易系统采用上海、北京双中心异地备份的体系结构，公共数据网与金融卫星专用网互为备份，形成了全国范围的实时电子交易平台。经鉴定，该系统设计合理、功能齐全、运行安全可靠、用户界面友好，是一项具有国内先进水平的系统工程。多年来，交易中心一直致力于建设一个安全、高效、可控的电子交易平台。根据市场发展的需要，2002 年全面实施了网络系统的扩容改造，在上海、北京、广州、深圳、济南和天津六地设中继站，所有成员都通过以上六地接入交易中心网络。经过网络扩容和本外币交易、信息系统升级改造，系统安全性、稳定性、有效性和可扩性明显提高，为加速实现全国统一联网和交易主体增加、交易量增长提供了强有力的技术保障。

（4）信息服务。

中国货币网是交易中心为银行间市场提供交易所需信息、中小金融机构备案报价和银行结售汇备案的基本平台，以"方便交易、防范风险、便利监管"为宗旨，为金融机构广泛参与市场、获取行情报价、了解对手资信、熟悉政策法规、学习操作技能、交流业务经验、培育市场人才、展示机构风采提供快捷的通道和基础的信息。中国货币网同时为未与交易中心交易系统联网的金融机构提供报价服务，为中国人民银行、国家外汇管理局提供市场监管服务。

第三节　金融市场效率

一、有效市场假说

（一）有效市场假说的提出

有效市场假说（Efficient Markets Hypothesis，EMH）是由尤金·法玛（Eugene Fama）于 1970 年深化并提出的。

"有效市场假说"的研究起源于路易斯·巴舍利耶（Bachelier，1900），他从随机过程角度研究了布朗运动以及股价变化的随机性，并且他认识到市场在信息方面的有效性：过去、现在的事件，甚至将来事件的贴现值反映在市场价格中。他提出的"基本原则"是股价遵循公平游戏（fair game）模型。

在他之后的几十年内，除了 1930～1940 年间的沃尔金（Working）、考尔斯（Cowles）和琼斯（Jones）的研究外，没有对股价行为的经验出现。随着电脑的使用，肯德尔（Kendall，1953）研究英国和美国的商品价格和证券价格，发现股价变化的随机性。后来，罗伯茨（Roberts，1959）展示了一个从随机数列产生的序列和美国的股价是无法区分的。奥斯本（Osborne，1959）发现股价行为和流体中的粒子的行为差不多，并用物理方法来研究股价行为。柯恩特尔（Coonter，1964）的论文集收录了大量对随机游走模型的检验；而在这个论文集中，一些论文在解释随机游走时却通常是在暗示股价服从公平游戏过程。因为早期学者是从实证结论出发而缺乏一个理论框架。

萨缪尔森（Samuelson，1965）、曼德尔布罗（Mandelbrot，1966）通过数学证明澄清了公平游戏模型和随机游走的关系，从理论上论述了有效市场和公平游戏模型之间的对应关系，还为有效市场假说作了理论上的铺垫。

在总结了前人的理论和实证的基础上，并借助萨缪尔森（1965）的分析方法和罗伯茨（1967）提出的三种有效形式，法玛（Fama，1970）提出了有效市场假说。

（二）有效市场假说的要点

（1）在市场上的每个人都是理性的经济人，金融市场上每只股票所代表的各家公司都处于这些理性人的严格监视之下，他们每天都在进行基本分析，以公司未来的获利性来评价公司的股票价格，把未来价值折算成今天的现值，并谨慎地在风险与收益之间进行权衡取舍。

（2）股票的价格反映了这些理性人的供求的平衡，想买的人正好等于想卖的人，即，认为股价被高估的人与认为股价被低估的人正好相等，假如有人发现这两者不等，即存在套利的可能性的话，他们立即会用买进或卖出股票的办法使股价迅速变动到能够使二者相等为止。

（3）股票的价格也能充分反映该资产的所有可获得的信息，即"信息有效"，当信息变动时，股票的价格就一定会随之变动。一个利好消息或利空消息刚刚传出时，股票的价格就开始异动，当它已经路人皆知时，股票的价格也已经涨或跌到适当的价位了。

"有效市场假说"实际上意味着"天下没有免费的午餐"，世上没有唾手可得之物。在一个正常的有效率的市场上，每个人都别指望发意外之财，所以我们花时间去看路上是否有钱好拣是不明智的，我们费心去分析股票的价值也是无益的，它白费我们的心思。

当然，"有效市场假说"只是一种理论假说，实际上，并非每个人总是理性的，也并非在每一时点上都是信息有效的。"这种理论也许并不完全正确"，曼昆说，"但是，有效市场假说作为一种对世界的描述，比你认为的要好得多。"

（三）成为有效市场的条件

（1）投资者都利用可获得的信息力图获得更高的报酬。

（2）证券市场对新的市场信息的反应迅速而准确，证券价格能完全反映全部信息。

（3）市场竞争使证券价格从旧的均衡过渡到新的均衡，而与新信息相应的价格变动是相互独立的或随机的。

（四）有效市场假说的三种形态

1. 弱式有效市场假说

该假说认为在弱式有效的情况下，市场价格已充分反映出所有过去历史的证券价格信息，包括股票的成交价、成交量、卖空金额，融资金融等。

推论一：如果弱式有效市场假说成立，则股票价格的技术分析失去作用，基本分析还可能帮助投资者获得超额利润。

2. 半强式有效市场假说

该假说认为价格已充分反映出所有已公开的有关公司营运前景的信息。这些信息有成交价、成交量、盈利资料、盈利预测值，公司管理状况及其他公开披露的财务信息等。假如投资者能迅速获得这些信息，股价应迅速作出反应。

推论二：如果半强式有效假说成立，则在市场中利用技术分析和基本分析都失去作用，内幕消息可能获得超额利润。

3. 强式有效市场假说

强式有效市场假说认为价格已充分地反映了所有关于公司营运的信息，这些信息包括已公开的或内部未公开的信息。

推论三：在强式有效市场中，没有任何方法能帮助投资者获得超额利润，即使基金和有内幕消息者也一样。

三种有效假说的检验就是建立在三个推论之上：

强式有效假说成立时，半强式有效必须成立；

半强式有效成立时，弱式有效亦必须成立。

所以，先检验弱式有效是否成立；若成立，再检验半强式有效；再成立，最后检验强式有效是否成立。顺序不可颠倒。

（五）有效市场假说的意义

1. 理论意义

提高证券市场的有效性，根本问题就是要解决证券价格形成过程中在信息披露、信息传输、信息解读以及信息反馈各个环节所出现的问题，其中最关键的一个问题就是建立上市公司强制性信息披露制度。从这个角度来看地，公开信息披露制度是建立有效资本市场的基础，也是资本市场有效性得以不断提高的起点。

2. 实践意义

（1）有效市场和技术分析。

如果市场未达到弱式下的有效，则当前的价格未完全反映历史价格信息，那么未来的价格变化将进一步对过去的价格信息作出反应。在这种情况下，人们可以利用技术分析和图表从过去的价格信息中分析出未来价格的某种变化倾向，从而在交易中获利。如果市场是弱式有效的，则过去的历史价格信息已完全反映在当前的价格中，未来的价格变化将与当前及历史价格无关，这时使用技术分析和图表分析当前及历史价格对未来作出预测将是徒劳的。如果不运用进一步的价格序列以外的信息，明天价格最好的预测值将是今天的价格。因此在弱式有效市场中，技术分析将失效。

（2）有效市场和基本分析。

如果市场未达到半强式有效，公开信息未被当前价格完全反映，分析公开资料寻找误定价格将能增加收益。但如果市场半强式有效，那么仅仅以公开资料为基础的分析将不能提供任何帮助，因为针对当前已公开的资料信息，目前的价格是合适的，未来的价格变化与当前已知的公开信息毫无关系，其变化纯粹依赖于明天新的公开信息。对于那些只依赖于已公开信息的人来说，明天才公开的信息，他今天是一无所知的，所以不用未公开的资料，对于明天的价格，他的最好的预测值也就是今天的价格。所以在这样的一个市场中，已公布的基本面信息无助于分析家挑选价格被高估或低估的证券，基于公开资料的基础分析毫无用处。

（3）有效市场和证券组合管理。

如果市场是强式有效的，人们获取内部资料并按照它行动，这时任何新信息（包括公开的和内部的）将迅速在市场中得到反映。所以在这种市场中，任何企图寻找内部资料信息来打击市场的做法都是不明智的。这种强式有效市场假设下，任何专业投资者的边际市场价值为零，因为没有任何资料来源和加工方式能够稳定地增加收益。对于证券组合理论来说，其组合构建的条件之一即是假设证券市场是充分有效的，所有市场参与者都能同等地得到充分的投资信息，如各种证券收益和风险的变动及其影响因素，同时不考虑交易费用。但对于证券组合的管理来说，如果市场是强式有效的，组合管理者会选择消极保守型的态度，只求获得市场平均的收益率水平，因为区别将来某段时期的有利和无利的投资不可能以现阶段已知的这些投资的任何特征为依据，进而进行组合调整。因此在这样一个市场中，管理者一般模拟某一种主要的市场指数进行投资。而在市场仅达到弱式有效状态时，组织管理者则是积极进取的，会在选择资产和买卖时机上下功夫，努力寻找价格偏离价值的资产。

（4）有效市场的三种形式和证券投资分析有效性之间的关系可以由表 2-1 来表示。

表 2-1

	技术分析	基本分析	组合管理
无效市场	有效	有效	积极进取
弱式有效	无效	有效	积极进取
半强式有效	无效	无效	积极进取
强式有效	无效	无效	消极保守

二、行为金融学

（一）行为金融学概述

行为金融学是金融学、心理学、行为学、社会学等学科相交叉的边缘学科，力图揭示金融市场的非理性行为和决策规律。行为金融理论认为，证券的市场价格并不只由证券内在价值所决定，还在很大程度上受到投资者主体行为的影响，即投资者心理与行为对证券市场的价格决定及其变动具有重大影响。它是和有效市场假说相对应的一种学说，主要内容可分为套利限制（limits of arbitrage）和心理学两部分。

由于是一个新兴的研究领域，行为金融学至今还没有为学术界所公认的严格定义，因而在此只能给出几种由行为金融学领域一些颇有影响的学者所提出的定义。虽然无法避免其局限性，但各有其独到的见解，可以作为行为金融学研究的基础性概念。

美国芝加哥大学教授泰勒（Thaler）认为，行为金融学是指研究人类理解信息并随之行动，作出投资决策的学科。通过大量的实验模型，它发现投资者行为并不总是理性、可预测和公正的，实际上，投资者经常会犯错。

美国耶鲁大学教授希勒（Shiller）认为，行为金融学是从对人们决策时的实际心理特征研究人手讨论投资者决策行为的，其投资决策模型是建立在人们投资决策时的心理因素的假设基础上的（当然这些关于投资者心理因素的假设是建立在心理学实证研究结果基础上的）。

行为金融学的研究思想相对于传统经济学是一种逆向的逻辑。传统经济学理论是首先创造理想然后逐步走向现实，其关注的重心是在理想状况下应该发生什么；而行为金融学则是以经验的态度关注实际上发生了什么及其深层的原因是什么。这种逻辑是一种现实的逻辑、发现的逻辑。从根本上来说，行为金融学所研究的是市场参与者表现出的真实情况是什么样的，以及从市场参与者所表现出的特性来解释一些金融现象。

行为金融学家认为：

（1）投资者是有限理性的，投资者是会犯错误的。

（2）在绝大多数时候，市场中理性和有限理性的投资者都是起作用的（而非标准金融理论中的非理性投资者最终将被赶出市场，理性投资者最终决定价格）。美国威斯康辛大学的著名行为金融学教授德朋特认为，行为金融学的主要理论贡献在于打破了传统经济学中关于人类行为规律不变的前提假设，将心理学和认知科学的成果引入到金融市场演变的微观过程中来。行为金融学家和经济心理学家们通过个案研究、实验室研究以及现场研究等多种实证研究方法的运用，使得人们对于经济行为人的各种经济行为的特征及其原因有了进一步的认识。

20 世纪 50 年代，冯·纽曼和摩根斯坦（Von Neumann and Morgenstern）在公理化假设的基础上建立了不确定条件下对理性人（rational actor）选择进行分析的框架，即期望效用函数理论。阿罗和德布鲁（Arrow and Debreu）后来发展并完善了一般均衡理论，成为经济学分析的基础，从而建立了现代经济学统一的分析范式。这个范式也成为现代金融学分析理性人决策的基础。1952 年马柯威茨（Markowitz）发表了著名的论文《投资组合选择》（*portfolio selection*），建立了现代资产组合理论，标志着现代金融学的诞生。此后莫迪戈里安尼和米勒（Modigliani and Miller）建立了 MM 定理，开创了公司金融学，成为现代金融学的一个重要分支。20 世纪 60 年代夏普和林特纳等（Sharp and Lintner）建立并扩展了资本资产定价模型（CAPM）。20 世纪 70 年代罗斯（Ross）基于无套利原理建立了更具一般性的套利定价理论（APT）。20 世纪 70 年代法玛（Fama）对有效市场假说（EMH）进行了正式表述，布莱克、斯科尔斯和莫顿（Black-Scholes-Merton）建立了期权定价模型（OPM），至此，现代金融学已经成为一门逻辑严密的具有统一分析框架的学科。

但是，20 世纪 80 年代对金融市场的大量实证研究发现了许多现代金融学无法解释的异象（anomalies），为了解释这些异象，一些金融学家将认知心理学的研究成果应用于对投资者的行为分析，至 90 年代这个领域涌现了大量高质量的理论和实证文献，形成最具活力的行为金融学派。2001 年克拉克奖得主马修·拉宾（Matthew Rabin）和 2002 年诺贝尔奖得主丹尼尔·卡尼曼（Daniel Kahneman）和弗农·史密斯（Vernon Smith），都是这个领域的代表人物，为这个领域的基础理论作出了重要贡献。将这些奖项授予这个领域的专家也说明了主流经济学对这个蓬勃发展的领域的肯定，更促进了这个学科的进一步发展。国外将这一领域称之为行为经济学（Behavioral Finance），国内大多数文献和专著将其称为"行为金融学"。

（二）行为金融学的主要理论

1. 期望理论

这个理论的表述为：人们对相同情境的反应取决于他是盈利状态还是亏损状态。一般而言，当盈利额与亏损额相同的情况下，人们在亏损状态时会变得更为沮丧，而当盈利时却没有那么快乐。当个体在看到等量损失时的沮丧程度会比同等获利情况下的高兴程度强烈得多。研究还发现：投资者在亏损 1 美元时的痛苦的强烈程度是在获利 1 美元时高兴程度的两倍。他们也发现个体对相同情境的不同反应取决于他目前是盈利还是亏损状况。具体来说，某只股票现在是 20 元，一位投资者是 22 元买入的，而另一位投资者是 18 元买入的，当股价产生变化时，这两位投资者的反应是极为不同的。当股价上涨时，18 元买入的投资者会坚定地持有，因为对于他来说，只是利润的扩大化；而对于 22 元的投资者来说，只是意味着亏损的减少，其坚定持有的信心不强。由于厌恶亏损，他极有可能在解套之时卖出股票；而当股价下跌之时，两者的反应恰好相反。18 元买入的投资者会急于兑现利润，因为他害怕利润会化为乌有，同时，由于厌恶亏损可能发生，会极早获利了结。但对于 22 元买入的投资者来说，持股不卖或是继续买入可能是最好的策略，因为割肉出局意味着实现亏损，这是投资者最不愿看到的结果。所以，其反而会寻找各种有利的信息，以增强自己持股的信心。特沃斯基和卡尼曼（Tversky and Kahneman）在 1979 年的文章中认为：投资者更愿意冒风险去避免亏损，而不愿冒风险去实现利润的最大化。在有利润的情况下，多数投资者是风险的厌恶者；而在有亏损的情况下，多数投资者变成了风险的承担者。换句话说，在面临确信有赚钱的机会时，多数投资者是风险的厌恶者；而在面临确信要赔钱时，多数投资者成为了风险的承受者。在这里，风险是指股价未来走势的一种不确定性。

2. 后悔理论

投资者在投资过程中常出现后悔的心理状态。在大牛市背景下，没有及时介入自己看好的股票会后悔，过早卖出获利的股票也会后悔；在熊市背景下，没能及时止损出局会后悔，获点小利没能兑现，然后又被套牢也会后悔；在平衡市中，自己持有的股票不涨不跌，别人推荐的股票上涨，自己会因为没有听从别人的劝告而及时换股后悔；当下定决心，卖出手中不涨的股票，而买入专家推荐的股票，又发现自己原来持有的股票不断上涨，而专家推荐的股票不涨反跌时，更加后悔。圣克拉拉大学的梅厄·斯特曼（Meir Statman）教授是研究"害怕后悔"行为的专家。由于人们在投资判断和决策上经常容易出现错误，而当出现这种失误操作时，通常感到非常难过和悲哀。所以，投资者在投资过程中，为了避免后悔心态的出现，经常会表现出一种优柔寡断的性格特点。投资者在决定是否卖出一只股票时，往往受到买入时的成本比现价高或是低的情绪影响，由于害怕后悔而想方设法尽量避免后悔的发生。有研究者认为：投资者不愿卖出已下跌的股票，是为了避免作了一次失败投资的痛苦和后悔心情，向其他人报告投资亏损的难堪也使其不愿去卖出已亏损的股票。另一些研究者认为：投资者的从众行为和追随常识，是为了避免由于做出了一个错误的投资决定而后悔。许多投资者认为：买一只大家都看好的股票比较容易，因为大家都看好它并且买了它，即使股价下跌也没什么。大家都错了，所以我错了也没什么！而如果自作主张买了一只市场形象不佳的股票，如果买入之后它就下跌，自己就很难合理地解释当时买它的理由。此外，基金经理人和股评家喜欢名气大的上市公司股票，主要原因也是因为如果这些股票下跌，他们因为操作得不好而被解雇的可能性较小。害怕后悔也反映了投资者对自我的一种期望。赫什·谢弗林（Hersh Shefrin）和梅厄·斯特曼（Meir Statman）在一个研究中发现：投资者在投资过程中除了避免后悔以外，还有一种追求自豪的动机在起作用。害怕后悔与追求自豪造成了投资者持有获利股票的时间太短，而持有亏损股票的时间太长。他们称这种现象为卖出效应。他们发现：当投资者持有两只股票，股票 A 获利 20%，而股票 B 亏损 20%，此时又有一个新的投资机会，而投资者由于没有别的钱，必须先卖掉一只股票时，多数投资者往往卖掉股票 A 而不是股票 B。因为卖出股票 B 会对从前的买入决策后悔，而卖出股票 A 会让投资者有一种做出正确投资的自豪感。

（三）行为金融学在我国证券市场中的应用

我国的证券市场是一个新兴的市场，在许多方面尚未成熟。目前的一个突出问题是过度投机性，而其产生的最主要原因就是众多中小投资者的非理性行为。证券市场的投资者可分为机构投资者与普通投资者，前者在资金实力、分析手段与信息获得与把握上具有优势；而后者由于势单力薄，经常揣摩、打听前者的消息或行动，作为自己决策的参考依据。

在我国，中小投资者占投资者的绝大部分，他们的决策行为在很大程度上决定了市场的发展状况，而他们又以弱势人群的姿态出现，其决策行为的非理性严重导致了市场的不稳定。因此，仅借助现代金融学的方法无法正确分析我国证券市场，我们应充分重视行为金融学这一新兴理论方法，利用它来发展、完善现代金融学，并将其应用到我国的证券市场。

将行为金融学的研究成果运用到我国证券市场的实践中，合理引导投资者的行为。对于广大中小投资者，要通过教育来使其趋于理性化，提高证券市场投资者的投资决策能力和市场的运作效率。对于机构投资者，要提高其投资管理水平。例如，行为金融学对我国开放式基金的发展具有重要的指导作用。开放式基金的一个突出问题是基金份额的赎回，基金经理要根据其对赎回量的估计确定资产的流动性，而这就不可避免地要估计投资者的行为决策方式。投资者往往在受到压力时高估风险，稍有风吹草动，他们就可能大量赎回，而从众心理又可能深化这种趋势，使基金受到更大的压力。另外，由于投资者的后悔与谨慎心理，他们常常利用代理人制度转移其对经济结果的责任及受到的压力，通过深入分析这一点，基金经理就能确定合理的管理费率，提高基金的运作水平。

资本市场与机构投资者的发展使得投资基金逐渐成为资本市场中的主要投资机构，以共同基金、养老基金以及对冲基金等众多投资基金为主体的投资机构已经成为市场中最重要的投资主体。投资基金地位的上升也使得投资基金逐渐成为居民投资者的重要投资对象，因此如何在众多投资基金中确定投资对象就成为众多学者研究的课题。投资基金经理是投资基金的管理层，是基金投资策略的确定者和实施者。投资基金的选择在很大程度上就是对基金经理的选择。基金经理层的专业学识与心理素质也成为选择基金时的重要考虑因素。对于基金经理的选择以前主要是以传统的有效市场理论和信息理论为指导，但是随着金融理论的发展，行为金融学理论在这个领域显示出越来越重要的意义和作用。

根据行为金融学理论，结合中国证券市场的实际，我国投资者在确定投资对象与选择基金经理时，除了传统金融理论中的考虑因素，还必须从行为金融理论出发进行考虑。

首先，优秀的基金经理应该具有雄厚的专业学术基础和丰富的金融专业理论与实践知识。受过正规教育，知识背景丰富的经理对市场信息的收集分析能力和对市场的形势判断能力相对较强，这一点在发达国家中表现得较明显。1994 年 7 月第 4 期的《商业周刊》（Business Week）曾经公布过一个调查结果：将美国的大部分基金按照该基金中同样位置的经理是否是常青藤盟校毕业生划分，结果发现，由常青藤盟校毕业担任经理的基金比其他基金的回报率高出 40 个基本点。芝加哥大学学者朱迪斯·薛瓦利埃（Judith Chevaliert）和 MIT 学者格伦·埃利森（Glenn Ellison）抽取了 1988～1994 年期间美国的 492 个基金经理（限于增长和收入型基金）的样本数据进行了分析，研究表明：拥有 MBA 学位或者在作为学生期间 SAT 成绩优秀的基金经理，其管理的基金业绩显著优于没有 MBA 学位和 SAT 成绩平常的基金经理管理的基金业绩。基金经理毕业学校、学习成绩、从业年限等因素的差别所导致基金业绩的差别实际反映了经理金融专业知识、从业经验、利用社交关系网络能力、收集处理市场信息能力等方面的差别，因而也是投资者选择基金经理时应该考虑的因素。

其次，优秀的基金经理不仅应具有良好的信息收集与信息分析处理能力，还应当了解市场中的投资者和自己会产生什么样的心理和行为偏差；优秀的基金经理应当能够避免由于自身的心理因素造成重大失误并且了解投资者的心理偏差和决策失误对市场产生的影响，并采取相应的投资策略。例如，根据行为金融学的理论，市场中的投资主体可能会对市场中的信息反应迟缓，在利好消息造成某种证券价格上涨后，这种上涨的趋势就有可能持续一定的时间。因此，买入价格开始上涨的证券，卖出价格开始下跌的证券的动量投资策略就成为投资基金可以选择的投资策略。此时，基金经理对于投资者的心理、对于市场延迟反应影响的性质和程度，以及证券价格变动的趋势和持续时间必须有深刻的了解和准确把握，才能在合适时机买入和卖出证券。此时对于投资大众心理的研究和把握就成为优秀的投资基金经理必备的一项重要能力。

再次，从大众投资者的角度来分析，在选择投资基金确定自身投资组合时必须考虑到基金经理对预期风险收益的影响和偏差。例如，如前文所述基金经理可能由于过于自信而过高估计自身的能力，此时基金经理就有可能为了获取较高的投资回报从事风险较大的投资。同样在一段时期内投资业绩优秀的基金经理有可能为了保持自己的声誉而采取较以前更稳定的投资策略以降低基金投资组合的风险程度，从而锁定基金的投资收益。在以上两种情况下，居民投资者投资组合的预期风险状况均有可能由于基金经理的行为被放大或缩小。因此，投资者在选择基金时必须对于经理人的心理变化和行为倾向进行关注，避免选定的投资组合的风险收益发生意外的变化。

最后，投资者还必须注意基金经理出于提高自身利益的心理动机可能会故意扭曲自身在投资者心目中的形象。例如基金经理会在投资基金信息披露日（如年报、中报公布日）附近调整投资头寸，以提升基金经理自身在市场中的公众形象，研究表明许多投资机构在第四季度或年末具有买入风险较小、前一段时间内价格上升、收益为正的证券，卖出风险较大、前一段时间价格下跌、收益为负的证券的倾向。因此，投资者在选择基金经理时需要考虑有关基金信息和数据的有效性和真实性。

本章小结：

1. 利率是利息与本金的比率，即一定时期的利息额与贷出本金额的比率。利率理论中最重要的组成部分是利率决定理论。利率决定理论经历了古典利率理论、凯恩斯利率理论、可贷资金利率理论、IS-LM 利率分析以及当代动态的利率模型的演变、发展过程。

2. 利率的结构问题主要包括利率的风险结构与利率的期限结构问题。利率的风险结构主要取决于违约风险、流动性和所得税因素。而利率的期限结构主要研究的是长期利率与短期利率之间的关系以及二者变动所发生的影响等问题。

3. 金融资产是指能够带来利息或股息收益的各种票据和证券以及各种票据和证券的衍生品种。而金融资产收益率，是指使用金融资产在未来收入的现值与其今天的价值相等时的利率。

金融资产收益率主要包括当期收益率、到期收益率和持有期收益率三种类型。

4. 金融资产价格与收益率、金融体系中的现行利率之间存在多种重要的关系。金融资产的市场价格是由金融资产的需求和供给决定的。

5. 金融中介机构是指资金盈余者与资金需求者之间融通资金的信用中介。它通常通过发行间接证券形成资金来源，然后把这些资金投向贷款、收益证券等形成金融资产。

6. 有效市场理论认为：提高证券市场的有效性的根本在于：要解决证券价格形成过程中在信息披露、信息传输、信息解读以及信息反馈各个环节所出现的问题，其中最关键的一个问题就是建立上市公司强制性信息披露制度。因此，公开信息披露制度是建立有效资本市场的基础，也是资本市场有效性得以不断提高的起点。

7. 行为金融学是金融学、心理学、行为学、社会学等学科相交叉的边缘学科，力图揭示金融市场的非理性行为和决策规律。行为金融理论认为，证券的市场价格并不只由证券内在价值所决定，还在很大程度上受到投资者主体行为的影响，即投资者心理与行为对证券市场的价格决定及其变动具有重大影响。

思考题：

1. 什么是利率？决定利率的因素有哪些？

2. 简述英国著名经济学家希克斯等人根据 IS-LM 分析模型提出的利率决定理论。

3. 为什么期限相同的债券或贷款其利率可能是不相同的？期限相同的各种债券或贷款的利率之间存在怎样的关系呢？

4. 什么是利率的期限结构？研究利率的期限结构问题的理论有哪些？

5. 什么是金融资产？金融资产收益率有哪些种类？

6. 什么是金融中介机构？我国的我国金融中介机构有哪些？

7. 简述有效市场假说的理论意义和实践意义。

8. 简述行为金融学理论及在在我国证券市场中的应用。

第二篇　金融机构

第三章　中国金融监管机构

学习目标：

1. 了解我国的金融监管机构有哪些，这些监管机构的性质与职责各有哪些
2. 了解中国人民银行的概况
3. 了解中国银行业监督管理委员会的概况
4. 了解中国证券监督管理委员会的概况
5. 了解中国保险监督管理委员会的概况
6. 了解国家外汇管理局的概况

第一节　中国人民银行

一、中国人民银行的历史沿革

中国人民银行是中华人民共和国的中央银行，是在国务院领导下制定和实施货币政策、对金融业实施监督管理的宏观调控部门。1948 年 12 月 1 日，中国人民银行在河北省石家庄市宣布成立。华北人民政府当天发出布告，由中国人民银行发行的人民币在华北、华东、西北三区的统一流通，所有公私款项收付及一切交易，均以人民币为本位货币。1949 年 2 月，中国人民银行由石家庄市迁入北平。1949 年 9 月，中国人民政治协商会议通过《中华人民共和国中央人民政府组织法》，把中国人民银行纳入政务院的直属单位系列，接受财政经济委员会指导，与财政部保持密切联系，赋予其国家银行职能，承担发行国家货币、经理国家金库、管理国家金融、稳定金融市场、支持经济恢复和国家重建的任务。

计划经济体制时期，自上而下的人民银行体制，成为国家吸收、动员、集中和分配信贷资金的基本手段。在集中统一的金融体制中，中国人民银行作为国家金融管理和货币发行的机构，既是管理金融的国家机关又是全面经营银行业务的国家银行。

1983 年 9 月，国务院决定中国人民银行专门行使中央银行职能，不再兼办工商信贷和储蓄业务。1995 年 3 月 18 日，第八届全国人民代表大会第三次会议审议通过了《中华人民共和国中国人民银行法》，至此，中国人民银行作为中央银行以法律形式被确定下来。中国人民银行相对于国务院其他部委和地方政府具有明显的独立性。财政不得向中国人民银行透支；中国人民银行不得直接认购政府债券。中国人民银行分支行是总行派出机构，它执行全国统一的货币政策，依法对金融机构进行监管，其职责的履行不受地方政府干预。

1998 年 11 月，中共中央、国务院决定对中国人民银行管理体制实行改革，撤销 32 个省级分行，跨省（自治区、直辖市）设置 9 家分行（包括 20 个金融监管办事处），2 个营业管理部，333 个中心支行，1660 个县（市）支行。9 家分行是：天津分行（管辖天津、河北、山西、内蒙古）、沈阳分行（管辖辽宁、吉林、黑龙江）；上海分行（管辖上海、浙江、福建）；南京分行（管辖江苏、安徽）；济南分行（管辖山东、河南）；武汉分行（管辖江西、湖北、湖南）；广州分行（管辖广东、广西、海南）；成都分行（管辖四川、贵州、云南、西藏）；西安分行（管辖陕西、甘肃、青海、宁夏、新疆）。撤销北京分行和重庆分行，由总行营业管理部履行所在地中央银行职责。

2003 年，按照党的十六届二中全会审议通过的《关于深化行政管理体制和机构改革的意见》和十届全国人大第一次会议批准的国务院机构改革方案，将中国人民银行对银行、金融资产管理公司、信托投资公司及其他存款类金融机构的监管职能分离出来，并和中央金融工委的相关职能进行整合，成立中国银行业监督管理委员会。同年 12 月 27 日，十届全国人民代表大会常务委员会第六次会议审议通过了《中华人民共和国中国人民银行法（修正案）》，明确人民银行的职责，确定人民银行主要负责金融宏观调控，但为了实施货币政策和维护金融稳定，也保留必要的监管职责。

二、中国人民银行的机构设置

（一）内设部门

中国人民银行内设 13 个职能司（厅）：办公厅（党委办公室）、条法司、货币政策司、金融市场司、金融稳定局、调查统计司、会计财务司、支付科技司、科技司、货币金银局、国库局、国际司、内审司、人事司（党委组织部）、研究局、征信管理局、反洗钱局（保卫局）、党委宣传部。

（二）上海总部

中国人民银行上海总部于 2005 年 8 月 10 日正式成立。作为总行的有机组成部分，上海总部在总行的领导和授权下开展工作，主要承担部分中央银行业务的具体操作职责，同时履行一定的管理职能。

（三）直属机构

中国人民银行设有 16 家直属机构，包括中国反洗钱监测分析中心、中国外汇交易中心(全国银行间同业拆借中心)、中国人民银行清算总中心、中国印钞造币总公司等。

（四）分支机构

中国人民银行目前在全国各地设有 36 家分支机构。

三、中国人民银行的性质和职责

（一）中国人民银行的性质

中国人民银行为国务院组成部门，是中华人民共和国的中央银行，是在国务院领导下制定和执行货币政策、维护金融稳定、提供金融服务的宏观调控部门。

（二）中国人民银行的职责

根据 2003 年 12 月 27 日第十届全国人民代表大会常务委员会第六次会议修正后的《中

华人民共和国中国人民银行法》规定，中国人民银行的主要职责为：

（1）起草有关法律和行政法规；完善有关金融机构运行规则；发布与履行职责有关的命令和规章。

（2）依法制定和执行货币政策。

（3）监督管理银行间同业拆借市场和银行间债券市场、外汇市场、黄金市场。

（4）防范和化解系统性金融风险，维护国家金融稳定。

（5）确定人民币汇率政策；维护合理的人民币汇率水平；实施外汇管理；持有、管理和经营国家外汇储备和黄金储备。

（6）发行人民币，管理人民币流通。

（7）经理国库。

（8）会同有关部门制定支付结算规则，维护支付、清算系统的正常运行。

（9）制定和组织实施金融业综合统计制度，负责数据汇总和宏观经济分析与预测。

（10）组织协调国家反洗钱工作，指导、部署金融业反洗钱工作，承担反洗钱的资金监测职责。

（11）管理信贷征信业，推动建立社会信用体系。

（12）作为国家的中央银行，从事有关国际金融活动。

（13）按照有关规定从事金融业务活动。

（14）承办国务院交办的其他事项。

四、中国人民银行的货币政策和政策工具

（一）中国人民银行的货币政策

货币政策有狭义和广义之分。狭义货币政策是指中央银行为实现既定的经济目标（稳定物价，促进经济增长，实现充分就业和平衡国际收支）运用各种工具调节货币供给和利率，进而影响宏观经济的方针和措施的总合。广义货币政策是指政府、中央银行和其他有关部门所有有关货币方面的规定和采取的影响金融变量的一切措施，包括金融体制改革，也就是规则的改变等。两者的不同主要在于后者的政策制定者包括政府及其他有关部门，它们往往影响金融体制中的外生变量，改变游戏规则，如硬性限制信贷规模、信贷方向、开放和开发金融市场。前者则是中央银行在稳定的体制中利用贴现率，准备金率，公开市场业务达到改变利率和货币供给量的目标。

货币政策是通过政府对国家的货币、信贷及银行体制的管理来实施的。货币政策的性质（中央银行控制货币供应，以及货币、产出和通货膨胀三者之间联系的方式）是宏观经济学中最吸引人、最重要、也最富争议的领域之一。一国政府拥有多种政策工具可用来实现其宏观经济目标。其中主要包括：第一，由政府支出和税收所组成的财政政策。财政政策的主要用途是通过影响国民储蓄以及对工作和储蓄的激励，从而影响长期经济增长。第二，货币政策由中央银行执行，它影响货币供给。通过中央银行调节货币供应量，影响利息率及经济中的信贷供应程度来间接影响总需求，以达到总需求与总供给趋于理想的均衡的一系列措施。

货币政策分为扩张性的和紧缩性的两种。扩张性的货币政策是通过提高货币供应增长

速度来刺激总需求，在这种政策下，取得信贷更为容易，利息率会降低。因此，当总需求与经济的生产能力相比很低时，使用扩张性的货币政策最合适。紧缩性的货币政策是通过削减货币供应的增长率来降低总需求水平，在这种政策下，取得信贷较为困难，利息率也随之提高。因此，在通货膨胀较严重时，采用紧缩性的货币政策较合适。

货币政策调节的对象是货币供应量，即全社会总的购买力，具体表现形式为：流通中的现金和个人、企事业单位在银行的存款。流通中的现金与消费物价水平变动密切相关，是最活跃的货币，一直是中央银行关注和调节的重要目标。

（二）中国人民银行的货币政策工具

货币政策工具是指中央银行为调控货币政策中介目标而采取的政策手段。货币政策是涉及经济全局的宏观政策，与财政政策、投资政策、分配政策和外资政策等关系十分密切，必须实施综合配套措施才能保持币值稳定。中国人民银行采用的货币政策工具主要包括公开市场业务、法定存款准备金、中央银行的贷款及利率政策等。

1. 公开市场业务

在多数发达国家，公开市场操作是中央银行吞吐基础货币，调节市场流动性的主要货币政策工具，通过中央银行与指定交易商进行有价证券和外汇交易，实现货币政策调控目标。中国公开市场操作包括人民币操作和外汇操作两部分。外汇公开市场操作 1994 年 3 月启动，人民币公开市场操作 1998 年 5 月 26 日恢复交易，规模逐步扩大。1999 年以来，公开市场操作已成为中国人民银行货币政策日常操作的重要工具，对于调控货币供应量、调节商业银行流动性水平、引导货币市场利率走势发挥了积极的作用。

中国人民银行从 1998 年开始建立公开市场业务一级交易商制度，选择了一批能够承担大额债券交易的商业银行作为公开市场业务的交易对象，目前公开市场业务一级交易商共包括 40 家商业银行。这些交易商可以运用国债、政策性金融债券等作为交易工具与中国人民银行开展公开市场业务。从交易品种看，中国人民银行公开市场业务债券交易主要包括回购交易、现券交易和发行中央银行票据。其中回购交易分为正回购和逆回购两种，正回购为中国人民银行向一级交易商卖出有价证券，并约定在未来特定日期买回有价证券的交易行为，正回购为央行从市场收回流动性的操作，正回购到期则为央行向市场投放流动性的操作；逆回购为中国人民银行向一级交易商购买有价证券，并约定在未来特定日期将有价证券卖给一级交易商的交易行为，逆回购为央行向市场上投放流动性的操作，逆回购到期则为央行从市场收回流动性的操作。现券交易分为现券买断和现券卖断两种，前者为央行直接从二级市场买入债券，一次性地投放基础货币；后者为央行直接卖出持有债券，一次性地回笼基础货币。中央银行票据即中国人民银行发行的短期债券，央行通过发行央行票据可以回笼基础货币，央行票据到期则体现为投放基础货币。

2. 法定存款准备金

法定存款准备金是指金融机构为保证客户提取存款和资金清算需要而准备的资金，金融机构按规定向中央银行缴纳的存款准备金占其存款总额的比例就是存款准备金率。法定存款准备金制度是在中央银行体制下建立起来的，世界上美国最早以法律形式规定商业银行向中央银行缴存存款准备金。法定存款准备金制度的初始作用是保证存款的支付和清算，之后才逐渐演变成为货币政策工具，中央银行通过调整存款准备金率，影响金融机构的信贷资金供应能力，从而间接调控货币供应量。

3．中央银行贷款

中央银行贷款分两种情况，再贴现和再贷款（也称中央银行贷款）。

（1）再贴现。

再贴现是中央银行对金融机构持有的未到期已贴现商业汇票予以贴现的行为，本质上相当于中央银行向金融机构发放的抵押贷款。在我国，中央银行通过适时调整再贴现总量及利率，明确再贴现票据选择，达到吞吐基础货币和实施金融宏观调控的目的，同时发挥调整信贷结构的功能。

2008年以来，为有效发挥再贴现促进结构调整、引导资金流向的作用，人民银行进一步完善再贴现管理：适当增加再贴现转授权窗口，以便于金融机构尤其是地方中小金融机构法人申请办理再贴现；适当扩大再贴现的对象和机构范围，城乡信用社、存款类外资金融机构法人、存款类新型农村金融机构，以及企业集团财务公司等非银行金融机构均可申请再贴现；推广使用商业承兑汇票，促进商业信用票据化；通过票据选择明确再贴现支持的重点，对涉农票据、县域企业和金融机构及中小金融机构签发、承兑、持有的票据优先办理再贴现；进一步明确再贴现可采取回购和买断两种方式，提高业务效率。

（2）再贷款。

再贷款是指中央银行对金融机构的贷款，是中央银行调控基础货币的渠道之一。中央银行通过适时调整再贷款的总量及利率，吞吐基础货币，促进实现货币信贷总量调控目标，合理引导资金流向和信贷投向。

自1984年人民银行专门行使中央银行职能以来，再贷款一直是我国中央银行的重要货币政策工具。近年来，适应金融宏观调控方式由直接调控转向间接调控，再贷款所占基础货币的比重逐步下降，结构和投向发生重要变化。新增再贷款主要用于促进信贷结构调整，引导扩大县域和"三农"信贷投放。

4．利率政策

利率政策是我国货币政策的重要组成部分，也是货币政策实施的主要手段之一。中国人民银行根据货币政策实施的需要，适时的运用利率工具，对利率水平和利率结构进行调整，进而影响社会资金供求状况，实现货币政策的既定目标。

目前，中国人民银行采用的利率工具主要有：第一，调整中央银行基准利率。包括：再贷款利率，指中国人民银行向金融机构发放再贷款所采用的利率；再贴现利率，指金融机构将所持有的已贴现票据向中国人民银行办理再贴现所采用的利率；存款准备金利率，指中国人民银行对金融机构交存的法定存款准备金支付的利率；超额存款准备金利率，指中央银行对金融机构交存的准备金中超过法定存款准备金水平的部分支付的利率。第二，调整金融机构法定存贷款利率。第三，制定金融机构存贷款利率的浮动范围。第四，制定相关政策对各类利率结构和档次进行调整等。

近年来，中国人民银行加强了对利率工具的运用。利率调整逐年频繁，利率调控方式更为灵活，调控机制日趋完善。随着利率市场化改革的逐步推进，作为货币政策主要手段之一的利率政策将逐步从对利率的直接调控向间接调控转化。利率作为重要的经济杠杆，在国家宏观调控体系中将发挥更加重要的作用。

第二节 中国银行业监督管理委员会

一、中国银行业监督管理委员会的设立背景

自改革开放以后至 20 世纪 90 年代末，经过 20 年左右的发展，我国已建立起了较为系统的金融体系，金融市场的资源配置效率不断提高。但是，在金融事业快速发展的同时，金融风险也逐步显现。在银行领域，不良贷款问题、银行违法经营问题等已经成为我国经济和金融健康发展的隐患，并对国家安全和社会稳定构成了潜在的威胁。如何提高银行业金融机构的风险管理水平，已经成为我国社会经济与金融发展中亟须解决的问题。

由于过去银行业金融机构的监管职能由人民银行履行，有关银行业金融机构监管的一些基本法律规定主要体现在中国人民银行法中。1995 年以前，我国的金融监管工作缺乏明确的法律依据，金融事业快速发展的同时，金融风险也在不断积聚。1995 年中国人民银行法和商业银行法的颁布实施，对于规范金融监管、促进我国银行业的健康发展发挥了重要作用。我国银行业基本建立了风险管理体系，风险管理意识和水平明显提高，银行风险基本上得到了有效的控制。但是，随着经济全球化和金融市场一体化的发展，金融业务的信息化水平不断提高，我国银行业面临的发展环境也在发生变化。特别是 2001 年加入世界贸易组织后，金融业进一步对外开放，金融活动的国际化特征日益明显。同时，金融创新的深度和广度都在不断扩展。在这种背景下，银行的经营管理和监管工作面临着许多新的问题。促进我国银行业的健康发展，维护金融秩序，降低金融风险，保护金融消费者的利益等，客观上需要通过立法规范银行业金融机构的经营管理行为和监管活动，调整各金融主体之间的权利义务。

从国外的情况来看，随着美国《金融服务现代化法》的出台，金融业混业经营、混业监管成为部分国家金融监管体制变革的方向。许多国家在改革金融监管体制时，都制定了专门的法律，并依据这些法律成立了相应的监管机构。如，英国出台了《金融服务与市场法》（2000），成立了统一的金融监管机构：金融服务局（FSA）；韩国出台了《金融监管机构设立法案》（2000），成立了金融监管委员会（FSC）和金融监督院（FSS），等等。

在这种背景下，为进一步提高银行业的监管水平和银行业金融机构的风险管理能力，促进我国金融业健康、持续地发展，2003 年，第十届全国人民代表大会第一次会议决定，对我国现有的金融监管体制进行改革，成立中国银行业监督管理委员会，统一监管银行、金融资产管理公司、信托投资公司及其他存款类金融机构。

2003 年 12 月 27 日，第十届全国人大常委会第六次会议通过《中华人民共和国银行业监督管理法》，于 2004 年 2 月 1 日起实施。根据这部法律，由中国银监会履行原由中国人民银行履行的监管职责，对银行业金融机构的监管职责主要由银监会行使。同时这部法律还明确了监管的银行业金融机构的范围，不仅包括在中华人民共和国境内设立的商业银行、城市信用合作社、农村信用合作社等吸收公众存款的金融机构以及政策性银行；对在中华人民共和国境内设立的金融资产管理公司、信托投资公司、财务公司、金融租赁公司以及经国务院银行业监督管理机构批准设立的其他金融机构的监督管理，也同样适用。

二、中国银行业监督管理委员会的性质和职责

（一）中国银行业监督管理委员会的性质

中国银行业监督管理委员会是根据法律设立并负责对全国银行业金融机构及其业务活动进行监督管理的政府机构，为国务院直属正部级事业单位。

（二）中国银行业监督管理委员会的职责

（1）依照法律、行政法规制定并发布对银行业金融机构及其业务活动监督管理的规章、规则。

（2）依照法律、行政法规规定的条件和程序，审查批准银行业金融机构的设立、变更、终止以及业务范围。

（3）对银行业金融机构的董事和高级管理人员实行任职资格管理。

（4）依照法律、行政法规制定银行业金融机构的审慎经营规则。

（5）对银行业金融机构的业务活动及其风险状况进行非现场监管，建立银行业金融机构监督管理信息系统，分析、评价银行业金融机构的风险状况。

（6）对银行业金融机构的业务活动及其风险状况进行现场检查，制定现场检查程序，规范现场检查行为。

（7）对银行业金融机构实行并表监督管理。

（8）会同有关部门建立银行业突发事件处置制度，制定银行业突发事件处置预案，明确处置机构和人员及其职责、处置措施和处置程序，及时、有效地处置银行业突发事件。

（9）负责统一编制全国银行业金融机构的统计数据、报表，并按照国家有关规定予以公布；对银行业自律组织的活动进行指导和监督。

（10）开展与银行业监督管理有关的国际交流、合作活动。

（11）对已经或者可能发生信用危机，严重影响存款人和其他客户合法权益的银行业金融机构实行接管或者促成机构重组。

（12）对有违法经营、经营管理不善等情形银行业金融机构予以撤销。

（13）对涉嫌金融违法的银行业金融机构及其工作人员以及关联行为人的账户予以查询；对涉嫌转移或者隐匿违法资金的申请司法机关予以冻结。

（14）对擅自设立银行业金融机构或非法从事银行业金融机构业务活动予以取缔。

（15）负责国有重点银行业金融机构监事会的日常管理工作。

（16）承办国务院交办的其他事项。

三、中国银行业监督管理委员会的机构设置

中国银行业监督管理委员会内部共设有 27 个部门。比较关键的部门如下：

银行监管一部：主要负责对大型商业银行（中国工商银行、中国农业银行、中国银行、中国建设银行、交通银行）实施监管。

银行监管二部：主要负责对中小股份制商业银行、城市商业银行和城市信用社实施监管。

银行监管三部：主要负责对外资银行（含外国银行分行及代表处、外资独资银行、中

外合资银行、外资独资及中外合资财务公司，以下统称"被监管机构"）实施监管。

银行监管四部：主要负责对国家开发银行、中国进出口银行、中国农业发展银行、邮政储蓄银行、资产管理公司（以下统称"被监管机构"）实施监管。

非银行金融机构监管部：主要负责负责监管信托公司、财务公司和金融租赁公司等非银行金融机构的监管。

合作金融机构监管部：主要负责农村商业银行、农村合作银行、农村信用社和新型农村金融机构的监管。

此外，银监会还在各省、自治区、直辖市设有派出机构，也就是各地的银监局。

第三节　中国证券监督管理委员会

一、中国证券监督管理委员会的设立背景

改革开放以后，随着中国证券市场的发展，建立集中统一的市场监管体制势在必行。1992 年 10 月，国务院证券委员会（简称国务院证券委）和中国证券监督管理委员会（简称中国证监会）宣告成立，标志着中国证券市场统一监管体制开始形成。国务院证券委是国家对证券市场进行统一宏观管理的主管机构。中国证监会是国务院证券委的监管执行机构，依照法律法规对证券市场进行监管。

国务院证券委和中国证监会成立以后，其职权范围随着市场的发展逐步扩展。1993 年 11 月，国务院决定将期货市场的试点工作交由国务院证券委负责，中国证监会具体执行。1995 年 3 月，国务院正式批准《中国证券监督管理委员会机构编制方案》，确定中国证监会为国务院直属副部级事业单位，是国务院证券委的监管执行机构，依照法律、法规的规定，对证券期货市场进行监管。1997 年 8 月，国务院决定，将上海、深圳证券交易所统一划归中国证监会监管；同时，在上海和深圳两市设立中国证监会证券监管专员办公室；11 月，中央召开全国金融工作会议，决定对全国证券管理体制进行改革，理顺证券监管体制，对地方证券监管部门实行垂直领导，并将原由中国人民银行监管的证券经营机构划归中国证监会统一监管。1998 年 4 月，根据国务院机构改革方案，决定将国务院证券委与中国证监会合并组成国务院直属正部级事业单位。经过这些改革，中国证监会职能明显加强，集中统一的全国证券监管体制基本形成。1998 年 9 月，国务院批准了《中国证券监督管理委员会职能配置、内设机构和人员编制规定》，进一步明确中国证监会为国务院直属事业单位，是全国证券期货市场的主管部门，进一步强化和明确了中国证监会的职能。

二、中国证券监督管理委员会的性质和职责

（一）中国证券监督管理委员会的性质

中国证券监督管理委员会是依照法律、法规和国务院授权，统一监督管理全国证券期货市场，维护证券期货市场秩序，保障其合法运行的政府机构，为国务院直属正部级事业单位。

（二）中国证券监督管理委员会的职责

依据有关法律法规，中国证券监督管理委员会在对证券市场实施监督管理中履行下列职责：

（1）研究和拟订证券期货市场的方针政策、发展规划；起草证券期货市场的有关法律、法规，提出制定和修改的建议；制定有关证券期货市场监管的规章、规则和办法。

（2）垂直领导全国证券期货监管机构，对证券期货市场实行集中统一监管；管理有关证券公司的领导班子和领导成员。

（3）监管股票、可转换债券、证券公司债券和国务院确定由证监会负责的债券及其他证券的发行、上市、交易、托管和结算；监管证券投资基金活动；批准企业债券的上市；监管上市国债和企业债券的交易活动。

（4）监管上市公司及其按法律法规必须履行有关义务的股东的证券市场行为。

（5）监管境内期货合约的上市、交易和结算；按规定监管境内机构从事境外期货业务。

（6）管理证券期货交易所；按规定管理证券期货交易所的高级管理人员；归口管理证券业、期货业协会。

（7）监管证券期货经营机构、证券投资基金管理公司、证券登记结算公司、期货结算机构、证券期货投资咨询机构、证券资信评级机构；审批基金托管机构的资格并监管其基金托管业务；制定有关机构高级管理人员任职资格的管理办法并组织实施；指导中国证券业、期货业协会开展证券期货从业人员资格管理工作。

（8）监管境内企业直接或间接到境外发行股票、上市以及在境外上市的公司到境外发行可转换债券；监管境内证券、期货经营机构到境外设立证券、期货机构；监管境外机构到境内设立证券、期货机构、从事证券、期货业务。

（9）监管证券期货信息传播活动，负责证券期货市场的统计与信息资源管理。

（10）会同有关部门审批会计师事务所、资产评估机构及其成员从事证券期货中介业务的资格，并监管律师事务所、律师及有资格的会计师事务所、资产评估机构及其成员从事证券期货相关业务的活动。

（11）依法对证券期货违法违规行为进行调查、处罚。

（12）归口管理证券期货行业的对外交往和国际合作事务。

（13）承办国务院交办的其他事项。

三、中国证券监督管理委员会的机构设置

（一）内部职能部门

目前中国证券监督管理委员会共有20个内部职能部门。比较关键的部门介绍如下。

发行监管部：主要负责草拟境内企业在境内发行证券的规则、实施细则；审核境内企业在境内发行证券的申报材料并监管其发行活动；审核保荐人和保荐代表人的资格并监管其保荐业务；审核企业债券的上市申报材料。下设综合处、发行审核一处、发行审核二处、发行审核三处、发行审核四处、发行审核五处、发审委工作处，共7个处。

创业板发行监管部：主要负责拟订创业板证券发行的法规、规则、实施细则；审核首次公开发行股票并在创业板上市的企业申报材料；审核创业板上市公司在境内发行证券的

申报材料；监管创业板证券发行活动；监管保荐机构和保荐代表人与创业板企业发行上市的相关的保荐业务；协同拟订创业板发行审核委员会规则，负责创业板发审委组建及运行。下设四个处室。

非上市公众公司监管部：主要负责拟订股份有限公司公开发行不上市股票的规则、实施细则；审核股份有限公司公开发行不上市股票的申报材料并监管其发行活动；核准以公开募集方式设立股份有限公司的申请；拟订公开发行不上市股份有限公司的信息披露规则、实施细则并对信息披露情况进行监管；负责非法发行证券和非法证券经营活动的认定、查处及相关组织协调工作等。

市场监管部：主要负责拟订监管通过证券交易所进行的证券交易、结算、登记、托管的规则、实施细则；审核证券交易所及证券登记、托管、结算机构的设立、章程、业务规则，并监管其业务活动；审核证券交易所的上市品种；组织实施证券交易与结算风险管理；会同有关部门管理证券市场基金；收集整理分析证券市场基础统计资料；分析境内外证券交易行情；监管境内证券市场的信息传播活动；协调指导证券市场交易违规行为监控工作。下设综合处、交易监管处、结算监管处、统计分析处、市场监控处，共5个处。

机构监管部：主要负责拟订监管证券经营机构、证券投资咨询机构、证券资信评级机构的规则、实施细则；审核各类证券经营机构的设立、核准其证券业务范围、监管其业务活动并组织处置重大风险事件；审核证券投资咨询机构、证券资信评级机构从事证券业务的资格并监督其业务活动；审核证券经营机构高级管理人员的任职资格并监督其业务活动；审核境内证券经营机构在境外设立从事证券业务的机构；审核境外机构在境内设立从事证券业务的机构并监管其业务活动。内设综合处、审核处、检查一处、检查二处、检查三处和检查四处，共6个处。

上市公司监管部：主要负责督导派出机构和交易所履行监管职责，分析、研究一线监管信息，制定监管政策，完善监管规则，统一监管标准，协调上市公司监管与会机关相关业务部门、国务院有关部门的联系工作，指导处理带有全局性的上市公司重大突发事件。下设综合处、监管一处、监管二处、监管三处、并购监管一处、并购监管二处，共6个处。

基金监管部：主要负责草拟监管证券投资基金的规则、实施细则；审核证券投资基金、证券投资基金管理公司的设立，监管证券投资基金管理公司的业务活动；与有关部门共同审批证券投资基金托管机构的基金托管业务资格，并监管其基金托管业务；监管证券投资基金的销售和运作；合格境外机构投资者（QFII）的审批及监管，境外资产管理机构在华设立代表处的审批。下设六个处，即综合处和监管一、二、三、四、五处。

期货监管一部：主要负责拟订有关证券期货市场欺诈发行证券、虚假陈述等违法违规案件调查的规则、实施细则；组织、督促、协调、指导调查证券期货市场欺诈发行证券、虚假陈述等违法违规案件；组织境外监管合作案件的协查和境内证券期货市场涉外违法违规案件的调查；组织监督证券期货业反洗钱工作。下设综合处、调查一处、调查二处、调查三处、调查四处、反洗钱处、涉外案件调查处。

期货监管二部：草拟证券期货交易中操纵市场、内幕交易违法违规案件的规则、实施细则；组织调查证券期货交易中操纵市场、内幕交易违法违规案件并提出处理建议。

稽查局（首席稽查办公室）：首席稽查主要负责统一协调、指挥全系统的稽查工作；

稽查局主要负责组织、协调、指导、督促案件调查，负责立案、复核及行政处罚的执行，负责跨境执法合作及行业反洗钱工作。

法律部（首席律师办公室）：草拟证券期货市场的法律、法规、规章及其实施细则，审核会内各部门草拟的规章；对监管中遇到的法律问题提供咨询，在授权范围内对有关法律、法规、规章进行解释；监督、协调有关法律、法规、规章的执行；负责有关法律、法规、规章的宣传教育；组织办理涉及中国证券监督管理委员会的行政复议案件、行政诉讼案件、国家赔偿案件和其他诉讼案件；对律师及其事务所从事证券期货的中介业务活动进行监督；负责查封冻结措施的审查、边控管理、司法执行协助、调查取证配合；负责资本市场的诚信建设工作；负责组织、指导全系统的法制调研工作等。

监察局：主要负责草拟有关规章制度；检查证券监管系统机构、人员在遵守和执行法律、法规和规章制度中存在的问题；受理对证券监管系统机构、人员违反行政纪律行为的控告、检举；调查处理证券监管系统机构、人员违反行政纪律的行为；法律、行政法规规定由监察机关履行的其他职责。下设综合处（负责部门内行政文秘事务、综合协调以及其他工作）、调查处（负责证券监管系统机构、人员违纪案件的调查工作）、审理处（负责证券监管系统机构、人员违纪案件的审理工作）。

（二）直属事业单位

研究中心：主要负责研究草拟资本市场中长期发展战略和规划；对资本市场发展、运行和监管工作中遇到的重大问题进行调查研究，为监管决策提供支持；为草拟资本市场法规规章、政策措施或具体监管工作提供咨询意见；中国证监会交办的其他工作。

信息中心：研究、草拟证券期货业信息化发展规划；协调管理证券期货业网络与信息安全保障工作；协调管理证券期货业标准化工作，联络国家相关标准化管理机构及国际标准化组织；负责证券期货业科技管理；规划建设证券期货监管业务应用系统；建设和管理证监会互联网站及资讯系统，负责证券期货行业信息资源开发利用的指导与推进；负责证监会计算机局域网、广域网以及公共应用系统的建设、运行与维护，管理机房，保障网络和信息安全，负责会机关电子类办公设备的固定资产管理工作；为证券期货监管相关业务工作提供技术支持；负责管理证监会图书馆；指导派出机构的信息化工作；承办会领导交办的其他工作。

行政中心。根据证监会后勤业务发展的总体要求，研究、制定其发展的规划、目标和措施并组织实施；负责为证监会机关办公提供服务保障，为机关职工和离退休人员提供生活服务；负责证监会国有资产的管理和经营，保证国有资产的合理配置和利用，保证经营性国有资产的保值和增值；负责承办指定范围的外事接待服务、国际会议、国内会议以及各省市来京联系工作人员的接待工作；承担办公厅、国际合作部、人事教育部划转的保卫、有关文件资料的印送、外事服务及文秘人员的招聘与管理等职能；证监会规定的其他职能；并按规定在保障机关办公服务的前提下对外开展社会化服务。

稽查总队：主要负责承办证券期货市场重大、紧急、跨区域案件，以及上级批办的其他案件。稽查总队下设五个调查大队，协调下设20个职能处室——办公室（党委办公室）、调查一处至调查十五处，内审一处、内审二处、技术支持处和纪检（监察）室。具体而言，办公室（党委办公室）负责总队行政事务和党务管理工作；调查一处至调查十五处负责承办证券期货市场内幕交易、市场操纵、虚假陈述、欺诈发行等重大、紧急、敏感类及跨区域案件调查；内审一、二处交叉分工，负责总队各调查处提交的调查终结案件的内审复核工作；技术支持处负责案件调查电子取证、信息协查、稽查办案技术支持系统开发等相关技术服务工作；纪检（监察）室负责总队廉政建设与纪检监察工作。

（三）行政处罚委员会

职责是制定证券期货违法违规认定规则；草拟与行政处罚案件审理、听证有关的规定、细则；审理稽查部门移交的案件；依照法定程序主持听证；必要时对相关部门提出建议函；拟订行政处罚和市场禁入意见；监督、检查、指导证监会系统的行政处罚工作。

（四）股票发行审核委员会

职责是根据有关法律、行政法规和中国证监会的规定，审核股票发行申请是否符合公开发行股票的条件；审核保荐机构、会计师事务所、律师事务所、资产评估机构等证券中介机构及相关人员为股票发行所出具的有关材料及意见书；审核中国证监会有关职能部门出具的初审报告；依法对股票发行申请提出审核意见。

（五）派出机构

派驻各地共 36 个证监局，还有上海证券监管专员办事处、深圳证券监管专员办事处。

第四节　中国保险监督管理委员会

一、中国保险监督管理委员会的设立背景

20 世纪 80 年代初我国恢复商业保险业务以后，保险业务收入连年递增且增势喜人，并形成了相当的市场规模。据统计，1980～1995 年，我国保险业务收入的年均增长速度高达 32%。1996 年，全国保费收入为 856.46 亿元，承保总金额从 1990 年的 2 万亿元增加到 15.7 万亿元。到 1997 年年底，我国财产寿险保费收入已达 1087.36 亿元，其中中资保险公司达到了 1080.97 亿元，比 1996 年增长了 39.19%。到 1997 年年底，共有 15 个国家和地区的 106 家保险机构在中国设立了 189 个代表处。在保险机构大量增加的同时，保险从业人员的数量也与日俱增，保险资本逐步扩大。1990 年，全国只有保险职工 8.5 万人，保险代理人 10 万人，到 1998 年中保险职工人数已达 15 万人，保险代理人达 20 多万人。1990 年保险资本为 30.3 亿元，到 1997 年上半年累计已达 130 亿元，保险实力也有明显提高。

1996 年年底，我国保险准备金、保险赔付金分别为 809 亿元和 407 亿元，分别比 1990 年增长了 4.2 倍和近 6 倍，年均增速分别高达 27.3% 和 34.7%。保险准备金和保险赔付金的快速增长，不仅增强了保险机构抵御风险的能力，而且有力地支持了企业生产，维护了居民生活安定。

与此同时，保险市场对外开放步伐将进一步加快。由于我国人口众多，经济快速发展，发展保险业具有得天独厚的市场空间和广阔的市场前景，加上 20 世纪 80 年代以来国内保险业的快速发展，使外保险界十分看重中国的保险市场。为谋求一个良好的经济发展外部环境，1992 年国务院决定将上海作为我国保险业对外开放的第一个试点城市，并授权中国人民银行制定颁布了《上海外资保险机构管理办法》，美国友邦保险及日本东京海上火灾

保险等大批外资保险公司开始入驻上海。1995 年，经国务院批准，我国保险市场对外开放的区域又由上海扩大到广州，加拿大宏利人寿保险公司。英国鹰星保险公司、太阳联合保险集团、澳大利亚国卫保险集团、美国安泰保险集团以及德国安田、瑞士丰泰等大批国际保险巨头蜂拥而至，手持"许可证"在华开业。1998 年上半年，央行又相继批准英国皇家太阳、法国安盛巴黎联合、澳大利亚康联等 3 家公司在沪建独资、合资保险公司。至此，上海出现了外资保险公司多于中资保险公司的新格局。随着时间的推移，保险开放区域也将逐步扩大到沿海主要经济中心城市甚至内地部分大中城市势在必行。

　　而当时我国的保险业仍由中国人民银行通过所设保险公司实现其监管职能，这使银行与保险无法实行分业管理，使保险业在快速发展的进程中，自身的风险也在不断积累。在这种情况下，为了提高保险监管的独立性与权威性，促进保险市场的良性发育及保险企业的公平竞争，成立一个统一监督和管理保险市场的职能部门意义重大。

二、中国保险监督管理委员会的性质和职责

　　（一）中国保险监督管理委员会性质

　　中国保险监督管理委员会是根据国务院授权履行行政管理职能，依照法律、法规统一监督管理全国保险市场，维护保险业的合法、稳健运行的政府机构，为国务院直属正部级事业单位。

　　（二）中国保险监督管理委员会的职责

　　（1）拟定保险业发展的方针政策，制定行业发展战略和规划；起草保险业监管的法律、法规；制定业内规章。

　　（2）审批保险公司及其分支机构、保险集团公司、保险控股公司的设立；会同有关部门审批保险资产管理公司的设立；审批境外保险机构代表处的设立；审批保险代理公司、保险经纪公司、保险公估公司等保险中介机构及其分支机构的设立；审批境内保险机构和非保险机构在境外设立保险机构；审批保险机构的合并、分立、变更、解散，决定接管和指定接受；参与、组织保险公司的破产、清算。

　　（3）审查、认定各类保险机构高级管理人员的任职资格；制定保险从业人员的基本资格标准。

　　（4）审批关系社会公众利益的保险险种、依法实行强制保险的险种和新开发的人寿保险险种等的保险条款和保险费率，对其他保险险种的保险条款和保险费率实施备案管理。

　　（5）依法监管保险公司的偿付能力和市场行为；负责保险保障基金的管理，监管保险保证金；根据法律和国家对保险资金的运用政策，制定有关规章制度，依法对保险公司的资金运用进行监管。

　　（6）对政策性保险和强制保险进行业务监管；对专属自保、相互保险等组织形式和业务活动进行监管。归口管理保险行业协会、保险学会等行业社团组织。

　　（7）依法对保险机构和保险从业人员的不正当竞争等违法、违规行为以及对非保险机构经营或变相经营保险业务进行调查、处罚。

　　（8）依法对境内保险及非保险机构在境外设立的保险机构进行监管。

　　（9）制定保险行业信息化标准；建立保险风险评价、预警和监控体系，跟踪分析、监

测、预测保险市场运行状况，负责统一编制全国保险业的数据、报表，并按照国家有关规定予以发布。

（10）承办国务院交办的其他事项。

三、中国保险监督管理委员会的机构设置

中国保险监督管理委员会内设 15 个职能机构，并在全国各省、直辖市、自治区、计划单列市设有 35 个派出机构。15 个机构为：

办公厅（党委办公室、监事会工作部）：拟订会机关办公规章制度；组织协调机关日常办公；承担有关文件的起草、重要会议的组织、机要、文秘、信访、保密、信息综合、新闻发布、保卫等工作。拟订派出机构管理、协调工作的规章制度，负责派出机构工作落实情况检查和信息收集整理等工作。负责保险信访和投诉工作；承办会党委交办的有关工作；负责国有保险公司监事会的日常工作。

发展改革部：拟订保险业的发展战略、行业规划和政策；会同有关部门拟订保险监管的方针政策及防范化解风险的措施；会同有关部门研究保险业改革发展有关重大问题，提出政策建议并组织实施；会同有关部门对保险市场整体运行情况进行分析；对保监会对外发布的重大政策进行把关；归口管理中资保险法人机构、保险资产管理公司等的市场准入和退出；负责规范保险公司的股权结构和法人治理结构，并对公司的重组、改制、上市等活动进行指导和监督；负责保监会对外重要业务工作与政策的协调。

政策研究室：负责保监会有关重要文件和文稿的起草；对保监会上报党中央、国务院的重要文件进行把关；研究国家大政方针在保险业的贯彻实施意见；研究宏观经济政策、相关行业政策和金融市场发展与保险业的互动关系；根据会领导指示，对有关问题进行调查研究；开展保险理论研究工作，负责指导和协调中国保险学会开展研究工作。

财务会计部：拟订保险企业和保险监管会计管理实施办法；建立保险公司偿付能力监管指标体系；编制保监会系统的年度财务预决算；审核机关、派出机构的财务预决算及收支活动并实施监督检查；审核会机关各部门业务规章中的有关财务规定。负责机关财务管理。

财产保险监管部（再保险监管部）：承办对财产保险公司的监管工作。拟订监管规章制度和财产保险精算制度；监控保险公司的资产质量和偿付能力；检查规范市场行为，查处违法违规行为；审核和备案管理保险条款和保险费率；审核保险公司的设立、变更、终止及业务范围；审查高级管理人员任职资格。承办对再保险公司的监管工作。拟定监管规章制度；监控保险公司的资产质量和偿付能力；检查规范市场行为，查处违法违规行为；审核保险公司的设立、变更、终止及业务范围；审查高级管理人员的任职资格。

人身保险监管部：承办对人身保险公司的监管工作。拟订监管规章制度和人身保险精算制度；监控保险公司的资产质量和偿付能力；检查规范市场行为，查处违法违规行为；审核和备案管理保险条款和保险费率；审核保险公司的设立、变更、终止及业务范围；审查高级管理人员任职资格。

保险中介监管部：承办对保险中介机构的监管工作。拟订监管规章制度；检查规范保险中介机构的市场行为，查处违法违规行为；审核保险中介机构的设立、变更、终止及业务范围；审查高级管理人员的任职资格；制定保险中介从业人员基本资格标准。

保险资金运用监管部：承办对保险资金运用的监管工作。拟订监管规章制度；建立保险资金运用风险评价、预警和监控体系；查处违法违规行为；审核保险资金运用机构的设立、变更、终止及业务范围；审查高级管理人员任职资格；拟订保险保障基金管理使用办法，负责保险保障基金的征收与管理。

国际部：承办中国保险监督管理委员会与有关国际组织、有关国家和地区监管机构和保险机构的联系及合作。负责中国保险监督管理委员会的外事管理工作；承办境外保险机构在境内设立保险机构，以及境内保险机构和非保险机构在境外设立保险机构及有关变更事宜的审核工作；承办境外保险机构在境内设立代表处的审核和管理事宜；对境内保险及非保险机构在境外设立的保险机构进行监管。

法规部：拟订有关保险监管规章制度；起草有关法律和行政法规，提出制定或修改的建议；审核会机关各部门草拟的监管规章；监督、协调有关法律法规的执行；开展保险法律咨询服务，组织法制教育和宣传；承办行政复议和行政应诉工作。

统计信息部：拟订保险行业统计制度，建立和维护保险行业数据库；负责统一编制全国保险业的数据、报表，抄送中国人民银行，并按照国家有关规定予以公布；负责保险机构统计数据的分析；拟订保险行业信息化标准，建立健全信息安全制度；负责保险行业信息化建设规划与实施；负责建立和维护偿付能力等业务监管信息系统；负责信息设备的建设和管理。

稽查局：负责拟订各类保险机构违法违规案件调查的规则；组织、协调保险业综合性检查和保险业重大案件调查；负责处理保险业非法集资等专项工作；配合中国人民银行组织实施保险业反洗钱案件检查；调查举报、投诉的违法违规问题，维护保险消费者合法权益；开展案件统计分析、稽查工作交流和考核评估工作。

人事教育部（党委组织部）：拟订会机关和派出机构人力资源管理的规章制度；承办会机关和派出机构及有关单位的人事管理工作；根据规定，负责有关保险机构领导班子和领导干部的日常管理工作；负责指导本系统党的组织建设和党员教育管理工作；负责会机关及本系统干部培训教育工作；会同有关部门提出对派出机构年度工作业绩的评估意见。

监察局（纪委）：监督检查本系统贯彻执行国家法律、法规、政策情况；依法依纪查处违反国家法律、法规和政纪的行为；受理对监察对象的检举、控告和申诉。领导本系统监察（纪检）工作。

党委宣传部（党委统战群工部）：负责本系统党的思想建设和宣传工作；负责思想政治工作和精神文明建设；负责指导和协调本系统统战、群众和知识分子工作。机关党委。负责会机关及在京直属单位的党群工作。

第五节　国家外汇管理局

一、国家外汇管理局简介

国家外汇管理局为副部级国家局，内设综合司、国际收支司、经常项目管理司、资本项目管理司、管理检查司、储备管理司、人事司（内审司）7 个职能司和机关党委。设置有中央外汇业务中心、信息中心、机关服务中心、《中国外汇》杂志社 4 个事业单位。

二、国家外汇管理局的性质和职责

（一）国家外汇管理局的性质

国家外汇管理局是我国专门负责对外汇收支、买卖、借贷、转移以及国际间的结算、外汇汇率和外汇市场等实行监管的政府机构。

（二）国家外汇管理局的职责

（1）研究提出外汇管理体制改革和防范国际收支风险、促进国际收支平衡的政策建议；研究落实逐步推进人民币资本项目可兑换、培育和发展外汇市场的政策措施，向中国人民银行提供制定人民币汇率政策的建议和依据。

（2）参与起草外汇管理有关法律法规和部门规章草案，发布与履行职责有关的规范性文件。

（3）负责国际收支、对外债权债务的统计和监测，按规定发布相关信息，承担跨境资金流动监测的有关工作。

（4）负责全国外汇市场的监督管理工作；承担结售汇业务监督管理的责任；培育和发展外汇市场。

（5）负责依法监督检查经常项目外汇收支的真实性、合法性；负责依法实施资本项目外汇管理，并根据人民币资本项目可兑换进程不断完善管理工作；规范境内外外汇账户管理。

（6）负责依法实施外汇监督检查，对违反外汇管理的行为进行处罚。

（7）承担国家外汇储备、黄金储备和其他外汇资产经营管理的责任。

（8）拟订外汇管理信息化发展规划和标准、规范并组织实施，依法与相关管理部门实施监管信息共享。

（9）参与有关国际金融活动。

（10）承办国务院及中国人民银行交办的其他事宜。

三、我国外汇管理机制相关问题

（一）外汇及外汇管理

所谓外汇，就是指可以用作国际清偿的支付手段和资产。根据我国《外汇管理条例》的规定，我国的外汇包括外国货币、外汇支付凭证、外币有价证券、特别提款权、欧洲货币单位以及其他外币资产。根据各国货币在国际清偿中的不同特点，外汇又分为自由外汇和记账外汇。

外汇管理又称为外汇管制，是指一个国家为了保持本国的国际收支平衡，对外汇的买卖、借贷、转让、收支、国际清偿、外汇汇率和外汇市场实行一定限制措施的管理制度。其目的在于保持本国的国际收支平衡，限制资本外流，防止外汇投机，促进本国经济的健康发展。根据《中华人民共和国外汇管理条例》规定，我国实行国际收支统计申报制度，凡有国际收支的单位和个人都必须进行国际收支申报。

（二）经常项目和资本项目外汇管理

我国的外汇收支分为经常项目外汇和资本项目外汇，对它们分别实施不同的管理措施。

1. 经常项目外汇管理

经常项目是指国际收支中经常发生的项目，包括贸易收支、劳务收支和单方面转移等。我国对经常项目下的外汇收入实行银行结汇制，境内机构的经常项目外汇收入必须汇回国内，并按照国家关于结汇、售汇及付汇管理的规定卖给外汇指定银行，或者经批准在外汇指定银行开立外汇账户。境内机构原则上不得将经常项目外汇账户中的外汇资金转作定期存款；确需转作定期存款的，须凭法定的文件向开户行所在地的外汇局申请。境内机构的经常项目用汇，可按国家关于结汇、售汇及付汇管理的规定，持有效凭证和商业单据向外汇指定银行购汇支付。境内机构的出口收汇和进口付汇，应当按照国家关于出口收汇核销管理和进口付汇核销管理的规定办理核销手续。

对于属于个人所有的外汇，可以自行持有，也可以存入银行或卖给外汇指定银行。外汇局对居民个人购汇实行指导性限额及核销管理，购汇金额在规定限额以内的，居民个人可以持规定的证明材料直接到银行办理；购汇金额在限额以上的，居民个人应当持相应的证明材料向外汇局申请，然后再凭外汇局的核准件和相应的证明材料到银行办理。外国驻华机构和来华人员的合法人民币收入，需要汇出境外的，可以持有关的证明材料和凭证倒外汇指定银行兑付。驻华机构和来华人员由境外汇入或者携带入境的外汇，可以自行保存，可以存入银行或者卖给外汇指定银行，也可以持有效凭证汇出或者携带出境。

2. 资本项目外汇管理

资本项目是指国际收支中因资本输出和输入而产生的资产与负债的增减项目，包括直接投资、各类贷款、证券投资等。

境内机构的资本项目外汇收入，除国务院另有规定外，应当调回国内，在外汇指定银行开列外汇账户；卖给外汇指定银行的，须经外汇管理机关批准。

境内机构向境外投资的外汇管理：境内机构向境外投资，在向审批主管部门申请前，须由外汇管理机关审查其外汇资金来源。境内投资者以外汇资金向境外投资的，应向外汇管理当局缴存所投资金的5%作为汇回利润保证金；以设备作为投资的，应按资本设备投资额的2.5%缴存汇回利润保证金。

外债是指境内机构对非居民承担的以外币表示的债务。外债一般可分为外国政府贷款、国际金融组织贷款和国际商业贷款。对于国际金融组织贷款和外国政府贷款由国家统一对外举借；国家对国有商业银行以及境内中资企业举借的中长期商业贷款实行余额管理；外商投资企业举借的中长期外债累计发生额和短期外债累计发生额之和应当控制在审批部门批准的项目总投资和注册资本之间的差额之内。在差额范围内，外商投资企业可以自行举借外债，超出差额的，须经原审批部门重新核定项目总投资。外债资金的使用应当符合国家的相关规定，同时，国家外债管理部门应当根据国家法律对外债和对外担保实施监管。

外商投资企业经营期满或因其他原因无法继续经营而依法终止的，应当依法进行清理并照章纳税。清理纳税后的剩余财产属于外方投资者所有的人民币，可以向外汇指定银行购汇或携带出境；属于中方投资者所有的外汇，应全部卖给外汇指定银行。

（三）金融机构的外汇业务管理

1．金融机构经营外汇业务管理

根据《中华人民共和国外汇管理条例》的相关规定，我国对金融机构经营外汇业务进行如下管理，金融机构经营外汇业务必须报经国家外汇管理机构批准，并领取经营外汇业务许可证；应按规定为客户开立账户，办理有关外汇业务；应按规定缴存外汇存款准备金，遵守外汇资产负债比例管理的规定，并建立呆账准备金；外汇指定银行办理结汇业务所需的人民币资金，应当使用自有资金。

2．金融机构经营外汇业务的监督管理

金融机构经营外汇业务，应接受外汇管理机关的检查、监督，同时，应当向外汇管理机关报送外汇资产负债表、利润表以及其他财务会计报表和资料。

（四）人民币汇率和外汇市场管理

1．人民币汇率管理

汇率是指一国货币与另一国货币相互折算的比率，汇率的高低由外汇市场供求关系和其他有关政治经济因素所决定，同时又对一国的国际收支和经济发展起着重要的反作用。

我国过去一直实行单一的汇率制度。1979年实行改革开放政策以后，我国实行有管理的浮动汇率制度，形成官方汇率和调剂市场汇率并存的双重汇率局面。自1994年1月1日起，我国取消外汇留成，将两种汇率并轨，实行以市场供求为基础、单一的、有管理的浮动汇率制度。

2．外汇市场管理

外汇交易市场是指进行外汇买卖的场所，在外汇市场进行交易应当遵循公开、公平、公正和诚实信用的原则。在我国，外汇市场交易的币种和形式由国务院外汇管理部门规定和调整。目前允许交易的币种有人民币对美元、港元、日元、欧元等。交易的形式包括即期交易和远期交易；对银行间的外汇市场只允许进行即期交易，对银行与客户之间则允许进行远期外汇交易。

（五）违反外汇管理的法律责任

违反外汇管理的各种行为，一般包括逃汇行为、套汇行为、扰乱金融行为、违反外债管理行为、违反外汇账户管理行为、违反外汇核销管理行为以及违反外汇经营管理行为等，我国的相关法律法规都对这些违反外汇管理的行为予以了定义，并规定了相应的民事、刑事、行政责任。

本章小结：

1．我国的金融监管机构有：中国人民银行、中国银行业监督管理委员会、中国证券监督管理委员会、中国保险监督管理委员会。

2．中国人民银行为国务院组成部门，是中华人民共和国的中央银行，是在国务院领导下制定和执行货币政策、维护金融稳定、提供金融服务并对金融业实施监督管理的宏观调控部门。

3．中国银行业监督管理委员会是根据法律设立并负责对全国银行业金融机构及其业务活动进行监督管理的政府机构，依照法律、行政法规制定并发布对银行业金融机构及其业务活动监督管理的规章、规则等。

4．中国证券监督管理委员会是依照法律、法规和国务院授权，统一监督管理全国证券期货市场，维护证券期货市场秩序，保障其合法运行的政府机构，依据有关法律法规，对证券市场实施监督管理中履行研究和拟订证券期货市场的方针政策、发展规划；起草证券期货市场的有关法律、法规，提出制定和修改的建议；制定有关证券期货市场监管的规章、规则和办法等职责。

5．中国保险监督管理委员会是根据国务院授权履行行政管理职能，依照法律、法规统一监督管理全国保险市场，维护保险业的合法、稳健运行的政府机构，行使拟定保险业发展的方针政策，制定行业发展战略和规划；起草保险业监管的法律、法规；制定业内规章等职责。

6．国家外汇管理局是我国专门负责对外汇收支、买卖、借贷、转移以及国际间的结算、外汇汇率和外汇市场等实行监管的政府机构。研究提出外汇管理体制改革和防范国际收支风险、促进国际收支平衡的政策建议；研究落实逐步推进人民币资本项目可兑换、培育和发展外汇市场的政策措施，向中国人民银行提供制定人民币汇率政策的建议和依据等职责。

思考题：

1．中国人民银行在制定和执行货币政策中发挥什么样的作用？

2．中央银行的职能有哪些？

3．中国银行业监督管理委员会在维护金融稳定中发挥什么样的作用？

4．中国银行业监督管理委员会职能有哪些？

5．中国证券监督管理委员会性质是怎样的？职能有哪些？

6．中国保险监督管理委员会性质是怎样的？职能有哪些？

7．国家外汇管理局性质是怎样的？职能有哪些？

8．我国现行的汇率制度是怎样的？

第四章　政策性银行

学习目标：
1. 了解我国有哪些政策性银行
2. 了解政策性银行的职能与特征
3. 了解中国进出口银行的概况
4. 了解中国农业发展银行的概况
5. 了解国家开发银行的概况

第一节　政策性银行概况

一、我国政策性银行设立的背景

改革开放以后至 20 世纪 90 年代初期，经过十几年的发展，我国的市场经济体系基本形成，随着改革的深入，各经济部门都必须按照价值规律的要求发展经济。在这形势下，1993 年 12 月 25 日，国务院作出《关于金融体制改革的决定》。这次改革的目标是：建立在国务院领导下独立执行货币政策的中央银行宏观调控体系；建立政策性金融与商业性金融分离，以国有商业银行为主体、多种金融机构并存的金融组织体系；建立统一开放、有序竞争、严格管理的金融市场体系。经过改革，专业银行也必然以追逐最大利润为经营目标，从而使银行信贷资金必然流向获利高的企业，而关系到国计民生的一些基础产业，在这些产业形成规模生产经营前，因市场前景问题而出现的低利润或政策性问题而亏损，就难以从正常渠道取得银行贷款。这部分企业生产所需的资金就必须由国家指定专门银行保证供给，由此造成的银行损失，由国家承担，这样就迫切需要建立专门从事政策性业务活动的政策性银行从事此项业务，保证与各专业银行的平等竞争。具体表现在以下方法：

第一，大量的政策性业务严重阻碍了专业银行向国有商业银行的转变。在市场经济条件下，专业银行的职能必将彻底向国有商业银行转变，实现利率市场化、资金商品化，以利润作为唯一的经营目标。但当时专业银行又承担着大量的政策性贷款业务，政策性业务利率低、风险大、资金需求量大，经营政策性贷款业务使专业银行利率倒挂，经常出现大面积亏损，而在银行经营机制不完善的情况下，很难保证专业银行不把所有呆账、坏账损失记到政策性亏损业务账上去，专业银行毫无疑问要继续躺在政策性业务上吃"大锅饭"。专业银行一方面要搞商业化经营，另一方面又要承担政策性业务，二者矛盾愈演愈烈，不仅影响了商业性业务，同时也影响了政策性业务，商业银行经营政策性业务已严重阻碍了专业银行向国有商业银行转变，商业银行必须尽快消除政策性业务的束缚。第二，中央银行不可能承担政策性业务。中国人民银行如果兼办政策性业务，其职能就不能充分发挥，就不可能集中力量研究和做好融宏观决策的问题。同时，政策性业务由人民银行一家经营，要巨额的信贷资金和巨大的政策性亏损，人民银行根本无力承担，同时货币发行与日常政策性业务集中于人民银行，货币发行很自然地形成自发弥补信贷差额的手段，因此，中央银行的人民银行不可能承担政策性业务。第三，国家财政无力承担对政策性行业的全部资金供应任务。当时国家财力是比较困难的，有些地方财资金十分紧缺，行政干部的工资都不能按时发放，许多部门和行业连财政性补贴也经常迟迟不能按时补贴到位。可见，由财政部门承担对政策性行业的全部资金供应任务，既不可能，也不现实。

随着市场经济的发展，政策性行业进一步明确，迫切需要建立一个专门的政策性银行，承担这一部分政策性业务。同时，为加快专业银行向国有商业银行的转变步伐，也迫切需要消除政策性业务包袱。从整个金融业务来看，当时专业银行由于政策性业务范围广，需求资金量大，也迫切需要成立一个专门的金融机构对政策性业务进行组织管理。在这背景下，建立政策性银行是我国当时经济、金融发展的客观需要。

二、政策性银行的职能和特征

（一）政策性银行的职能

可以从两个方面去理解。一方面是，政策性银行作为银行类的金融机构它所具有的一般职能；另一方面是，政策性银行作为政策性金融机构的特殊职能。就其一般职能而言，它也通过负债业务筹集资金，通过贷款或投资等资产业务融出资金，从而实现资金供求的沟通。这一点上，它与商业银行的区别主要在于二者的资金筹集和贷出对象不同。但它们都是以信用为基础开展资金融通业务。

政策性银行的职能，主要表现在它的特殊职能上。它的特殊职能包括以下几个方面。

1. 补充性职能

补充性职能，亦称弥补性职能。通过前述政策性银行存在根据和运行机制的分析可以看到，政策性银行的融资对象，一般限制在那些社会需要发展，而商业性金融机构又不愿意提供融资的那业事业上。对于那些能够获得商业性资金支持的事业，政策性银行就没有必要把有限的资金投入进去。因此，政策性银行具有在融资对象上为商业性融资拾遗补阙的功能。

需要注意的是，需要政策性银行提供资金支持的具体事业范围不是不变的，而是随着社会、经济、技术等的发展在不断变化的。同时，其具体范围和内容还与具体国情等有关。

2. 倡导性职能

所谓倡导性职能，亦即提倡引导的职能。政策性银行的倡导性职能主要是通过以下途径发挥的：一是政策性银行通过自身的融资行为，给商业性金融机构指示了国家经济政策的导向和支持重心，从而消除商业性金融机构对前景模糊的疑虑，带动商业性资金参与；二是政策性银行通过提供利息补贴，弥补投资利润低而无保证市场利息收入的不足，从而使商业性资金参与；三是政策性银行通过向商业性融资提供利息和本金的偿还担保，促成商业性资金参与；四是政策性银行通过为商业性金融机构提供再融资的方式，促使商业性资金的参与，等等，通过这些方式，诱使和引导商业性资金参与特殊事业融资。

（二）政策性银行的特征

1．特定的业务领域特殊

政策性银行的业务领域具有特殊性。一方面，就其业务的总体性质上来看，它并不对所有的业务都提供融资，而只是对那些国家社会经济协调发展急需支持，而又不能通过商业银行等商业性金融机构获得融资的领域。它可能是某种企业、某个特殊的地区、某种特殊的产品、某类特殊的项目，等等。它的业务领域的总体性质上的这种特殊性，是由于商业性融资机制的失灵范围决定的。另一方面，就某一具体的政策性银行来看，每一个政策性银行其具体业务对象都是特定的专业业务领域，而不像商业银行业务一样具有综合性。这一点是设立政策性银行时从专业性和实施的有效性上考虑的，不具有绝对性。可以设立综合性的政策性银行，然后在业务部门上分立。因此，就业务领域的特殊性上看，前一面具有绝对性，是硬特点；而后一面具有相对性，是软特点。

2．以贯彻政府政策为宗旨和目标

政策性银行的设立本身的经济根源在于商业性融资机制的失灵，因此，政策性银行的产生是政府干预的产物。因此，设立政策性银行，本身就是政府为了实现自己既定的经济政策目标，通过由政策性银行的特殊融资来弥补商业性融资机制的不足，以使那些利润低、投资期限长、投资数额大而社会需要发展，商业性融资机构又不愿意提供融资的部门、地区、行业、产业、项目、企业、产品等获得资金支持，以实现社会经济的健康、协调、持续发展。

3．一般由政府出资设立，并以政府财政为后盾

世界各国的政策性银行，大多数是由政府直接出资创立的，如美国的进出口银行、日本的"二行九库"、韩国的开发银行等；也有的政府部分出资，联合商业性金融机构共同创立的政策性银行，如法国对外贸易银行。但即便是有非政府资金注入，在政策性银行的决策上仍需坚持贯彻政府经济政策为宗旨，它不同于对于一般公司企业的注资，谁出资谁决策。另外，政策性银行除了注册资金主要来源于政府外，其运营资金和经营盈亏等也一般由财政吸收。

4．以信用为基础开展融资业务

政策性银行虽然注册资金一般来源于政府财政，营运资金也经常来源于财政支持等，但是，资金一旦划入政策性银行，进入政策性银行的支配范围，就要按照信用原则进行运营。同时它还通过其他负债业务获得资金，和财政资金等全部通过贷款或投资等资产业务的形式放出去，借款人必须按期偿还。这是政策性银行与财政的不同。

5．不以营利为目的的特殊融资原则

政策性银行在融资原则上，除了业务对象选择上以弥补商业性融资不足为原则外，强调社会效益，不以经济上的营利为目的。政策性银行的存在目的在于落实和实现政府经济政策目标，是否盈利不是其存在和追求的目标。这一点上，政策性银行和中央银行具有相似性。政策性银行的亏损一般由财政弥补。需要强调的是，不以营利为目的，不是不讲成本收益，而是指不以单纯的营利和营利为唯一目的。政策性银行的运营亦要讲效益，包括宏观经济效益和社会效益，而且，很多时候还是通过经济效率体现出来的。

6. 一法一银行的特别设立方式

政策性银行一般都以一法一银行的形式存在，不同于商业性金融机构。这是由政策性银行一般按服务对象分领域设立有关，其实质是把政策性银行的章程上升到了立法的形式。这种一法一银行的特别方式，能够有力地保证政策性银行的组织和任务的实施。我国的三大政策性银行因其直属国务院，因此，它们颁布的有关制度性规范，性质上属于行政规章。

三、政策性银行的组织形式

我国三大政策性银行都是国务院全资设立的、直属国务院领导的政策性金融机构，在法律形式上均为独立法人。我国的政策性银行主要采取单一制形式，但它们可以委托一些金融机构或设立派出机构办理业务。

第二节　我国的政策性银行

一、中国进出口银行

（一）基本简介

中国进出口银行成立于1994年，注册资本为33.8亿元人民币，是直属国务院领导的、政府全资拥有的政策性银行，其国际信用评级与国家主权评级一致。中国进出口银行是我国外经贸支持体系的重要力量和金融体系的重要组成部分，是我国机电产品、成套设备和高新技术产品出口及对外承包工程及各类境外投资的政策性融资主渠道、外国政府贷款的主要转贷行和中国政府援外优惠贷款的承贷行，目前在国内设有11家营业性分支机构和4个代表处；在境外设有东南非代表处、巴黎代表处和圣彼得堡代表处；与300多家银行建立了代理行关系。

中国进出口银行自1995年开始承接外国政府贷款转贷工作，截至2008年上半年，共办理了包括日本、德国、荷兰、奥地利、西班牙、澳大利亚、挪威、芬兰、丹麦、科威特、韩国、比利时、英国、瑞典、卢森堡、波兰、加拿大、沙特阿拉伯、瑞士、意大利、以色列、法国、葡萄牙及世界银行、美国进出口银行、北欧投资银行、北欧发展基金、欧洲投资银行等23个国家和5个金融机构的贷款项目和债务管理工作，项目遍布包括西藏在内的全国36个省、自治区、直辖市和计划单列市。在我国利用外国政府贷款安排的项目和借入的资金中，中国进出口银行负责转贷的项目和金额均超过60%，一直是我国外国政府贷款最大的转贷银行。

截至2008年6月末，中国进出口银行转贷外国政府贷款项目累计1600多个，转贷协议金额累计350多亿美元。

（二）主要职责

中国进出口银行的主要职责是贯彻执行国家产业政策、外经贸政策、金融政策和外交政策，为扩大我国机电产品、成套设备和高新技术产品出口，推动有比较优势的企业开展对外承包工程和境外投资，促进对外关系发展和国际经贸合作，提供政策性金融支持。

（三）主要业务范围

办理出口信贷（包括出口卖方信贷和出口买方信贷）；办理对外承包工程和境外投资类贷款；办理中国政府对外优惠贷款；提供对外担保；转贷外国政府和金融机构提供的贷款；办理本行贷款项下的国际国内结算业务和企业存款业务；在境内外资本市场、货币市场筹集资金；办理国际银行间的贷款，组织或参加国际、国内银团贷款；从事人民币同业拆借和债券回购；从事自营外汇资金交易和经批准的代客外汇资金交易；办理与本行业务相关的资信调查、咨询、评估和见证业务；经批准或受委托的其他业务。

二、中国农业发展银行

（一）基本简介

中国农业发展银行是根据国务院 1994 年 4 月 19 日发出的《关于组建中国农业发展银行的通知》（国发〔1994〕25 号）成立的国有农业政策性银行，注册资本 200 亿元人民币，直属国务院领导。

中国农业发展银行在机构设置上实行总行、一级分行、二级分行、支行制；在管理上实行总行一级法人制，总行行长为法定代表人；系统内实行垂直领导的管理体制，各分支机构在总行授权范围内依法依规开展业务经营活动。总行设在北京。其分支机构按照开展农业政策性金融业务的需要，并经银监会批准设置。目前全系统共有 30 个省级分行、300 多个二级分行和 1800 多个营业机构，服务网络遍布除西藏自治区外的中国大陆地区。

（二）主要职责

中国农业发展银行的主要职责是按照国家的法律、法规和方针、政策，以国家信用为基础，筹集农业政策性信贷资金，承担国家规定的农业政策性和经批准开办的涉农商业性金融业务，代理财政性支农资金的拨付，为农业和农村经济发展服务。中国农业发展银行在业务上接受中国人民银行和中国银行业监督管理委员会的指导和监督。

（三）主要业务范围

办理粮食、棉花、油料收购、储备、调销贷款；办理肉类、食糖、烟叶、羊毛、化肥等专项储备贷款；办理粮食、棉花、油料加工企业和农、林、牧、副、渔业的产业化龙头企业贷款；办理粮食、棉花、油料种子贷款；办理粮食仓储设施及棉花企业技术设备改造贷款；办理农业小企业贷款和农业科技贷款；办理农业基础设施建设贷款。支持范围限于农村路网、电网、水网（包括饮水工程）、信息网（邮政、电信）建设，农村能源和环境设施建设；办理农业综合开发贷款。支持范围限于农田水利基本建设、农业技术服务体系和农村流通体系建设；办理农业生产资料贷款。支持范围限于农业生产资料的流通和销售环节；代理财政支农资金的拨付；办理业务范围内企事业单位的存款及协议存款、同业存款等业务；办理开户企事业单位结算；发行金融债券；资金交易业务；办理代理保险、代理资金结算、代收代付等中间业务；办理粮棉油政策性贷款企业进出口贸易项下的国际结算业务以及与国际业务相配套的外汇存款、外汇汇款、同业外汇拆借、代客外汇买卖和结汇、售汇业务；办理经国务院或中国银行业监督管理委员会批准的其他业务。

三、国家开发银行

（一）基本简介

国家开发银行于 1994 年 3 月成立，注册资本为 500 亿元人民币，直属国务院领导，总部设在北京。国家开发银行在全国各地设有 35 家分行，在西藏设有代表处，在国外设有开罗代表处和莫斯科代表处。

2008 年 12 月份，国家开发银行转型为国家开发银行股份有限公司，正式在北京挂牌成立。这标志着我国政策性银行改制为商业银行的举措正式拉开帷幕。按照国务院批复的国开行商业化转型的总体目标，国开行将按照建立现代金融企业制度的要求，全面推行商业化运作，实行自主经营、自担风险、自负盈亏。通过财务重组和内部改革，以市场为导向，建立可持续发展的经营机制和激励约束机制，全面提高风险防范能力，把开发银行从政策性金融机构转型为资本充足、内控严密、运营安全、服务优质、效益良好、创新能力和竞争力强的商业银行。新成立的国开行股份有限公司注册资本为 3000 亿元人民币，财政部与中央汇金按出资比例入股，分别持有国开行 51.3% 和 48.7% 股份。在股份公司成立之后，国开行的性质正式从政策性银行转变为商业银行。国开行商业化转型后获取资金来源的范围将从此前单一的发债转向"吸收居民储蓄之外的公众存款和发行金融债"并举。

（二）主要职责

支持国家基础设施、基础产业和支柱产业建设；促进区域协调发展和产业结构调整；加快推进国际合作业务，交流发展经验；以支持县域经济发展为切入点，推动社会主义新农村建设；加强对中小企业及教育、医疗等社会瓶颈领域的支持，承担社会责任；加强与各类金融机构合作，促进中小金融机构的改革与发展。

（三）主要业务范围

向国家基础设施、基础产业、支柱产业的大中型基本建设和技术改造等政策性项目及其配套工程发放政策性贷款业务；建设项目贷款的评审、咨询和担保业务；外汇贷款业务；承销有信贷业务关系的企业债券及经中国人民银行批准的其他业务等。

第三节　政策性银行的发展问题

一、政策性银行存在的问题

政策性银行存在的问题具有国际普遍性。政策性银行在许多国家的国民经济早期发展和市场环境的建设中都起到了十分重要的作用。它们为大型投资项目提供直接贷款；为那些能带来正的外部性作用因而市场融资不足的项目提供长期资金，这类项目商业收益率低，商业贷款不愿支持，但社会收益高；支持具有市场潜力或市场潜力尚未被商业金融发现的顾客、产品和市场，如中小企业和农户贷款等。但政策性银行在实践中暴露的许多严重问题也逐渐为人们所认识。

首先，财政提供担保，并承担最终损失，道德风险严重。一方面，需要政府补贴可以成为借口，掩盖银行管理的混乱；另一方面，在缺乏规范的会计制度的情况下，银行管理得好也无法体现在盈利水平不断提高上。另外，对政策性银行的补贴主要采取政府担保的形式，也无法具体量化政府补贴的数额。

其次，政策性银行不按市场规则评审贷款项目，造成贷款回收率低，不良资产多，表现在经营业绩上，多数银行业绩差，不具有可持续发展能力，加重了政府财政负担。

再次，政府行政性配置信贷资金，干预成本巨大。政府直接提供贷款，可能导致稀缺资源的次优配置，政府直接支持项目的实施效果不理想，金融市场因对政府直接融资的过度依赖发育不健全。20世纪60～70年代，韩国通过建立国家投资基金，对重化学工业提供贷款，造成重化学工业产能过剩，用中央银行发行基础货币作为政府资金的来源，造成了持续的通货膨胀。

最后，政府直接融资对市场融资产生挤出效应，形成不公平竞争。政府直接融资利率低于市场利率，政府还提供担保，按低于市场标准经营的政策性银行排挤了私人部门的市场融资。

二、政策性银行改革的思路

对于政策性银行改革，我国目前基本有三种思路，实施的条件和要求各不相同。其一，继续维持传统政策性银行的改革思路，要求市场需求明确，变化较小，政策性金融服务更加专业化，业务范围更集中，管理更透明。其二，完全商业化的思路，适用条件是金融市场发育成熟，金融服务尤其是银行业务完全商业化运作；政策性银行开始民营化，商业资本已逐渐成为政策性银行运行的主导，政府对政策性银行的直接参与完全或大部分停止。其三，两类业务综合经营的开发性银行改革思路，其适用条件是为克服市场缺失。一方面需要继续提供必要的政策金融支持；另一方面，还要求政策性银行必须参与市场运作，完善市场机制，并实现自身可持续发展。实行综合经营要求通过分账管理等方式，在两类业务之间建立严格的防火墙，防止自营业务的亏损转嫁财政，出现道德风险。

无论如何，在当前情况下继续维持传统政策性银行的定位已不合时宜。这是因为：

首先，历史形成的问题难以解决，可持续发展能力将受到限制。我国政策性银行成立以来就一直维持传统政策性银行的定位，积累了很多问题，包括有的银行盈利水平较低，资本金严重不足，治理结构存在缺陷，需要完善激励约束机制、强化内控和风险管理体系，缺乏风险补偿机制等。继续维持现有政策性银行的模式，难以扭转经营业绩连续亏损的局面。

其次，造成财政向银行透支，影响金融和宏观经济稳定。从我国的实践看，政策性银行依赖政府提供资金所形成的风险和损失，由国家财政负担。在资金的流向方面，受政府政策导向指引，成为财政职能在预算外的延伸渠道。由于缺少市场化约束，贷款风险敞口，一旦违约必然形成不良资产，其中相当大部分不得不采取挂账、透支的形式。在不断市场化的环境中，由于传统政策性银行缺乏明确的发展方向，容易产生多重动机，诱发银行盲目扩张业务，在其运行机制没有改变、政府向银行的透支渠道仍旧通畅的情况下，很容易形成新的风险敞口，加剧财政向银行透支，给宏观经济稳定带来隐患。

再次，难以有效支持"走出去"战略。在世贸组织的框架下，继续定位于传统政策性银行，其公开和直接的政府融资行为可能产生不必要的政治阻力。"走出去"单纯依靠传统政策性银行融资，容易授人把柄。

最后，不符合国际政策性银行发展的大趋势。从当前国际政策性银行发展的趋势看，改革和调整成为主流。随着全球范围内市场经济的逐渐恢复和成熟，政策性银行在经历了半个多世纪的发展之后，其大规模长期存在的基础已不复存在，弊端也日益显现，各国政策性银行纷纷走上改革之路，成为开发性银行，有的甚至改造成为商业银行。

三、政策性银行改革的国际经验

从各国的实践看，政策性银行的转型主要有三个方向。一是转变成为整体市场化运作的开发性银行。这类开发性银行没有政府的直接信贷，金融业务完全受市场条件约束，突出的例子是新加坡发展银行（DBS）。二是目前虽然继续维持传统政策性银行的定位，但规范或限定其业务范围，同时也酝酿实施市场化改革。规范的例子是 1995 年重新定位的加拿大商业发展银行（BDC），这家银行是该国专门为中小企业提供融资和服务的机构。酝酿改革的例子是日本政策投资银行（DBJ）。2005 年 10 月，日本国会通过了邮政储蓄民营化改革方案，11 月日本内阁财经政策委员会公布了日本 8 家政府金融机构改革的基本政策。按照这一政策，日本政策投资银行将从 2008 年 4 月开始实行民营化，政策性金融的职能被严格限定为支持中小企业、海外资源开发和促进发展；政策性贷款占 GDP 的规模到 2008 年减少一半，不增加新的财政负担；在转型期内保证日本政策投资银行实现自身财务可持续并最终实现完全民营化。三是转型为业务主体市场化运作、政府指令性业务专项管理的综合类开发性银行。在这类开发性银行中，以市场化运作为基础的开发性业务成为主流，政策性的政府融资业务逐步减少。综合类开发性银行在从事政策性业务、提供政府直接贷款的同时，大力开展市场化运作的开发性业务，实现自身可持续发展，例如法国国民储蓄银行、韩国产业银行和德国的复兴与开发银行等。

总结 20 世纪 80 年代以来，国外政策性银行向开发性银行转型的经验，有两条值得借鉴。一是更加强调充实资本金，发挥资本金缓冲银行经营风险、降低经营成本的作用。开发性银行依靠较高的资本充足率和较强的国家背景，提升在市场中的信用水平，降低筹资成本。二是更加强调完善公司治理结构，建立现代银行制度。明确产权关系，实现股权多元化，按商业银行标准建立董事会、监事会、公司管理层等治理结构，完善风险管理和控制机制，增加透明度。

本章小结：

1. 政策性银行：是专门经营政策性货币信用业务的银行机构，它是非营利性的专业银行。我国有三家政策性银行：中国进出口银行、中国农业发展银行、国家开发银行。

2. 中国进出口银行是直属国务院领导的、政府全资拥有的政策性银行，其主要职责是贯彻执行国家产业政策、外经贸政策、金融政策和外交政策，为扩大我国机电产品、成套设备和高新技术产品出口，推动有比较优势的企业开展对外承包工程和境外投资，促进对外关系发展和国际经贸合作，提供政策性金融支持。

3. 中国农业发展银行直属国务院领导。其主要职责是按照国家的法律、法规和方针、政策，以国家信用为基础，筹集农业政策性信贷资金，承担国家规定的农业政策性和经批准开办的涉农商业性金融业务，代理财政性支农资金的拨付，为农业和农村经济发展服务。中国农业发展银行在业务上接受中国人民银行和中国银行业监督管理委员会的指导和监督。

4. 国家开发银行直属国务院领导。其主要职责是支持国家基础设施、基础产业和支柱产业建设；促进区域协调发展和产业结构调整；加快推进国际合作业务，交流发展经验；以支持县域经济发展为切入点，推动社会主义新农村建设；加强对中小企业及教育、医疗等社会瓶颈领域的支持，承担社会责任；加强与各类金融机构合作，促进中小金融机构的改革与发展。

思考题：

1. 简述政策性银行的职能、特征。
2. 试述中国三大政策性银行的业务范围和业务规则。
3. 我国三大政策性银行采用什么组织体制？
4. 中国政策性银行的治理结构具有什么特点？
5. 政策性银行改革有哪些思路？

第五章　商业银行

学习目标：
1. 了解商业银行的概念
2. 掌握商业银行的性质与经营目标
3. 了解商业银行的类型及内部组织形式
4. 掌握商业银行的负债、资产、中间业务
5. 了解商业银行的发展趋势

第一节　商业银行的发展历史

一、商业银行的概念

商业银行概念是区分于中央银行和投资银行而得名的，是以营利为目的、以多种金融负债筹集资金、多种金融资产为经营对象、具有信用创造功能的金融机构。商业银行是以追求最大利润为目标，能向客户提供多种金融服务的特殊的金融企业。经过几百年的发展演变，商业银行现在已经成为世界各国经济活动中最主要的资金集散机构，其对经济活动的影响力居于各国各类银行与非银行金融机构之首。

二、商业银行的发展历史

银行是经济中最为重要的金融机构之一。关于银行业务的起源，可谓源远流长。西方银行业的原始状态，可溯及公元前的古巴比伦以及文明古国时期。据大英百科全书记载，早在公元前 6 世纪，在巴比伦已有一家"里吉比"银行。考古学家在阿拉伯大沙漠发现的石碑证明，在公元前 2000 年以前，巴比伦的寺院已对外放款，而且放款是采用由债务人开具类似本票的文书，交由寺院收执，且此项文书可以转让。公元前 4 世纪，希腊的寺院、公共团体、私人商号，也从事各种金融活动。但这种活动只限于货币兑换业性质，还没有办理放款业务。罗马在公元前 200 年也有类似希腊银行业的机构出现，但较希腊银行业又有所进步，它不仅经营货币兑换业务，还经营贷放、信托等业务，同时对银行的管理与监督也有明确的法律条文。罗马银行业所经营的业务虽不属于信用贷放，但已具有近代银行业务的雏形。人们公认的早期银行的萌芽，起源于文艺复兴时期的意大利。"银行"一词英文称之为"Bank"，是由意大利文"Banca"演变而来的。在意大利文中，Banca 是"长凳"的意思。最初的银行家均为祖居在意大利北部伦巴第的犹太人，他们为躲避战乱，迁移到英伦三岛，以兑换、保管贵重物品、汇兑等为业。在市场上人各一凳，据以经营货币兑换业务。倘若有人遇到资金周转不灵，无力支付债务时，就会招致债主们群起捣碎其长凳，

兑换商的信用也即宣告破碎。英文"破产"为"Bankruptcy",即源于此。

早期银行业的产生与国际贸易的发展有着密切的联系。中世纪的欧洲地中海沿岸各国,尤其是意大利的威尼斯、热那亚等城市是著名的国际贸易中心,商贾云集,市场繁荣。但由于当时社会的封建割据,货币制度混乱,各国商人所携带的铸币形状、成色、重量各不相同,为了适应贸易发展的需要,必须进行货币兑换。于是,单纯从事货币兑换业并从中收取手续费的专业货币商便开始出现和发展了。随着异地交易和国际贸易的不断发展,来自各地的商人们为了避免长途携带而产生的麻烦和风险,开始把自己的货币交存在专业货币商处,委托其办理汇兑与支付。这时候的专业货币商已反映出银行萌芽的最初职能:货币的兑换与款项的划拨。

随着接受存款的数量不断增加,商人们发现多个存款人不会同时支取存款,于是他们开始把汇兑业务中暂时闲置的资金贷放给社会上的资金需求者。最初,商人们贷放的款项仅限于自有资金,随着代理支付制度的出现,借款者即把所借款项存入贷出者之处,并通知贷放人代理支付。可见,从实质上看,贷款已不仅限于现实的货币,而是有一部分变成了账面信用,这标志着现代银行的本质特征已经出现。

当时,意大利的主要银行有 1171 年设立的威尼斯银行和 1407 年设立的圣乔治银行等。16 世纪末开始,银行普及到欧洲其他国家。如 1609 年成立的阿姆斯特丹银行,1619 年成立的汉堡银行,1621 年成立的纽伦堡银行等都是欧洲早期著名的银行。在英国,早期的银行业是通过金匠业发展而来的。17 世纪中叶,英国的金匠业极为发达,人们为了防止金银被盗,将金银委托给金匠保存。当时金匠业不仅代人保管金银,签发保管凭条,还可按顾客书面要求,将金银划拨给第三者。金匠业还利用自有资本发放贷款,以获取利息。同时,金匠们签发的凭条可代替现金流通于市面,称之为"金匠券",开了近代银行券的先河。这样,英国早期银行就在金匠业的基础上产生了。

这种早期的银行业虽已具备了银行的本质特征,但它仅仅是现代银行的原始发展阶段。因为银行业的生存基础还不是社会化大生产的生产方式,银行业的放款对象还主要是政府和封建贵族,银行业的放款带有明显的高利贷性质,其提供的信用还不利于社会再生产过程。但早期银行业的出现,完善了货币经营业务,孕育了信贷业务的萌芽。它们演变成为现代银行则是在 17 世纪末到 18 世纪期间的事情,而这种转变还要求具备经济发展过程中的某些特殊条件。

现代商业银行的最初形式是资本主义商业银行,它是资本主义生产方式的产物。随着生产力的发展,生产技术的进步,社会劳动分工的扩大,资本主义生产关系开始萌芽。一些手工场主同城市富商、银行家一起形成新的阶级——资产阶级。由于封建主义银行贷款具有高利贷的性质,年利率平均在 20%~30%,严重阻碍着社会闲置资本向产业资本的转化。另外,早期银行的贷款对象主要是政府等一批特权阶层而非工商业,新兴的资产阶级工商业无法得到足够的信用支持,而资本主义生产方式产生与发展的一个重要前提是要有大量的为组织资本主义生产所必需的货币资本。因此,新兴的资产阶级迫切需要建立和发展资本主义银行。

资本主义商业银行的产生,基本上通过两种途径:一是旧的高利贷性质的银行逐渐适应新的经济条件,演变为资本主义银行。在西欧,由金匠业演化而来的旧式银行,主要是通过这一途径缓慢地转化为资本主义银行。另一途径就是新兴的资产阶级按照资本主义原则组织的股份制银行，这一途径是主要的。这一建立资本主义银行的历史过程，在最早建立资本主义制度的英国表现得尤其明显。1694 年，在政府的帮助下，英国建立了历史上第一家资本主义股份制的商业银行—— 英格兰银行。它的出现，宣告了高利贷性质的银行业在社会信用领域垄断地位的结束，标志着资本主义现代银行制度开始形成以及商业银行的产生。从这个意义上说，英格兰银行是现代商业银行的鼻祖。继英格兰银行之后，欧洲各资本主义国家都相继成立了商业银行。从此，现代商业银行体系在世界范围内开始普及。

与西方的银行相比，中国的银行则产生较晚。中国关于银钱业的记载，较早的是南北朝时的寺庙典当业。到了唐代，出现了类似汇票的"飞钱"，这是我国最早的汇兑业务。北宋真宗时，由四川富商发行的"交子"，成为我国早期的纸币。到了明清以后，当铺是中国主要的信用机构。明末，一些较大的经营银钱兑换业的钱铺发展成为银庄。银庄产生初期，除兑换银钱外，还从事贷放，到了清代，才逐渐开办存款、汇兑业务，但最终在清政府的限制和外国银行的压迫下，走向衰落。我国近代银行业，是在 19 世纪中叶外国资本主义银行入侵之后才兴起的。最早到中国来的外国银行是英商东方银行，其后各资本主义国家纷纷来华设立银行。在华外国银行虽给中国国民经济带来巨大破坏，但在客观上也对我国银行业的发展起了一定的刺激作用。为了摆脱外国银行支配，清政府于 1897 年在上海成立了中国通商银行，标志着中国现代银行的产生。此后，浙江兴业、交通银行相继产生。

商业银行发展到今天，与其当时因发放基于商业行为的自偿性贷款从而获得"商业银行"的称谓相比，已相去甚远。今天的商业银行已被赋予更广泛、更深刻的内涵。特别是第二次世界大战以来，随着社会经济的发展，银行业竞争的加剧，商业银行的业务范围不断扩大，逐渐成为多功能、综合性的"金融百货公司"。

20 世纪 90 年代以来，国际金融领域出现了不少新情况，直接或间接地对商业银行的经营与业务产生了深远的影响，主要表现在：银行资本越来越集中，国际银行业出现竞争新格局；国际银行业竞争激化，银行国际化进程加快；金融业务与工具不断创新，金融业务进一步交叉，传统的专业化金融业务分工界限有所缩小；金融管制不断放宽，金融自由化的趋势日益明显；国内外融资出现证券化趋势，证券市场蓬勃发展；出现了全球金融一体化的趋势。这些发展趋势的出现必将对今后商业银行制度与业务的发展产生更加深远的影响。

第二节　商业银行的性质与经营目标

一、商业银行的性质

从商业银行的起源和发展历史看，商业银行的性质可以归纳为以追求利润为目标，以经营金融资产和负债为对象，综合性、多功能的金融企业。

（一）商业银行是一种企业，它具有现代企业的基本特征

和一般的工商企业一样，商业银行也具有业务经营所需的自有资金，也需独立核算、自负盈亏，也要把追求最大限度的利润作为自己的经营目标。获取最大限度的利润是商业

银行产生和发展的基本前提，也是商业银行经营的内在动力。就此而言，商业银行与工商企业没有区别。

（二）商业银行与一般的工商企业又有不同，它是一种特殊的企业

商业银行的特殊性主要表现在：

（1）商业银行的经营对象和内容具有特殊性。一般工商企业经营的是物质产品和劳务，从事商品生产和流通；而商业银行是以金融资产和负债为经营对象，经营的是特殊的商品——货币和货币资本，经营内容包括货币收付、借贷以及各种与货币运动有关的或者与之联系的金融服务。

（2）商业银行对整个社会经济的影响和受社会经济的影响特殊。商业银行对整个社会经济的影响要远远大于任何一个企业，同时商业银行受整个社会经济的影响也较任何一个具体企业更为明显。

（3）商业银行责任特殊。一般工商企业只以盈利为目标，只对股东和使用自己产品的客户负责；商业银行除了对股东和客户负责之外，还必须对整个社会负责。

（三）商业银行是一种特殊的金融企业

商业银行既有别于中央银行，又有别于专业银行（指西方指定专门经营范围和提供专门性金融服务的银行）和非银行金融机构。中央银行是国家的金融管理当局和金融体系的核心，具有较高的独立性，它不对客户办理具体的信贷业务，不以营利为目的。专业银行和各种非银行金融机构只限于办理某一方面或几种特定的金融业务，业务经营具有明显的局限性。而商业银行的业务经营则具有很强的广泛性和综合性，它既经营"零售"业务，又经营"批发业务"，其业务触角已延伸至社会经济生活各个角落，成为"金融百货公司"和"万能银行"。

二、商业银行的经营目标

商业银行作为一个特殊的金融企业，它具有一般企业的基本特征，作为一个企业就会追求利润的最大化。商业银行合理的盈利水平，不仅是商业银行本身发展的内在动力，也是商业银行在竞争中立于不败之地的激励机制。尽管各国商业银行在制度上存在一定的差异，但是在业务经营上，各国商业银行通常都遵循盈利性、流动性和安全性目标。

（一）盈利性目标

盈利性目标是指商业银行作为一个经营企业，追求最大限度的盈利。盈利性既是评价商业银行经营水平的最核心指标，也是商业银行最终效益的体现。影响商业银行盈利性指标的因素主要有存贷款规模、资产结构、自有资金比例和资金自给率水平以及资金管理体制和经营效率等。坚持贯彻盈利性原则对商业银行的业务经营有着十分重要的意义。

首先，只有保持理想的盈利水平，商业银行才能充实资本和扩大经营规模，并以此增强银行经营实力，提高银行的竞争能力。

其次，只有保持理想的盈利水平，才能增强银行的信誉。银行有理想的盈利水平，说明银行经营管理有方，可以提高客户对银行的信任度，以吸收更多的存款，增加资金来源，抵御一定的经营风险。

再次，只有保持理想的盈利水平，才能保持和提高商业银行的竞争能力。当今的竞争

是人才的竞争。银行盈利不断增加，才有条件利用高薪和优厚的福利待遇吸引更多的优秀人才。同时，只有保持丰厚的盈利水平，银行才有能力经常性地进行技术改造，更新设备，努力提高工作效率，增强其竞争能力。

最后，银行保持理想的盈利水平，不仅有利于银行本身的发展，还有利于银行宏观经济活动的进行。因为，商业银行旨在提高盈利的各项措施，最终会反映到宏观的经济规模和速度、经济结构以及经济效益上来，还会反映到市场利率总水平和物价总水平上来。

（二）流动性目标

流动性是指商业银行能够随时应付客户提现和满足客户借贷的能力。流动性在这里有两层意思，即资产的流动性和负债的流动性。资产的流动性是指银行资产在不受损失的前提下随时变现的能力。负债的流动性是指银行能经常以合理的成本吸收各种存款和其他所需资金。一般情况下，我们所说的流动性是指前者，即资产的变现能力。银行要满足客户提取存款等方面的要求，银行在安排资金运用时，一方面要求使资产具有较高的流动性，另一方面必须力求负债业务结构合理，并保持较强的融资能力。

影响商业银行流动性的主要因素有客户的平均存款规模、资金的自给水平、清算资金的变化规律、贷款经营方针、银行资产质量以及资金管理体制等。流动性是实现安全性和盈利性的重要保证。作为员为特殊的金融企业，商业银行要保持适当的流动性是非常必要的，因为：

首先，作为资金来源的客户存款和银行的其他借入资金要求银行能够保证随时提取和按期归还，这主要靠流动性资产的变现能力。

其次，企业、家庭和政府在不同时期产生的多种贷款需求，也需要及时组织资金来源加以满足。

再次，银行资金的运动不规则性和不确定性，需要资产的流动性和负债的流动性来保证。

最后，在银行业激烈的竞争中，投资风险也难以预料，经营目标不能保证能够完全实现，需要一定的流动性作为预防措施。在银行的业务经营过程中，流动性的高低非常重要。事实上，过高的资产流动性，会使银行失去盈利机会甚至出现亏损；过低的流动性可能导致银行出现信用危机、客户流失、资金来源丧失，甚至会因为挤兑导致银行倒闭。因此，作为商业银行关键是要保持适度的流动性。这种"度"是商业银行业务经营的生命线，是商业银行成败的关键。而这种"度"既没有绝对的数量只限，又要在动态的管理中保持。这就要求银行经营管理者及时果断地把握时机和作出决策。当流动性不足时，要及时补充和提高；在流动性过高时，要尽快安排资金运用，提高资金的盈利能力。

（三）安全性目标

安全性目标是指银行的资产、收益、信誉以及所有经营生存发展的条件免遭损失的可靠程度。安全性的反面就是风险性，商业银行的经营安全性目标就是尽可能地避免和减少风险。影响商业银行安全性目标的主要因素有客户的平均贷款规模贷款的平均期限、贷款方式、贷款对象的行业和地区分布以及贷款管理体制等。商业银行坚持安全性原则的主要意义在于：

首先，风险是商业银行面临的永恒课题。银行业的经营活动可归纳为两个方面：一是对银行的债权人要按期还本付息；二是对银行的债务者要求按期还本付息。这种信用活动的可靠程度是银行经营活动的关键。在多大程度上被确认的可靠性，又称为确定性。与此对应的是风险性，即不确定性。但在银行经营活动中，由于确定性和不确定性等种种原因，存在着多种风险，如信用风险、市场风险、政治风险等，这些风险直接影响银行本息的按时收回，必然会削弱甚至丧失银行的清偿能力，危及银行本身的安全。所以，银行管理者在风险问题上必须严格遵循安全性原则，尽力避免风险、减少风险和分散风险。

其次，商业银行的资本结构决定其是否存在有潜伏的危机。与一般工商企业经营不同，银行自有资本所占比重很小。远远不能满足资金的运用，它主要依靠吸收客户存款或对外借款用于贷款或投资，所以负债经营成为商业银行的基本特点。由商业银行的资本结构所决定，若银行经营不善或发生亏损，就要冲销银行自有资本来弥补，倒闭的可能性是随时存在的。

最后，坚持稳定经营方针是商业银行开展业务所必需。一是有助于减少资产的损失，增强预期收益的可靠性。不顾一切地一味追求利润最大化，其效果往往适得其反。事实上，只有在安全的前提下营运资产，才能增加收益。二是只有坚持安全稳健的银行，才可以在公众中树立良好的形象。因为一家银行能否立足于世的关键就是银行的信誉，而信誉主要来自于银行的安全，所以要维持公众的信心，稳定金融秩序，有赖于银行的安全经营。由此可见，安全性原则不仅银行盈利的客观前提，也是银行生存和发展的基础；不仅是银行经营管理本身的要求，也是社会发展和安定的需要。

第三节　商业银行的类型及内部组织形式

一、商业银行的类型

（一）职能分工型商业银行

职能分工型商业银行又称分离型商业银行，主要存在于实行分业经营体制的国家。其基本特点是：法律规定银行业务与证券、信托业务分离，商业银行不得兼营证券业务和信托业务，不能直接参与工商企业的投资。

（二）全能型商业银行

全能型商业银行又称综合性商业银行。其基本特点是法律允许商业银行可以混业经营，即可以经营一切金融业务，没有职能分工的限制。这种类型的商业银行，不仅可以经营工商业存款、短期抵押放款、贴现、办理转账结算、汇兑、现金出纳等传统业务，而且可以涉及多种金融业务领域，如信托、租赁、代客买卖有价证券、代收账款、代客保管财产、咨询、现金管理、自动化服务等，因此被称为"金融百货公司"或"金融超级市场"。

二、商业银行的内部组织形式

商业银行的内部组织结构是指就单个银行而言，银行内部各部门及各部门之间相互联系、相互作用的组织管理系统。商业银行的内部组织结构，以股份制形式为例，可分为决策机构、执行机构和监督机构三个层次。决策机构包括股东大会、董事会以及董事会下设的各委员会；执行机构包括行长（或总经理）以及行长领导下的各委员会、各业务部门和职能部门；监督机构即指董事会下设的监事会。

（一）决策机构

股东大会。现代商业银行由于多是股份制银行，因此股东大会是商业银行的最高权力机构，每年定期召开股东大会和股东例会。在股东大会上，股东有权听取银行的一切业务报告，有权对银行业务经营提出质询，并且选举董事会。

董事会。董事会是由股东大会选举产生的董事组成，代表股东执行股东大会的建议和决定。董事会的职责包括制定银行目标、确定银行政策模式、选举管理人员、建立委员会、提供监督和咨询以及为银行开拓业务。

各种常设委员会。常设委员会由董事会设立，其职责是协调银行各部门之间的关系，也是各部门之间互通情报的媒介，定期或经常性地召开会议处理某些问题。

（二）监督机构

监事会。股东大会在选举董事的同时，还选举监事，组成监事会。监事会的职责是代表股东大会对全部经营管理活动进行监督和检查。监事会比董事会下设的稽核机构的检查权威性更大，除检查银行业务经营和内部管理外，还要对董事会制定的经营方针和重大决定、规定、制度执行情况进行检查，对发现的问题具有督促限期改正之权。

（三）执行机构

行长（或总经理）。行长是商业银行的行政主管，是银行内部的行政首脑，其职责是执行董事会的决定，组织银行的各项业务经营活动，负责银行具体业务的组织管理。

总稽核。总稽核负责核对银行的日常账务项目，核查银行会计、信贷及其他业务是否符合当局的有关规定，是否按照董事会的方针、纪律和程序办事，目的在于防止篡改账目、挪用公款和浪费，以确保资金安全。总稽核是董事会代表，定期向董事会汇报工作，提出可行性意见和建议。

业务和职能部门。在行长（或总经理）的领导下，设立适当的业务和职能部门便构成了商业银行的执行机构。业务职能部门的职责是经办各项银行业务，直接向客户提供服务。职能部门的职责是实施内部管理，帮助各业务部门开展工作，为业务管理人员提供意见、咨询等。

分支机构。分支机构是商业银行体系业务经营的基层单位。分支行里的首脑是分支行行长。各商业银行的分支机构按照不同地区、不同时期的业务需要，还设有职能部门和业务部门，以完成经营指标和任务。

商业银行的管理系统由以下五个方面组成：

全面管理。由董事长、行长（或总经理）负责。主要内容包括确立银行目标、计划和经营业务预测，制定政策，指导和控制及评价分支机构及银行的管理和业务工作。

财务管理。主要内容包括处理资本金来源和成本，管理银行现金，制定费用预算，进行审计和财务控制，进行税收和风险管理。

人事管理。主要内容包括招募雇员，培训职工，进行工作和工资评审，处理劳资关系。

经营管理。主要内容包括根据计划和目标安排组织各种银行业务，分析经营过程，保证经营活动安全。

市场营销管理。主要内容包括分析消费者行为和市场情况，确定市场营销战略，开展广告宣传、促销和公共关系，制定银行服务价格，开发产品和服务项目。

以上五项管理内容分别由各部门分工负责，同时，各部门之间也需相互协作，以实现银行的既定目标。

第四节　商业银行的负债、资产业务

一、商业银行的负债业务

负债业务是形成商业银行的资金来源业务，是商业银行资产业务的前提和条件。归纳起来，商业银行广义的负债业务主要包括自有资本和吸收外来资金两大部分。

（一）商业银行自有资本

商业银行的自有资本是其开展各项业务活动的初始资金，简单来说，就是其业务活动的本钱，主要部分有成立时发行股票所筹集的股份资本、公积金以及未分配的利润。自有资本一般只占其全部负债的很小一部分。银行自有资本的大小，体现银行的实力和信誉，也是一个银行吸收外来资金的基础，因此自有资本的多少还体现银行资本实力对债权人的保障程度。具体来说，银行资本主要包括股本、盈余、债务资本和其他资金来源。

（二）各类存款

按照传统的存款划分方法，主要有三种，即活期存款、定期存款和储蓄存款。

1. 活期存款

这主要是指可由存款户随时存取和转让的存款，它没有确切的期限规定，银行也无权要求客户取款时作事先的书面通知。持有活期存款账户的存款者可以用各种方式提取存款，如开出支票、本票、汇票、电话转账、使用自动柜员机或其他各种方式等手段。由于各种经济交易包括信用卡商业零售等都是通过活期存款账户进行的，所以在国外又把活期存款称之为交易账户。作为商业银行主要资金来源的活期存款有以下几个特点：一是具有很强的派生能力。由于活期存款存取频繁，流动性大，在非现金结算的情况下，银行将吸收的原始存款中的超额准备金用于发放贷款，客户在取得贷款后，若不立即提现，而是转入活期存款账户，这样银行一方面增加了贷款，另一方面增加了活期存款，创造出派生存款。二是流动性大、存取频繁、手续复杂、风险较大。由于活期存款存取频繁，而且还要提供多种服务，因此活期存款成本也较高，因此活期存款较少或不支付利息。三是活期存款相对稳定部分可以用于发放贷款。尽管活期存款流动性大，但在银行的诸多储户中，总有一些余额可用于对外放款。四是活期存款是密切银行与客户关系的桥梁。商业银行通过与客户频繁的活期存款的存取业务建立比较密切的业务往来，从而争取更多的客户，扩大业务规模。

2. 定期存款。

这是指客户与银行预先约定存款期限的存款。存款期限通常为 3 个月、6 个月和 1 年不等，期限最长的可达 5 年或 10 年。利率根据期限的长短不同而存在差异，但都要高于活期存款。定期存款的存单可以作为抵押品取得银行贷款。定期存款具有以下特点：一是定期存款带有投资性。由于定期存款利率高，并且风险小，因而是一种风险最小的投资方式。

对于银行来说，由于期限较长，按规定一般不能提前支取，因而是银行稳定的资金来源。二是定期存款所要求的存款准备金率低于活期存款。因为定期存款有期限的约束，有较高的稳定性，所以定期存款准备金率就可以要求低一些。三是手续简单，费用较低，风险性小。由于定期存款的存取是一次性办理，在存款期间不必有其他服务，因此除了利息以外没有其他的费用，因而费用低。同时，定期存款较高的稳定性使其风险性较小。

3．储蓄存款

这主要是指个人为了积蓄货币和取得一定的利息收入而开立的存款。储蓄存款也可分为活期存款和定期存款。储蓄存款具有两个特点：一是储蓄存款多数是个人为了积蓄购买力而进行的存款。二是金融监管当局对经营储蓄业务的商业银行有严格的规定。因为储蓄存款多数属于个人，分散于社会上的各家各户，为了保障储户的利益，因此各国对经营储蓄存款业务的商业银行有严格的管理规定，并要求银行对储蓄存款负有无限清偿责任。除上述各种传统的存款业务以外，为了吸收更多存款，打破有关法规限制，西方国家商业银行在存款工具上有许多创新。如可转让支付命令账户、自动转账账户、货币市场存款账户、大额定期存单等。

（三）商业银行的长、短期借款

商业银行对外借款根据时间不同，可分为短期借款和长期借款。

1．短期借款

这是指期限在一年以内的债务，包括同业借款、向中央银行借款和其他渠道的短期借款。同业借款，是指金融机构之间的短期资金融通，主要用于支持日常性的资金周转，它是商业银行为解决短期余缺，调剂法定准备金头寸而融通资金的重要渠道。由于同业拆借一般是通过中央银行的存款账户进行的，实际上是超额准备金的调剂，因此又称为中央银行基金，在美国则称为联邦基金。中央银行借款，是中央银行向商业银行提供的信用，主要有两种形式：一是再贴现，二是再贷款。再贴现是经营票据贴现业务的商业银行将其买入的未到期的票据向中央银行再次申请贴现，也叫间接借款。再贷款是中央银行向商业银行提供的信用放款，也叫直接借款。再贷款和再贴现不仅是商业银行筹措短期资金的重要渠道，同时也是中央银行重要的货币政策工具。其他渠道的短期借款有转贴现、回购协议、大额定期存单和欧洲货币市场借款等。

商业银行的短期借款主要有以下特征：一是对时间和金额上的流动性需要十分明确。短期借款在时间和金额上都有明确的契约规定，借款的偿还期约定明确，商业银行对于短期借款的流动性需要在时间和金额上即可事先精确掌握，又可计划地加以控制，为负债管理提供了方便。二是对流动性的需要相对集中。短期借款不像存款对象那样分散，无论是在时间上还是在金额上都比存款相对集中。三是存在较高的利率风险。在正常情况下，短期借款的利率一般要高于同期存款，尤其是短期借款的利率与市场的资金供求状况密切相关，导致短期借款的利率变化因素很多，因而风险较高。四是短期借款主要用于短期头寸不足的需要。

2．长期借款

这是指偿还期限在一年以上的。商业银行的长期借款主要采取发行金融债券的形式。金融债券可分为资本性债券、一般性金融债券和国际金融债券。

发行金融债券与存款相比有以下特点：一是筹资的目的不同。吸收存款是为了扩大银行资金来源总量，而发行金融债券是为了增加长期资金来源和满足特定用途的资金需要。二是筹资的机制不同。吸收存款是经常性的、无限额的，而金融债券的发行是集中、有限额的，吸收存款是被动型负债，而发行金融债券是银行的主动型负债。三是筹资的效率不同。由于金融债券的利率一般要高于同期存款的利率，对客户有较强的吸引力，因而其筹资效率要高于存款。四是所吸收的资金稳定性不同。金融债券有明确的偿还期，一般不用提前还本付息，有很高的稳定性，而存款的期限有一定弹性，稳定性要差些。五是资金的流动性不同。一般情况下，存款关系基本固定在银行与存户之间，不能转让；而金融债券一般不记名，有较好的流通市场，具有比存款更高的转让性。

二、商业银行的资产业务

商业银行的资产业务是其资金运用业务，主要分为放款业务和投资业务两大类。资产业务也是商业银行收入的主要来源。商业银行吸收的存款除了留存部分准备金以外，全部可以用来贷款和投资。

（一）商业银行的贷款业务

贷款是商业银行作为贷款人按照一定的贷款原则和政策，以还本付息为条件，将一定数量的货币资金提供给借款人使用的一种借贷行为。贷款是商业银行最大的资产业务，大致要占其全部资产业务的 60% 左右。贷款业务按照不同的分类标准，有以下几种分类方法：一是按贷款期限划分，可分为活期贷款、定期贷款和透支贷款三类。二是按照贷款的保障条件分类，可分为信用放款、担保放款和票据贴现。三是按贷款用途划分，非常复杂，若按行业划分有工业贷款、商业贷款、农业贷款、科技贷款和消费贷款；按具体用途划分又有流动资金贷款和固定资金贷款。四是按贷款的偿还方式划分，可分为一次性偿还和分期偿还。五是按贷款质量划分有正常贷款、关注贷款、次级贷款、可疑贷款和损失贷款等。对于任何一笔贷款，都必须遵循以下基本程序，即贷款的申请、贷款的调查、对借款人的信用评估、贷款的审批、借款合同的签订和担保、贷款发放、贷款检查、贷款收回。

（二）商业银行的证券投资业务

商业银行的证券投资业务是商业银行将资金用于购买有价证券的活动。主要是通过证券市场买卖股票、债券进行投资的一种方式。商业银行的证券投资业务有分散风险、保持流动性、合理节税和提高收益等意义。商业银行投资业务的主要对象是各种证券，包括国库券、中长期国债、政府机构债券、市政债券或地方政府债券以及公司债券。在这些证券中，由于国库券风险小、流动性强而成为商业银行重要的投资工具。由于公司债券的差别较大，20 世纪 80 年代以来，商业银行投资于公司债券的比重越来越小。商业银行其他资产业务还包括租赁业务等。

第五节 商业银行的中间业务

一、商业银行中间业务的含义

商业银行中间业务是指商业银行从事的按会计准则不列入资产负债表内，不影响其资产负债总额，但能影响银行当期损益，改变银行资产报酬率的经营活动。

商业银行中间业务广义上讲"是指不构成商业银行表内资产、表内负债，形成银行非利息收入的业务"（2001年7月4日中国人民银行颁布《商业银行中间业务暂行规定》）。它包括两大类：不形成或有资产、或有负债的中间业务（即一般意义上的金融服务类业务）和形成或有资产、或有负债的中间业务（即一般意义上的表外业务）。我国的中间业务等同于广义上的表外业务，它可以分为两大类，金融服务类业务和表外业务。金融服务类业务是指商业银行以代理人的身份为客户办理的各种业务，目的是为了获取手续费收入。它主要包括：支付结算类业务、银行卡业务、代理类中间业务、基金托管类业务和咨询顾问类业务。表外业务是指那些未列入资产负债表，但同表内资产业务和负债业务关系密切，并在一定条件下会转为表内资产业务和负债业务的经营活动。它主要包括担保或类似的或有负债、承诺类业务和金融衍生业务三大类。

二、商业银行中间业务与表外业务的区分

广义的中间业务等同于广义上的表外业务，它可以分为两大类，狭义的金融服务类业务和狭义的表外业务。日常工作中我们所说的中间业务是按照人民银行的规定的广义的中间业务，而表外业务又是指从会计准则的角度反映的狭义的表外业务。因此按照商业银行的传统业务和发展情况，商业银行的业务大致可以分为资产业务、负债业务和中间业务三大类，或可以分为资产业务、负债业务、中间业务和表外业务四大类。

三、商业银行中间业务的分类

（一）支付结算类中间业务

支付结算类业务是指出商业银行为客户办理因债权债务关系引起的与货币支付、资金划拨有关的收费业务。

（1）结算工具。结算业务借助的主要结算工具包括银行汇票、商业汇票、银行本票和支票。银行汇票是指出票银行签发的、由其在见票时按照实际结算金额无条件支付给收款人或者持票人的票据；商业汇票是指出票人签发的、委托付款人在指定日期无条件支付确定的金额给收款人或持票人的票据。商业汇票分银行承兑汇票和商业承兑汇票；银行本票是指银行签发的、承诺自己在见票时无条件支付确定的金额给收款人或者持票人的票据；支票是指出票人签发的、委托办理支票存款业务的银行在见票时无条件支付确定的金额给收款人或持票人的票据。

（2）结算方式。主要包括同城结算方式和异地结算方式。

（3）结算业务。主要包括汇款、托收、信用证和其他支付业务。汇款业务是指由付款人委托银行将款项汇给外地某收款人的一种结算业务。汇款结算分为电汇、信汇和票汇三种形式；托收业务是指债权人或售货人为向外地债务人或购货人收取款项而向其开出汇票，并委托银行代为收取的一种结算方式；信用证业务是指由银行根据申请人的要求和指示，向收益人开立的载有一定金额，在一定期限内凭规定的单据在指定地点付款的书面保证文件；其他支付结算业务，包括利用现代支付系统实现的资金划拨、清算，利用银行内外部网络实现的转账等业务。

（二）银行卡业务

银行卡是由经授权的金融机构（主要指商业银行）向社会发行的具有消费信用、转账结算、存取现金等全部或部分功能的信用支付工具。银行卡业务的分类方式一般包括以下几类：

（1）依据清偿方式，银行卡业务可分为贷记卡业务、准贷记卡业务和借记卡业务。借记卡可进一步分为转账卡、专用卡和储值卡。

（2）依据结算的币种不同，银行卡可分为人民币卡业务和外币卡业务。

（3）按使用对象不同，银行卡可以分为单位卡和个人卡。

（4）按载体材料的不同，银行卡可以分为磁性卡和智能卡（IC 卡）。

（5）按使用对象的信誉等级不同，银行卡可分为金卡和普通卡。

（6）按流通范围，银行卡还可分为国际卡和地区卡。

（7）其他分类方式，包括商业银行与营利性机构/非营利性机构合作发行联名卡/认同卡。

（三）代理类中间业务

代理类中间业务指商业银行接受客户委托、代为办理客户指定的经济事务、提供金融服务并收取一定费用的业务，包括代理政策性银行业务、代理中国人民银行业务、代理商业银行业务、代收代付业务、代理证券业务、代理保险业务、代理其他银行银行卡收单业务等。

（1）代理政策性银行业务，是指商业银行接受政策性银行委托，代为办理政策性银行因服务功能和网点设置等方面的限制而无法办理的业务，包括代理贷款项目管理等。

（2）代理中国人民银行业务，是指根据政策、法规应由中央银行承担，但由于机构设置、专业优势等方面的原因，由中央银行指定或委托商业银行承担的业务，主要包括财政性存款代理业务、国库代理业务、发行库代理业务、金银代理业务。

（3）代理商业银行业务，是指商业银行之间相互代理的业务，例如为委托行办理支票托收等业务。

（4）代收代付业务，是指商业银行利用自身的结算便利，接受客户的委托代为办理指定款项的收付事宜的业务，例如代理各项公用事业收费、代理行政事业性收费和财政性收费、代发工资、代扣住房按揭消费贷款还款等。

（5）代理证券业务，是指银行接受委托办理的代理发行、兑付、买卖各类有价证券的业务，还包括接受委托代办债券还本付息、代发股票红利、代理证券资金清算等业务。此处有价证券主要包括国债、公司债券、金融债券、股票等。

（6）代理保险业务，是指商业银行接受保险公司委托代其办理保险业务的业务。商业银行代理保险业务，可以受托代个人或法人投保各险种的保险事宜，也可以作为保险公司的代表，与保险公司签订代理协议，代保险公司承接有关的保险业务。代理保险业务一般包括代售保单业务和代付保险金业务。

（7）其他代理业务，包括代理财政委托业务、代理其他银行银行卡收单业务等。

（四）担保及承诺类中间业务

（1）担保类中间业务，是指商业银行为客户债务清偿能力提供担保，承担客户违约风险的业务，主要包括银行承兑汇票、备用信用证、各类保函等。银行承兑汇票是指由收款人或付款人（或承兑申请人）签发，并由承兑申请人向开户银行申请，经银行审查同意承兑的商业汇票；备用信用证是指证证应借款人要求，以放款人作为信用证的收益人而开具的一种特殊信用证，以保证在借款人破产或不能及时履行义务的情况下，由开证行向收益人及时支付本利；各类保函业务，包括投标保函、承包保函、还款担保函、借款保函等；其他担保业务。

（2）承诺类中间业务，是指商业银行在未来某一日期按照事前约定的条件向客户提供约定信用的业务，主要指贷款承诺，包括可撤销承诺和不可撤销承诺两种。可撤销承诺是指附有客户在取得贷款前必须履行的特定条款，在银行承诺期内，客户如没有履行条款，则银行可撤销该项承诺。可撤销承诺包括透支额度等；不可撤销承诺是指银行不经客户允许不得随意取消的贷款承诺，具有法律约束力，包括备用信用额度、回购协议、票据发行便利等。

（五）交易类中间业务

交易类中间业务指商业银行为满足客户保值或自身风险管理等方面的需要，利用各种金融工具进行的资金交易活动，主要包括金融衍生业务。

（1）远期合约，是指交易双方约定在未来某个特定时间以约定价格买卖约定数量的资产，包括利率远期合约和远期外汇合约。

（2）金融期货，是指以金融工具或金融指标为标的的期货合约。

（3）互换，是指交易双方基于自己的比较利益，对各自的现金流量进行交换，一般分为利率互换和货币互换。

（4）期权，是指期权的买方支付给卖方一笔权利金，获得一种权利，可于期权的存续期内或到期日当天，以执行价格与期权卖方进行约定数量的特定标的的交易。按交易标的分，期权可分为股票指数期权、外汇期权、利率期权、期货期权、债券期权等。

（六）投资银行业务

投资银行业务主要包括证券发行、承销、交易、企业重组、兼并与收购、投资分析、风险投资、项目融资等业务。

（七）基金托管业务

基金托管业务是指有托管资格的商业银行接受基金管理公司委托，安全保管所托管的基金的全部资产，为所托管的基金办理基金资金清算款项划拨、会计核算、基金估值、监督管理人投资运作。它包括封闭式证券投资基金托管业务、开放式证券投资基金托管业务和其他基金的托管业务。

（八）咨询顾问类业务

咨询顾问类业务是指商业银行依靠自身在信息、人才、信誉等方面的优势，收集和整理有关信息，并通过对这些信息以及银行和客户资金运动的记录和分析，并形成系统的资料和方案，提供给客户，以满足其业务经营管理或发展的需要的服务活动。

（1）企业信息咨询业务，包括项目评估、企业信用等级评估、验证企业注册资金、资信证明、企业管理咨询等。

（2）资产管理顾问业务，指为机构投资者或个人投资者提供全面的资产管理服务，包括投资组合建议、投资分析、税务服务、信息提供、风险控制等。

（3）财务顾问业务，包括大型建设项目财务顾问业务和企业并购顾问业务。大型建设项目财务顾问业务指商业银行为大型建设项目的融资结构、融资安排提出专业性方案。企业并购顾问业务指商业银行为企业的兼并和收购双方提供的财务顾问业务，银行不仅参与企业兼并与收购的过程，而且作为企业的持续发展顾问，参与公司结构调整、资本充实和重新核定、破产和困境公司的重组等策划和操作过程。

（4）现金管理业务，指商业银行协助企业，科学合理地管理现金账户头寸及活期存款余额，以达到提高资金流动性和使用效益的目的。

（九）其他类中间业务

包括保管箱业务以及其他不能归入以上八类的业务。

第六节　商业银行的发展趋势

20世纪以来，世界经济已经开始进入以知识经济与网络经济为双重特征的新时代，随着生产和市场的社会化和国际化程度的提高，作为经济架构中最活跃的要素，商业银行的业务和体制也发生了深刻而巨大的变革。现代商业银行呈现出金融体制自由化、金融服务网络化、金融服务人性化、银行机构集中化、银行业务全能化、金融竞争多元化的发展趋势。

一、金融体制自由化

主要是金融监管当局采取一系列较为宽松的法律和政策措施，促进金融市场、商业银行业务经营、机构设置的自由化，提高监督管理的灵活性。其中以西方国家的金融自由化最为显著。商业银行体制自由化作为一种发展趋势，主要包括两个方面的内容：一是金融市场自由化。主要是放宽有关税收限制或取消外汇管制，允许资金在国内及在各国间自由流动。二是商业银行业务经营自由化。主要体现为商业银行业务的多样化和一系列金融新业务的产生，出现了许多新的金融资产形式、新的金融市场和新的支付转账媒介。

二、金融服务网络化

其内涵有二：一是金融服务日益利用网络进行；二是银行客户网络化。科技手段的发展及在银行的应用，使商业银行的交易系统、清算系统、服务网络日新月异，银行经营的商品——货币由现金转向电子货币，传统的银行服务产品——存款、贷款和结算的内涵和外延都有了惊人的发展和革命；随着电子化手段的发展，电子商务发展迅速，电子商务作为20世纪的新兴事物，在21世纪将产生革命性的结果；国际互联网已经成为全球最大、用户最多、影响最大的互联系统。与网络繁荣相适应并支撑网络繁荣的，是金融电子化及网络银行的快速发展，21世纪，网络银行将以其拥有的广泛信息资源、独特运作方式，为金融业带来革命性变革，网上购物、网上交易、网上支付、网上消费、网上理财、网上储蓄、网上信贷、网上结算、网上保险等将成为未来银行市场竞争的热点。

金融服务网络化的另一重要方面是银行客户的网络化，这一变革对银行业务及发展具有革命性：一是银行的客户——企业规模将不断扩张，且更注重于与1～2家银行作为自己的长期合作伙伴，从而使银行客户具有网络化倾向；二是规模较大的企业或企业集团对银行服务的资金规模、服务品种要求较高，要求银行所有分支机构作为整个网络为其提供全面服务，从而使银行对客户的服务网络化；三是银行发展过程中将逐渐形成行业性和区域性关系客户，客户群逐渐网络化；四是银行产品营销的网络化将银行的客户群网络化。21 世纪，银行业务扩张能力将取决于客户网络的发展能力。

三、金融服务人性化

随着金融电子化和网络银行的发展，银行业务摆脱了客户与柜台人员面对面的业务办理方式，而代之以电子屏幕和银行产品营销网络。有人据此认为金融服务将越来越趋向于非人性化。实际上，金融服务将更加人性化：一是对客户的人性化服务。客户将不再面对银行营业机构的员工整体，而是直接面对一个人，这个人可能是银行的客户经理，一人进场，全面服务；也可能是银行为企业提供的财务顾问，为企业提供全面的投资、理财顾问服务；也可能是职业投资经理，为企业提供投资代理、委托服务。这是因为，市场的规模化和专业化使一般企业和投资者专业知识、投资规模、时间和精力不足，网络银行与人性化服务并不排斥；相反，在技术上可以相互促进，使其与客户的沟通效率和速度大大提高。通过人性化服务，促进与客户的相互了解，建立长期合作关系，并使这些客户与银行形成长期依赖。目前商业银行的客户经理、项目经理将是未来银行服务人性化的雏形。二是金融产品的人性化。随着社会资金、资源由国家、政府、企业向个人主体转移，金融产品将更多向个人倾斜，个人金融产品将异军突起，针对个人投资者的特色产品将大量涌现，金融产品个性化、多元化、居民化将成为未来社会的竞争焦点。

四、银行机构集中化

银行的规模化经营以及科技手段的运用导致的经营管理手段的加强，21 世纪的银行业将发生银行机构集中化的革命：一是银行机构日益大型化。在未来的金融市场竞争中，随着竞争的加剧，各银行为增强竞争实力，提高抗风险能力，降低经营成本，必然向大型化、规模化扩展，以满足客户对金融产品和服务提出的新的需求，提高技术创新和使用新技术的能力，为股东带来更丰厚的利润，银行机构将日益通过兼并、重组、扩张等实现规模化和集中化。二是银行机构向国际化集中。随着经济国际化、全球化的深入，银行业务的国际化和全球化将为银行的发展带来革命性的变革，银行服务将向全功能转化，以国际大银行为中心的兼并、重组将使银行机构向国际化集中。银行机构规模化、集中化的途径有二：一是通过兼并、重组的方式。20 世纪以来，银行业兼并、重组的步伐加快，对全球银行业的规模格局、竞争格局、发展格局产生巨大影响。二是通过不同国家、不同类型的商业银行的业务合作来实现，实现优势互补，规模发展。三是通过不同类型的金融机构的业务合作与兼容，实现市场的共同开发。

五、银行业务全能化

20 世纪 80 年代以来，随着各国金融监管当局对银行业限制的逐步取消，商业银行业务的全能化得到较大的发展。特别是 1999 年美国《金融服务现代化法案》的出台，取消了银行、证券、保险业之间的限制，允许金融机构同时经营银行、证券、保险等多种业务，形成"金融百货公司"或"金融超级市场"，金融业由"分业经营、分业管理"的专业化模式向"综合经营、综合管理"的全能化模式发展。

六、金融竞争多元化

现代商业银行的竞争，除了传统的银行同业竞争、国内竞争、服务质量和价格竞争以外，还面临全球范围内日趋激烈的银行业与非银行业、国内金融与国外金融、网上金融与一般金融等的多元化竞争，银行活动跨越了国界、行业，日益多元化。其面临的金融风险也不仅是信用风险，还扩大到利率风险、通货膨胀风险、通货紧缩风险、汇率风险、金融衍生工具风险、政治风险等，经营管理风险日益扩大。

本章小结：

1. 商业银行是一个以营利为目的、以多种金融负债筹集资金、多种金融资产为经营对象、具有信用创造功能的金融机构。是以追求最大利润为目标，能向客户提供多种金融服务的特殊的金融企业。

2. 商业银行是特殊的金融企业。在业务经营上，商业银行通常都遵循盈利性、流动性和安全性目标。

3. 商业银行分为职能分工型商业银行和全能型商业银行。商业银行的内部组织形式可分为决策机构、执行机构和监督机构三个层次。

4. 负债业务是形成商业银行的资金来源业务，是商业银行资产业务的前提和条件。商业银行广义的负债业务主要包括自有资本和吸收外来资金两大部分。商业银行的资产业务是其资金运用业务，主要分为放款业务和投资业务两大类。资产业务是商业银行收入的主要来源。商业银行中间业务是指商业银行从事的按会计准则不列入资产负债表内，不影响其资产负债总额，但能影响银行当期损益，改变银行资产报酬率的经营活动。

5. 现代商业银行呈现出金融体制自由化、金融服务网络化、金融服务人性化、银行机构集中化、银行业务全能化、金融竞争多元化的发展趋势。

思考题：

1. 什么是商业银行？它的性质职能有哪些？

2. 商业银行的经营目标有哪些？

3. 商业银行经营管理面临哪些约束？

4. 商业银行的负债业务包括哪些方面？

5. 商业银行的资产业务包括哪些？其对商业银行经营管理有何意义？

6. 商业银行为什么开展中间业务？包括哪些具体业务？

7. 现代商业银行应具备哪些特征？

第六章　证券机构

学习目标:
1. 了解证券交易所的特征和职能
2. 了解我国的证券交易所
3. 了解证券公司的业务
4. 了解证券投资基金设立的程序、分类、托管
5. 掌握开放式基金和封闭式基金的交易机制
6. 掌握投资银行的概念、特征、业务

第一节　证券交易所

一、证券交易所的设立

设立证券交易所由国务院证券监督管理机构审核，由国务院决定。在实践中，申请设立证券交易所应当提交下列文件：申请书；章程和主要业务规则草案；拟加入会员名单；理事会候选人名单及简历；场地、设备及资金情况说明；拟任用管理人员的情况说明；等等。其中，证券交易所章程的事项主要有：设立目的；名称；主要办公及交易场所和设施所在地，职能范围；会员资格和加入、退出程序；会员的权利和义务；对会员的纪律处分；组织机构及其职权；高级管理人员的产生、任免及其职责；资本和财务事项；解散的条件和程序；等等。

二、证券交易所的特征和职能

（一）证券交易所的特征

通常情况下，证券交易所组织有下列特征：

（1）证券交易所是由若干会员组成的一种非营利性法人。构成股票交易的会员都是证券公司，其中有正式会员，也有非正式会员。

（2）证券交易所的设立须经国家的批准。

（3）证券交易所的决策机构是会员大会（股东大会）及理事会（董事会）。其中，会员大会是最高权力机构，决定证券交易所基本方针；理事会是由理事长及理事若干名组成的协议机构，制定为执行会员大会决定的基本方针所必需的具体方法，制定各种规章制度。

（4）证券交易所的执行机构有理事长及常任理事。理事长总理业务。

（二）证券交易所的职能

（1）提供证券交易场所。由于这一市场的存在，证券买卖双方有集中的交易场所，可以随时把所持有的证券转移变现，保证证券流通的持续不断进行。

（2）形成与公告价格。在交易所内完成的证券交易形成了各种证券的价格，由于证券的买卖是集中、公开进行的。采用双边竞价的方式达成交易，其价格在理论水平上是近似公平与合理的，这种价格及时向社会公告，并被作为各种相关经济活动的重要依据。

（3）集中各类社会资金参与投资。随着交易所上市股票的日趋增多，成交数量日益增大，可以将极为广泛的资金吸引到股票投资上来，为企业发展提供所需资金。

（4）引导投资的合理流向。交易所为资金的自由流动提供了方便，并通过每天公布的行情和上市公司信息，反映证券发行公司的获利能力与发展情况，使社会资金向最需要和最有利的方向流动。

（5）制定交易规则。有规矩才能成方圆，公平的交易规则才能达成公平的交易结果。交易规则主要包括上市退市规则、报价竞价规则、信息披露规则以及交割结算规则等。不同交易所的主要区别关键在于交易规则的差异，同一交易所也可能采用多种交易规则，从而形成细分市场，如纳斯达克按照不同的上市条件细分为全球精选市场、全球市场和资本市场。

（6）维护交易秩序。任何交易规则都不可能十分完善，并且交易规则也不一定能得到有效执行，因此，交易所的一大核心功能便是监管各种违反公平原则及交易规则的行为，使交易公平有序地进行。

（7）提供交易信息。证券交易依靠的是信息，包括上市公司的信息和证券交易信息。交易所对上市公司信息的提供负有督促和适当审查的责任，对交易行情负即时公布的义务。

（8）降低交易成本，促进股票的流动性。如果不存在任何正式的经济组织或者有组织的证券集中交易市场，投资者之间就必须相互接触以确定交易价格和交易数量，以完成证券交易。这样的交易方式由于需要寻找交易对象，并且由于存在信息不对称、交易违约等因素会增加交易的成本，降低交易的速度。因此，集中交易市场的存在可以增加交易机会、提高交易速度、降低信息不对称、增强交易信用，从而可以有效地降低交易成本。

三、证券交易所的组织形式

证券交易所的组织形式有两种，一种是会员制，一种是公司制。

（1）会员制证券交易所是不以营利为目的的法人。证券交易所的会员由证券公司等证券商组成，只有取得证券交易所会员资格之后，证券商才能在证券交易所参加交易。会员制证券交易所强调自治自律，自我管理，会员向证券交易所承担的责任仅以缴纳会费为限。由于会员制证券交易所不以营利为目的，因此收取的费用较低，证券商和投资者的负担相应地也较轻。在发生交易纠纷时，证券交易所不负赔偿责任，由会员和买卖双方自己解决。

（2）公司制证券交易所是由银行、证券公司等作为股东组成，其组织结构和有关的权利义务等法律关系均以公司法的规定为准。公司制证券交易所以营利为目的，证券商的负担较重，而且因其主要收入来自成交额佣金，为增加证券交易所自身的利益可能会人为制造证券投机行为，或者推波助澜，扰乱证券市场。

目前我国的证券交易所是实行自律性管理的会员制的事业法人。

四、我国的证券交易所

（一）上海证券交易所

1．上海证券交易所综述

上海证券交易所成立于 1990 年 11 月 26 日，同年 12 月 19 日开业，归属中国证监会直接管理，秉承"法制、监管、自律、规范"的八字方针。上海证券交易所致力于创造透明、开放、安全、高效的市场环境，切实保护投资者权益，其主要职能包括：提供证券交易的场所和设施；制定证券交易所的业务规则；接受上市申请，安排证券上市；组织、监督证券交易；对会员、上市公司进行监管；管理和公布市场信息。

上证所下设办公室、人事（组织）部、党办纪检办、交易管理部、发行上市部等 22 个部门，以及两个子公司上海证券通信有限责任公司、上证所信息网络有限公司，通过它们的合理分工和协调运作，有效地担当起证券市场组织者的角色。

上证所市场交易采用电子竞价交易方式，所有上市交易证券的买卖均须通过电脑主机进行公开申报竞价，由主机按照价格优先、时间优先的原则自动撮合成交。上交所新一代交易系统峰值订单处理能力达到 80000 笔/秒，系统日双边成交容量不低于 1.2 亿笔，相当于单市场 1.2 万亿元的日成交规模，并且具备平行扩展能力。

经过多年的持续发展，上海证券市场已成为中国内地首屈一指的市场，上市公司数、上市股票数、市价总值、流通市值、证券成交总额、股票成交金额和国债成交金额等各项指标均居首位。截至 2010 年年底，上证所拥有 894 家上市公司，上市股票数 938 个，股票市价总值 179007.24 亿元。2010 年股票筹资总额 5532.14 亿元，列全球第四。一大批国民经济支柱企业、重点企业、基础行业企业和高新科技企业通过上市，既筹集了发展资金，又转换了经营机制。

2．上海证券交易所的证券代码

根据 2007 年 5 月 28 日发布的《上海证券交易所证券代码分配规则》规定，上证所证券代码采用六位阿拉伯数字编码，取值范围为 000000～999999。六位代码的前三位为证券种类标识区，其中第一位为证券产品标识，第二位至第三位为证券业务标识，六位代码的后三位为顺序编码区。首位代码代表的产品定义分别为：0 国债/指数、1 债券、2 回购、3 期货、4 备用、5 基金/权证、6A 股、7 非交易业务（发行、权益分配）、8 备用、9B 股。

3．上海证券交易所的自律监管

作为自律管理的法人，上海证券交易所在中国证监会的直接管理下，秉承"法制、监管、自律、规范"的八字方针，致力于创造公开、公平、公正的市场环境，切实保护投资者权益，依据法律、法规和自律规则来组织和监督证券交易，履行自律管理职责。

自成立之初，上海证券交易所就不断完善自律监管体系。目前，已形成了对上市公司、会员和市场交易行为进行监管的三大自律监管体系，通过其下设的上市公司部、会员部和市场监察部等部门的合理分工与协调运作，有效地担当起证券市场自律监管者的角色。通过纪律处分委员会和复核委员会，完善了自律监管处罚程序，保障了相关当事人的合法权益。

近几年以来，上海证券交易所在证券市场监管过程中，按照中国证监会关于"及时发现、及时报告和及时制止"的要求，在"自律管理，关口前移"的理念下，不断加大监管创新力度，创新监管形式，全面提升自律管理质量。

面对高速发展的证券市场，上海证券交易所将一如既往地保持自律监管工作的敏感性、持续性和有效性，为打造一个高效、诚信和富有竞争力的证券市场保驾护航。

上海证券交易所自律监管体系（见图6-1）：

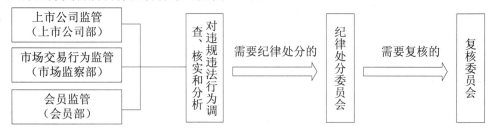

图 6-1

4．上海证券交易所的收费标准（见表6-1～表6-3）

表 6-1　　　　　　　　　　A 股、基金、权证、债券交易费用

业务类别			费用项目	费用标准	收取方
开户	A 股	个人	开户费	40 元/户	登记公司
		机构	开户费	400 元/户	登记公司
	基金		开户费	5 元/户	代理机构
交易	A 股		佣金	不超过成交金额的 0.3%，起点 5 元	证券公司
			过户费	成交面额的 0.1%，起点 1 元（大宗交易专场的过户费费率是正常标准的 10%，优惠期至 2009 年 12 月 31 日结束）	登记公司
			印花税	成交金额的 0.1%（出让方单边缴纳）	税务机关
	证券投资基金（封闭式基金、ETF）		佣金	不超过成交金额的 0.3%，起点 5 元	证券公司
	权证		佣金	不超过成交金额的 0.3%，起点 5 元	证券公司
	债券（国债、企业债、可转换公司债券、分离交易的可转换公司债券、公司债、专项资产管理计划等）		佣金	不超过成交金额的 0.02%，起点 1 元	证券公司
	新质押式回购	1 天	佣金	成交金额的 0.001%	证券公司
		2 天	佣金	成交金额的 0.002%	证券公司
		3 天	佣金	成交金额的 0.003%	证券公司
		4 天	佣金	成交金额的 0.004%	证券公司
		7 天	佣金	成交金额的 0.005%	证券公司
		14 天	佣金	成交金额的 0.010%	证券公司
		28 天	佣金	成交金额的 0.020%	证券公司
		28 天以上	佣金	成交金额的 0.030%	证券公司
	国债买断式回购	7 天	佣金	成交金额的 0.0125%	证券公司
		28 天	佣金	成交金额的 0.05%	证券公司
		91 天	佣金	成交金额的 0.075%	证券公司
	大宗交易			佣金、过户费、印花税同同品种竞价交易	

续表

业务类别	费用项目	费用标准	收取方
ETF 申购、赎回	佣金	不超过申购、赎回份额的 0.5%	证券公司
	过户费	股票过户面额的 0.05%，前三年减半	登记公司
权证行权	过户费	股票过户面额的 0.05%	登记公司

表 6-2　　　　　　　　　　　　　　**B 股交易费用**

业务类别		费用项目	费用标准	收取方
开户	个人	开户费	19 美元	登记公司
	机构	开户费	85 美元	登记公司
	更换结算会员	开户费	2 美元	目前未收
交易		佣金	不超过成交金额的 0.3%，起点：1 美元	证券公司
		结算费	成交金额的 0.05%	登记公司
		印花税	成交金额的 0.1%（出让方单边缴纳）	税务机关
修改错误交易的非交易过户		手续费	30 美元/笔	登记公司
修改结算会员代码		手续费	10 美元/笔，每个 ORDER 最高不超过 50 美元	登记公司
大宗交易		佣金、结算费、印花税同竞价交易		

表 6-3　　　　　　　　　　　　　　**非交易类业务费用**

业务类别			费用项目	费用标准	收取方
质押登记	A 股、基金、国债、企业债券		手续费	面额的 0.1%，超过 500 万元的部分按 0.01%，起点 100 元	登记公司
	ETF		手续费	面额的 0.005%，起点 100 元	登记公司
转托管	企业债席位间		手续费	30 元/笔	登记公司
	国债市场间		手续费	面值 0.005%，单笔（单只）最低费用 10 元，最高费用 10 000 元	登记公司
账户挂失补办	A 股	补原号	补办费	10 元/户	代理机构
		补开新户	补办费	同新开户	同新开户
	基金	补原号	补办费	10 元/户	代理机构
	B 股	补原号	补办费	10 元/户	代理机构
		补开新户	补办费	同新开户	同新开户
销户（A 股、基金）			销户费	5 元/户	代理机构

业务类别		费用项目	费用标准	收取方
合并账户（A 股、基金）		手续费	10 元/户	代理机构
开户资料查询（A 股、基金）		查询费	5 元/户	代理机构
查询	证券过户记录	查询费	20 元/年/户/次，磁盘 100 元/张，光盘 500 元/张	查询单位
	账户余额	查询费	机构 50 元/户/次、个人 20 元/户/次	查询单位

（二）深圳证券交易所

1. 深圳证券交易所综述

深圳证券交易所简称"深交所"，成立于 1990 年 12 月 1 日，是为证券集中交易提供场所和设施，组织和监督证券交易，履行国家有关法律、法规、规章、政策规定的职责，实行自律管理的法人，由中国证券监督管理委员会（以下简称"中国证监会"）监督管理。深交所的主要职能包括：提供证券交易的场所和设施；制定业务规则；接受上市申请、安排证券上市；组织、监督证券交易；对会员进行监管；对上市公司进行监管；管理和公布市场信息；中国证监会许可的其他职能。

深交所内部设有办公室、党委办公室、人力资源部、财务部、稽核审计部等 20 个部门，还设有深交所行政服务有限公司、深圳证券通信有限公司、深圳证券信息有限公司 3 家下属公司。

深交所成立初期，主要通过各会员派驻的出市代表（俗称红马甲）在交易所的交易厅通过电脑终端进行交易。1992 年 2 月 25 日深圳证券交易所正式启用电脑自动撮合竞价系统，实现了由手工竞价作业向电脑自动撮合运作的过渡。1992 年 5 月 26 日中国人民保险公司深圳分公司证券部和深圳特区证券公司达成与交易所的电脑联网，首创从柜台通过多个终端直接向交易所撮合系统输入客户买卖委托。1992 年 7 月 3 日浙江省证券公司采用数据专线方式与深圳证券交易所开通实时行情揭示，成为首家可在当地接收深圳股市行情异地会员。1992 年 10 月中旬我国第一套证券业电话自动委托交易系统开发成功并在中国农业银行深圳分行证券部投入使用。1997 年 6 月 2 日深交所不再为已使用地面线路或双向卫星等远程通讯方式进行交易结算的席位同时提供终端，证券经营机构的出市代表"红马甲"正式退场（B 股及债券特别席位例外）。此举标志着深交所 A 股市场完全实现无形化交易模式。至此，股民把委托单传送到交易所主机已完全实现了电子无形化交易。

深交所以建设中国多层次资本市场体系为使命，全力支持中国中小企业发展，推进自主创新国家战略实施。2004 年 5 月，中小企业板正式推出；2006 年 1 月，中关村科技园区非上市公司股份报价转让开始试点；2009 年 10 月，创业板正式启动，深交所主板、中小企业板、创业板以及非上市公司股份报价转让系统协调发展的多层次资本市场体系架构基本确立。深交所坚持从严监管根本理念，贯彻"监管、创新、培育、服务"八字方针，努力营造公开、公平、公正的市场环境。

截至 2010 年 6 月 30 日，深交所共有上市公司 1012 家，其中主板 485 家，中小企业板 437 家，创业板 90 家，市价总值 56073 亿元。此外，69 家中关村科技园区非上市公司进入股份报价转让系统。2010 年上半年，深交所首次公开发行总筹资额 1543 亿元，总成交金额 97297 亿元。多层次资本市场结构日趋完善，服务实体经济发展和转变增长方式的功能日益显现。

2. 深圳证券交易所的证券代码

以前深交所的证券代码是四位的，根据 2001 年深交所发布《〈深圳证券交易所证券代码、席位代码、股东代码升位方案〉的通知》，从 2001 年 11 月 12 日新版交易结算系统启用的同时升位证券代码，将由 4 位升至 6 位；股东代码由 8 位升至 10 位，即在原代码前加"00"，原 8 位股东代码卡继续有效，不需更换；席位代码由 4 位升至 6 位。

（1）证券代码将由 4 位升至 6 位。A 股证券代码在原代码前加"00"：

例：深发展 A 0001-000001

深万科 A 0002-000002

特别提示：为避免与上海证券交易所挂牌国债重码，原代码 0696（ST 联益）的新代码为 001696，原代码 0896（豫能控股）的新代码为 001896。

（2）B 股证券代码在原首位代码"2"后加"00"：

例：深万科 B 2002-200002

（3）证券投资基金代码在原代码前加"18"：

例：基金开元 4688-184688

基金普惠 4689-184689

（4）国债现货代码在原代码前加"10"：

例：国债 903 1903-101903

国债 904 1904-101904

（5）企业债券代码在原代码前加"11"：

例：中铁 965 1012-111012

中信 983 1013-111013

（6）可转换债券代码在原代码前加"12"：

例：丝绸转债 5301-125301

茂炼转债 5302-125302

（7）国债回购代码在原代码前加"13"：

例：R-003 1800-131800

R-007 1801-131801

（8）股票代码中的临时代码和特殊符号临时代码：

新股：新股发行申购代码为 730***，新股申购款代码为 740***，新股配号代码为 741***；新股配售代码为 737***，新股配售的配号（又称"新股值号"）为 747***；可转换债券发行申购代码为 733***。

此外，中小板股票代码为"002"开头的六位数；创业板股票代码为"300"开头的六位数。

3．深圳证券交易所的个人佣金收费标准（见表 6-4）

表 6-4

收费标准	备　　注	
A 股	不得高于成交金额的 0.3%，也不得低于代收的证券交易监管费和证券交易经手费，起点 5 元（要约收购费用参照 A 股收费标准）	
B 股	不得高于成交金额 0.3%，也不得低于代收的证券交易监管费和证券交易经手费，起点 5 港元	
基金	不得高于成交金额 0.3%，也不得低于代收的证券交易监管费和证券交易经手费，起点 5 元	
权证	不得高于成交金额 0.3%，也不得低于代收的证券交易监管费和证券交易经手费，起点 5 元	
国债现货	不超过成交金额的 0.02%	
企业债现货	不超过成交金额的 0.02%	
国债回购	略。参考上交所	
其他债券回购	1 天　不超过成交金额的 0.001%　　3 天　不超过成交金额的 0.003%	2 天　不超过成交金额的 0.002%　　7 天　不超过成交金额的 0.005%
可转债	不超过成交金额的 0.1%	
专项资产管理计划	不超过转让金额的 0.02%	
代办 A 股	按成交金额收取 0.3%	
代办 B 股	按成交金额收取 0.4%	

第二节　证券公司

一、证券公司的设立

证券公司是指依照《公司法》和《证券法》的规定设立的并经国务院证券监督管理机构审查批准而成立的专门经营证券业务，具有独立法人地位的有限责任公司或者股份有限公司。证券公司是专门从事有价证券买卖的法人企业，分为证券经营公司和证券登记公司。狭义的证券公司是指证券经营公司，是经主管机关批准并到有关工商行政管理局领取营业执照后专门经营证券业务的机构。它具有证券交易所的会员资格，可以承销发行、自营买卖或自营兼代理买卖证券。普通投资人的证券投资都要通过证券商来进行。我们这里介绍的是狭义的证券公司。

我国证券公司的设立实行审批制，由中国证监会依据法定条件和法定程序，对证券公司的设立申请进行审查，决定是否批准设立。

证券公司的设立条件是：有符合法律、行政法规规定的公司章程；主要股东具有持续盈利能力，信誉良好，最近 3 年无重大违法违规记录，净资产不低于人民币 2 亿元；有符合法律规定的注册资本；董事、监事、高级管理人员具备任职资格，从业人员具有证券从业资格；有完善的风险管理与内部控制制度；有合格的经营场所和业务；法律、行政法规规定的和国务院批准的中国证监会规定的其他条件。

《证券法》规定："国务院证券监督管理机构应当自受理证券公司设立申请之日起六个月内，依照法定条件和法定程序并根据审慎监管原则进行审查，作出批准或者不予批准的决定，并通知申请人；不予批准的，应当说明理由。证券公司设立申请获得批准的，申请人应当在规定的期限内向公司登记机关申请设立登记，领取营业执照。证券公司应当自领取营业执照之日起十五日内，向国务院证券监督管理机构申请经营证券业务许可证。"

注册资本具体要求如下：

（1）经营下列业务的证券公司的注册资本最低限额为 5000 万元：证券经纪；证券投资咨询；与证券交易、证券投资活动有关的财务顾问。

（2）经营下列其中一项业务的证券公司的注册资本最低限额为 1 亿元：证券承销与保荐；证券自营；证券资产管理；其他证券业务。

（3）经营下列业务中两项以上的证券公司的注册资本最低限额为 5 亿元：证券承销与保荐；证券自营；证券资产管理；其他证券业务。

（4）证券登记结算机构的注册资本的最低限额为 1 亿元。

（5）证券交易服务机构的最低注册资本的最低限额为 100 万元。

二、证券公司的分类及组织形式

（一）证券公司的分类

从证券经营公司的功能分，可分为证券经纪商、证券自营商和证券承销商。

（1）证券经纪商。即证券经纪公司。代理买卖证券的证券机构，接受投资人委托、代为买卖证券，并收取一定手续费即佣金。

（2）证券自营商。即综合型证券公司，除了证券经纪公司的权限外，还可以自行买卖证券的证券机构，它们资金雄厚，可直接进入交易所为自己买卖股票。

（3）证券承销商。以包销或代销形式帮助发行人发售证券的机构。实际上，许多证券公司是兼营这 3 种业务的。按照各国现行的做法，证券交易所的会员公司均可在交易市场进行自营买卖，但专门以自营买卖为主的证券公司为数极少。

另外，一些经过认证的创新型证券公司，还具有创设权证的权限。

证券登记公司是证券集中登记过户的服务机构。它是证券交易不可缺少的部分，并兼有行政管理性质。它须经主管机关审核批准方可设立。

（二）证券公司的组织形式

证券公司的组织形式必须是有限责任公司或者股份有限公司，不得采取合伙及其他非法人组织形式。根据《公司法》的规定，有限责任公司或者股份有限公司可以下设子公司。证券公司可以根据自身的经营发展战略，在符合监管规定的前提下，经过批准可以设立从事某一类证券业务的专业子公司，组建证券控股公司，实现集团化发展。

三、证券公司的业务

修订后的《证券法》取消了综合类证券公司和经纪类证券公司的划分。证券公司可以根据自己的条件，申请从事不同的证券业务。《证券法》规定，证券公司可以经营以下部分或者全部业务：证券经纪；证券投资咨询；与证券交易、证券投资活动有关的财务顾问；证券承销与保荐；证券自营；证券资产管理；其他证券业务。

第三节 证券投资基金

一、证券投资基金的设立

证券投资基金是一种利益共存、风险共担的集合证券投资方式，即通过发行基金份额，集中投资者的资金，由基金托管人托管，由基金管理人管理和运用资金，从事股票、债券等金融工具投资，并将投资收益按基金投资者的投资比例进行分配的一种间接投资方式。

我国基金证券投资基金的设立实行严格的"核准制"。

（一）基金设立的程序

证券投资基金的设立包括四个主要步骤：

（1）确定基金性质。按组织形态不同，基金有公司型和契约型之分；按基金券可否赎回，又可分为开放型和封闭型两种，基金发起人首先应对此进行选择。

（2）选择共同发起人、基金管理人与托管人，制定各项申报文件。根据有关对基金发起人资格的规定慎重选择共同发起人，签订"合作发起设立证券投资基金协议书"，选择基金保管人，制定各种文件，规定基金管理人、托管人和投资人的责、权、利关系。

（3）向主管机关提交规定的报批文件。同时，积极进行人员培训工作，为基金成立做好各种准备。

（4）发表基金招募说明书，发售基金券。一旦招募的资金达到有关法规规定的数额或百分比，基金即告成立，否则，基金发起便告失败。

（二）申请设立基金应提交的文件和内容

根据《证券投资基金管理暂行办法》及其实施细则，基金发起人在申请设立基金时应当向证监会提供的文件有：

（1）申请报告。主要内容包括：基金名称、拟申请设立基金的必要性和可行性、基金类型、基金规模、存续时间，发行价格、发行对象、基金的交易或申购和赎回安排、拟委托的托管人和管理人以及重要发起人签字、盖章。

（2）发起人情况。包括发起人的基本情况、法人资格与业务资格证明文件。

（3）发起人协议。主要内容包括：拟设立基金名称、类型、规模、募集方式和存续时间；基金发起人的权利和义务，并具体说明基金未成立时各发起人的责任、义务；发起人认购基金单位的出资方式、期限以及首次认购和在存续期间持有的基金单位份额；拟聘任的基金托管人和基金管理人；发起人对主要发起人的授权等。

（4）基金契约与托管协议。

（5）招募说明书。

（6）发起人财务报告。包括主要发起人经具有从事证券相关业务资格的会计师事务所及其注册会计师审计的最近3年的财务报表和审计报告，以及其他发起人实收资本的验资证明。

（7）法律意见书。具有从事证券法律业务资格的律师事务所及其律师对发起人资格、发起人协议、基金契约、托管协议、招募说明书、基金管理公司章程、拟委任的基金托管人和管理人的资格，本次发行的实质条件、发起人的重要财务状况等问题出具法律意见。

（8）募集方案。包括基金发行基本情况及发行公告。

申请设立开放式基金时，除应报送上述材料外，基金管理人还应向中国证监会报送开放式基金实施方案及相关文件。

二、证券投资基金的分类

（一）按设立方式分类

1. 契约型基金

契约型基金又称为单位信托基金，是指把投资者、管理人、托管人三者作为基金的当事人，通过签订基金契约的形式，发行受益凭证而设立的一种基金。契约型基金起源于英国，后在中国香港、新加坡、印度尼西亚等国家和地区十分流行。

契约型基金是基于契约原理而组织起来的代理投资行为，没有基金章程，也没有董事会，而是通过基金契约来规范三方当事人的行为。基金管理人负责基金的管理操作。基金托管人作为基金资产的名义持有人，负责基金资产的保管和处置，对基金管理人的运作实行监督。

2. 公司型基金

公司型基金是按照公司法以公司形态组成的，该基金公司以发行股份的方式募集资金，一般投资者则为认购基金而购买该公司的股份，也就成为该公司的股东，凭其持有的股份依法享有投资收益。这种基金要设立董事会，重大事项由董事会讨论决定。

公司型基金的特点是：基金公司的设立程序类似于一般股份公司，基金公司本身依法注册为法人，但不同于一般股份公司的是，它是委托专业的财务顾问或管理公司来经营与管理；基金公司的组织结构也与一般股份公司类似，设有董事会和持有人大会，基金资产由公司所有，投资者则是这家公司的股东，承担风险并通过股东大会行使权利。

3. 契约型基金与公司型基金的比较

契约型基金与公司型基金的不同点有以下几个方面：

（1）资金的性质不同。契约型基金的资金是通过发行基金份额筹集起来的信托财产；公司型基金的资金是通过发行普通股票筹集的公司法人的资本。

（2）投资者的地位不同。契约型基金的投资者购买基金份额后成为基金契约的当事人之一，投资者既是基金的委托人，即基于对基金管理人的信任，将自己的资金委托给基金管理人管理和营运，又是基金的受益人，即享有基金的受益权；公司型基金的投资者购买基金的股票后成为该公司的股东。因此，契约型基金的投资者没有管理基金资产的权力，而公司型基金的股东通过股东大会享有管理基金公司的权力。

（3）基金的营运依据不同。契约型基金依据基金契约营运基金；公司型基金依据基金公司章程营运基金。

由此可见，契约型基金和公司型基金在法律依据，组织形态以及有关当事人扮演角色上是不同的。但对投资者来说，投资于公司型基金和契约型基金并无多大区别，它们的投资方式都是把投资者的资金集中起来，按照基金设立时所规定的投资目标和策略，将基金资产分散投资于众多的金融产品上，获取收益后再分配给投资者。

从世界基金业的发展趋势看，公司型基金除了比契约型基金多了一层基金公司组织外，其他各方面都与契约型基金有趋同化的倾向。

（二）按能否赎回分类

1．封闭式基金

封闭式基金是指基金的发起人在设立基金时，限定了基金单位的发行总额，筹集到这个总额后，基金即宣告成立，并进行封闭，在一定时期内不再接受新的投资。又称为固定型投资基金。基金单位的流通采取在证券交易所上市的办法，投资者日后买卖基金单位都必须通过证券经纪商在二级市场上进行竞价交易。

封闭式基金的期限是指基金的存续期，即基金从成立起到终止之间的时间。决定基金期限长短的因素主要有两个：一是基金本身投资期限的长短，一般如果基金目的是进行中长期投资（如创业基金）的，其存续期就可长一些。反之，如果基金目的是进行短期投资（如货币市场基金），其存续期可短一些。二是宏观经济形势，一般经济稳定增长，基金存续期可长一些，若经济波浪起伏，则应相对地短一些。当然，在现实中，存续期还应考虑基金发起人和众多投资者的要求来确定。基金期限届满即为基金终止，管理人应组织清算小组对基金资金进行清产核资，并将清产核资后的基金净资产按照投资者的出资比例进行公正合理的分配。

如果基金在运行过程中，因为某些特殊的情况，使得基金的运作无法进行，报经主管部门批准，可以提前终止。提前终止的一般情况有：（1）国家法律和政策的改变使得该基金的继续存在为非法或者不适宜；（2）管理人因故退任或被撤换，无新的管理人承继的；（3）托管人因故退任或被撤换，无新的托管人承继的；（4）基金持有人大会上通过提前终止基金的决议。

2．开放式基金

开放式基金是指基金管理公司在设立基金时，发行基金单位的总份额不固定，可视投资者的需求追加发行。投资者也可根据市场状况和各自的投资决策，或者要求发行机构按现期净资产值扣除手续费后赎回股份或受益凭证，或者再买入股份或受益凭证，增持基金单位份额。为了应付投资者中途抽回资金，实现变现的要求，开放式基金一般都从所筹资金中拨出一定比例，以现金形式保持这部分资产。这虽然会影响基金的盈利水平，但作为开放式基金来说，这是必需的。

3．封闭式基金与开放式基金的区别

（1）期限不同。封闭式基金通常有固定的封闭期，通常在 5 年以上，一般为 10 年或 15 年，经受益人大会通过并经主管机关同意可以适当延长期限。而开放式基金没有固定期限，投资者可随时向基金管理人赎回基金单位。

（2）发行规模限制不同，封闭式基金在招募说明书中列明其基金规模，在封闭期限内未经法定程序认可不能再增加发行。开放式基金没有发行规模限制，投资者可随时提出认购或赎回申请，基金规模就随之增加或减少。

（3）基金单位交易方式不同。封闭式基金的基金单位在封闭期限内不能赎回，持有人只能寻求在证券交易场所出售给第三者。开放式基金的投资者则可以在首次发行结束一段时间（多为3个月）后，随时向基金管理人或中介机构提出购买或赎回申请，买卖方式灵活，除极少数开放式基金在交易所作名义上市外，通常不上市交易。

（4）基金单位的交易价格计算标准不同。封闭式基金与开放式基金的基金单位除了首次发行价都是按面值加一定百分比的购买费计算外，以后的交易计价方式不同。封闭式基金的买卖价格受市场供求关系的影响，常出现溢价或折价现象，并不必然反映基金的净资产值。开放式基金的交易价格则取决于基金每单位净资产值的大小，其申购价一般是基金单位资产值加一定的购买费，赎回价是基金单位净资产值减去一定的赎回费，不直接受市场供求影响。

（5）投资策略不同。封闭式基金的基金单位数不变，资本不会减少，因此基金可进行长期投资，基金资产的投资组合能有效在预定计划内进行。开放式基金因基金单位可随时赎回，为应付投资者随时赎回兑现，基金资产不能全部用来投资，更不能把全部资本用来进行长线投资，必须保持基金资产的流动性，在投资组合上需保留一部分现金和高流动性的金融商品。从发达国家金融市场来看，开放式基金已成为世界投资基金的主流。世界基金发展史从某种意义上说就是从封闭式基金走向开放式基金的历史。

（三）按投资目标分类

1．成长型基金

成长型基金是基金中最常见的一种，它追求的是基金资产的长期增值。为了达到这一目标，基金管理人通常将基金资产投资于信誉度较高、有长期成长前景或长期盈余的所谓成长公司的股票。成长型基金又可分为稳健成长型基金和积极成长型基金。

2．收入型基金

收入型基金主要投资于可带来现金收入的有价证券，以获取当期的最大收入为目的。收入型基金资产成长的潜力较小，损失本金的风险相对也较低，一般可分为固定收入型基金和股票收入型基金。固定收入型基金的主要投资对象是债券和优先股，因而尽管收益率较高，但长期成长的潜力很小，而且当市场利率波动时，基金净值容易受到影响。股票收入型基金的成长潜力比较大，但易受股市波动的影响。

3．平衡型基金

平衡型基金将资产分别投资于两种不同特性的证券上，并在以取得收入为目的的债券及优先股和以资本增值为目的的普通股之间进行平衡。这种基金一般将25％～50％的资产投资于债券及优先股，其余的投资于普通股。平衡型基金的主要目的是从其投资组合的债券中得到适当的利息收益，与此同时，又可以获得普通股的升值收益。投资者既可获得当期收入，又可得到资金的长期增值，通常是把资金分散投资于股票和债券。平衡型基金的特点是风险比较低，缺点是成长的潜力不大。

（四）按投资标的分类

1. 债券基金

债券基金是一种以债券为主要投资对象的证券投资基金。由于债券的年利率固定，因而这类基金的风险较低，适合于稳健型投资者。

通常债券基金收益会受货币市场利率的影响，当市场利率下调时，其收益就会上升；反之，若市场利率上调，则基金收益率下降。除此以外，汇率也会影响基金的收益，管理人在购买非本国货币的债券时，往往还在外汇市场上做套期保值。

2. 股票基金

股票基金是指以股票为主要投资对象的证券投资基金。股票基金的投资目标侧重于追求资本利得和长期资本增值。基金管理人拟定投资组合，将资金投放到一个或几个国家，甚至是全球的股票市场，以达到分散投资、降低风险的目的。

投资者之所以钟爱股票基金，原因在于可以有不同的风险类型供选择，而且可以克服股票市场普遍存在的区域性投资限制的弱点。此外，还具有变现性强、流动性强等优点。由于聚集了巨额资金，几只甚至一只基金就可以引发股市动荡，所以各国政府对股票基金的监管都十分严格，不同程度地规定了基金购买某一家上市公司的股票总额不得超过基金资产净值的一定比例，防止基金过度投机和操纵股市。

3. 货币市场基金

货币市场基金是以货币市场为投资对象的一种基金，其投资工具期限在一年内，包括银行短期存款、国库券、公司债券、银行承兑票据及商业票据等。通常，货币基金的收益会随着市场利率的下跌而降低，与债券基金正好相反。货币市场基金通常被认为是无风险或低风险的投资。

4. 指数基金

指数基金是 20 世纪 70 年代以来出现的新的基金品种。为了使投资者能获取与市场平均收益相接近的投资回报，产生了一种功能上近似或等于所编制的某种证券市场价格指数的基金。其特点是：它的投资组合等同于市场价格指数的权数比例，收益随着当期的价格指数上下波动。当价格指数上升时基金收益增加；反之，收益减少。基金因始终保持当期的市场平均收益水平，因而收益不会太高，也不会太低。指数基金的优势是：第一，费用低廉，指数基金的管理费较低，尤其交易费用较低。第二，风险较小。由于指数基金的投资非常分散，可以完全消除投资组合的非系统风险，而且可以避免由于基金持股集中带来的流动性风险。第三，以机构投资者为主的市场中，指数基金可获得市场平均收益率，可以为股票投资者提供更好的投资回报。第四，指数基金可以作为避险套利的工具。对于投资者尤其是机构投资者来说，指数基金是他们避险套利的重要工具。指数基金由于其收益率的稳定性和投资的分散性，特别适用于社保基金等数额较大，风险承受能力较低的资金投资。

（五）按基金资本来源和运用地域分类

1. 国内基金

它是基金资本来源于国内并投资于国内金融市场的投资基金。一般而言，国内基金在一国基金市场上应占主导地位。

2．国际基金

它是基金资本来源于国内但投资于境外金融市场的投资基金。由于各国经济和金融市场发展的不平衡性，因而在不同国家会有不同的投资回报，通过国际基金的跨国投资，可以为本国资本带来更多的投资机会以及在更大范围内分散投资风险，但国际基金的投资成本和费用一般也较高。国际基金有国际股票基金、国际债券基金和全球商品基金等种类。

3．离岸基金

它是基金资本从国外筹集并投资于国外金融市场的基金。离岸基金的特点是两头在外。离岸基金的资产注册登记不在母国，为了吸引全球投资者的资金，离岸基金一般都在素有"避税天堂"之称的地方注册，如卢森堡、开曼群岛、百慕大等，因为这些国家和地区对个人投资的资本利得、利息和股息收入都不收税。

4．海外基金

它是基金资本从国外筹集并投资于国内金融市场的基金。利用海外基金通过发行受益凭证，把筹集到的资金交由指定的投资机构集中投资于特定国家的股票和债券，把所得收益作为再投资或作为红利分配给投资者，它所发行的受益凭证则在国际著名的证券市场挂牌上市。海外基金已成为发展中国家利用外资的一种较为理想的形式，一些资本市场没有对外开放或实行严格外汇管制的国家可以利用海外基金。

除了上述几种类型的基金，证券投资基金还可以按募集对象不同分为公募基金和私募基金；按投资货币种类不同分为美元基金、英镑基金、日元基金等；按收费与否分为收费基金和不收费基金；按投资计划可变更性分为固定型基金、半固定型基金、融通型基金；还有专门支持高科技企业、中小企业的风险基金；因交易技巧而著称的对冲基金、套利基金以及投资于其他基金的基金中基金；等等。

三、证券投资基金的市场运作

基金的运作包括基金市场营销、基金的募集、基金的投资管理、基金资产的托管、基金份额的登记、基金的估值与会计核算、基金的信息披露以及其他基金运作活动在内的所有相关环节。基金的运作活动从基金管理人的角度来看，可以分为基金的市场营销、基金的投资管理与基金的后台管理三大部分。基金的市场营销主要涉及基金份额的募集与客户服务，基金的投资管理体现了基金管理人的服务价值，而包括基金份额的注册登记、基金资产的估值、会计核算、信息披露等后台管理服务则对保障基金的安全运作起着重要的作用。

（一）证券投资基金的发行与销售

1．封闭型基金的发行

基金的发行是针对封闭型基金而言的，封闭型基金发行有公募发行和私募发行两种方式，在我国，按照《证券投资基金管理暂行办法》的规定，封闭型基金发行只能采用公募形式，在现有情况下，主要采取网上公募发行方式，即将所发行的基金单位通过和证券交易系统联网的证券营业部，向广大社会公众发售的发行方式。

从证券投资基金的价格组成来看，基金的发行价格由三部分构成，即基金面值、基金的发行与募集费用以及基金的销售费用。在我国目前规定的发行方式下，基金的发行价格不包括基金的销售费用，主要由两部分构成：一是基金的面值，是 1.00 元人民币；二是基金的发行费用，为每单位 0.01 元人民币。计算总额为每份基金单位发行价格为 1.01 元人民币。

2．开放型基金的销售

基金的销售是针对开放型基金而言的，开放型基金的销售途径有两条。一是代理销售，在这种方式下，大多数基金都至少有一家销售代理商，负责向全国销售，该承销商拥有独家销售权，利用不同的渠道销售基金单位。销售代理机构主要有两类，一类是商业银行与保险公司，另一类是证券公司与金融咨询机构；二是直接销售，在这种方式下，投资者通过邮寄、电话、银行电汇、到基金组织开设的办事处购买等途径直接从基金组织那里购买基金单位。

开放型基金收取的销售费用，根据支付时间的不同可分为三种方式：

（1）前端费用（购买费用与净投资额间的差额），是投资者申购基金时缴纳的费用，它一般按投资额的一定百分比收取。

（2）后端费用（或称递延销售费用），是投资者赎回时缴纳的费用。它一般是申购金额的一定百分比，但在基金赎回时缴纳，以此提高投资者赎回基金时所付出的成本，并补偿其他继续持有该基金的投资者。

（3）或有递延销售费用，这是一种后端费用，它暗含了持有人在今后若干时间第一次赎回的费用，也就是说，基金持有人持有基金单位时间越长，赎回费用越低，甚至不需缴费。

一般来说，基金销售费用的比例不是固定不变的，而是随着投资者基金认购规模的增加而减少，这是因为基金规模的扩大能够产生规模效益，从而能降低销售费用。

（二）证券投资基金的交易与申购、赎回

1．封闭型基金的交易

证券投资基金的交易是针对封闭型基金而言的，是指基金发行并上市以后，在证券市场上的买卖活动。基金通过交易过程，实现变现、资源配置和平衡交易，从而促进金融市场的活跃。

封闭型基金发行募集成功后，由基金管理公司依法向有关交易所提出上市申请，经批准后，该基金即可上市交易。在我国，同买卖股票一样，投资者可通过证券营业部委托申报或通过无形报盘、电话委托申报买卖基金单位。

封闭型基金上市后，其市场价格遵循市场规则上下波动，主要影响因素有两个，一是基金单位的净值，通常情况下基金的价格会围绕净值波动；二是基金供求关系，因为封闭型基金的发行单位有限，投资者对基金单位的需求有可能超过或低于市场的供应量，会因此导致基金的交易价格的溢价或折价。

投资者在委托买卖封闭型基金时应支付各种费用，这些费用包括：委托手续费、交易佣金和过户费。

2．开放型基金申购与赎回

（1）开放型基金的交易形式。

基金的申购与赎回是针对开放型基金而言的，是开放型基金基本的交易形式。其中，基金的申购是指投资者投资购买基金份额的过程；基金的赎回是指投资者卖出基金份额，收回投资的过程。

与开放型基金的销售一样，其申购与赎回的方式也有两种。一是通过银行、证券公司、保险公司等作为中介代理进行；二是直接通过基金管理公司的经理人直接进行。同封闭型基金相比，开放型基金的投资者只与该基金的代销机构或直销机构之间发生交易，而投资者之间不发生任何交易行为。

（2）开放型基金的报价。

开放型基金的报价是指基金管理公司以定价为依据公布的开放型基金交易价格。因为开放型基金的交易包括申购和赎回两个过程，因此，开放型基金的报价也就有两种形式，一种是卖出价或认购价，另一种是买入价或赎回价。在同一定价水平上，开放型基金的卖出价均高于买入价，因为卖出价中包括了经营者的佣金，这种佣金（或称之为销售附加费）主要是首次购买费和交易费，其报价公式是：

基金的卖出价（认购价）= 基金单位资产净值＋交易费＋首次购买费

基金的买入价或赎回价有三种计价方式：

（a）基金的买入价（赎回价）= 基金单位的净资产值，即基金管理公司用单位净资产值赎回基金单位。

（b）基金的买入价（赎回价）= 基金单位的净资产值-交易费。

（c）基金的买入价（赎回价）= 基金单位的净资产值-赎回费。

实际操作中，多数开放型基金采用的是第一种计价方式。

（三）证券投资基金的费用

证券投资基金的费用是指证券投资基金因管理、运作、托管基金资产以及基金单位的交易所发生的各种费用。主要包括以下几类：

1. 以基金资产支付的费用

（1）基金管理人的报酬。

这是指基金管理人因管理运作基金资产而向基金组织收取的费用，该费用由基金资产支付。根据《开放型证券投资基金试点办法》，基金管理费按照前一日基金净资产的 2.5% 的年费率计提，计算方法如下：

$$每日应支付的管理人报酬 = \frac{前一日的基金净资产值 \times 2.5\%}{当年天数}$$

基金管理人报酬按每日计提累计至每月最后一个工作日（遇公共假期延至假日后的第一个工作日），由基金托管人从基金资产中一次性支付给基金管理人。

（2）基金托管费。

这是指基金保管公司为保管、处置基金信托财产而从基金收益中计提支付给信托人的费用。根据《开放型证券投资基金试点办法》，基金托管费按照前一日基金净资产的 2.5‰ 的年费率计提，计算方法如下：

$$每日应支付的基金托管费 = \frac{每日扣除基金管理人报酬和基金托管费之前的基金净资产值 \times 2.5‰}{当年天数}$$

基金托管费按每日计提，累计至每月最后一个工作日（遇公共假期延至假日后的第一个工作日），由基金托管人从基金资产中一次性支取。

（3）12-1b 费用。

美国有些投资基金采用 12-1b 规则，根据该规则，基金可以使用小部分基金资产来支付基金的营销及分派费用。这些费用包括：广告费、宣传品支出、公开说明书、年报及季报的印刷制作与分发费用、销售人员的佣金、股票经纪人及财务顾问的佣金、银行介绍基金与客户的费用及代理费用等。

2．由投资者支付的费用

由投资者支付的费用是指因投资者交易开放型基金单位而发生的费用。主要包括：

（1）申购费用，是投资者在认购或申购开放型基金时支付的费用。

（2）赎回费用，是投资者在赎回开放型基金时支付的费用。

3．基金运作费用

基金运作费用是指因基金的运作而发生的费用。主要包括：

（1）交易佣金。投资者在基金单位交易过程中，由证券商向投资者收取按比例在证券商、交易所和证监会之间分配的费用。

（2）过户费。投资者在基金单位交易完成后，由证券商向投资者收取，按比例在登记公司和证券商之间分配的费用。

（3）其他手续费。这是指由交易所、登记公司等收取的费用，如持有人名册服务费、分红手续费等。

（四）证券投资基金的托管

基金托管人应当具备下列条件：设有专门的基金托管部；实收资本不少于 80 亿元；有足够的熟悉托管业务的专职人员；具备安全保管基金全部资产的条件；具备安全、高效的清算、交割能力。

基金托管人应当履行下列职责：安全保管基金的全部资产；执行基金管理人的投资指令，并负责办理基金名下的资金往来；监督基金管理人的投资运作，发现基金管理人的投资指令违法、违规的，不予执行，并向中国证监会报告；复核、审查基金管理人计算的基金资产净值及基金价格；保存基金的会计账册、记录 15 年以上；出具基金业绩报告，提供基金托管情况，并向中国证监会和中国人民银行报告；基金契约、托管协议规定的其他职责。

（五）证券投资基金的投资管理

根据我国 2004 年实施的《证券投资基金运作管理办法》，对证券投资基金的管理进行了严格的规定。其主要内容包括：

第三十条　基金名称显示投资方向的，应当有百分之八十以上的非现金基金资产属于投资方向确定的内容。

第三十一条　基金管理人运用基金财产进行证券投资，不得有下列情形：（一）一只基金持有一家上市公司的股票，其市值超过基金资产净值的百分之十；（二）同一基金管理人管理的全部基金持有一家公司发行的证券，超过该证券的百分之十；（三）基金财产参与股票发行申购，单只基金所申报的金额超过该基金的总资产，单只基金所申报的股票数量超过拟发行股票公司本次发行股票的总量；（四）违反基金合同关于投资范围、投资策略和投资比例等约定；（五）中国证监会规定禁止的其他情形。完全按照有关指数的构成比例进行证券投资的基金品种可以不受前款第（一）项、第（二）项规定的比例限制。

第三十二条　基金管理人应当自基金合同生效之日起六个月内使基金的投资组合比例符合基金合同的有关约定。

第三十三条　因证券市场波动、上市公司合并、基金规模变动等基金管理人之外的因素致使基金投资不符合本办法第三十一条第一款第（一）项、第（二）项规定的比例或者基金合同约定的投资比例的，基金管理人应当在十个交易日内进行调整。

第三十五条　封闭式基金的收益分配，每年不得少于一次，封闭式基金年度收益分配比例不得低于基金年度已实现收益的百分之九十。开放式基金的基金合同应当约定每年基金收益分配的最多次数和基金收益分配的最低比例。

第三十六条　基金收益分配应当采用现金方式。开放式基金的基金份额持有人可以事先选择将所获分配的现金收益，按照基金合同有关基金份额申购的约定转为基金份额；基金份额持有人事先未做出选择的，基金管理人应当支付现金。

（六）证券投资基金运作关系（见图6-2）

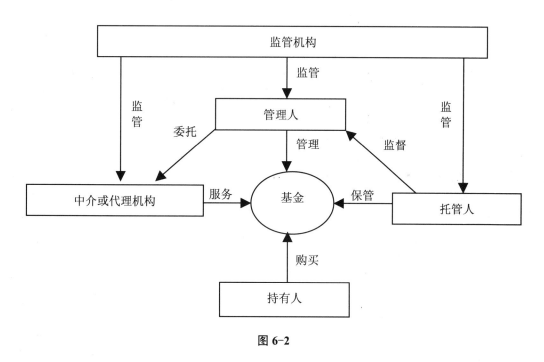

图6-2

从图6-2中可以看出，基金投资者、基金管理人与基金托管人是基金的当事人。基金市场上的各中介服务机构通过自己的专业服务参与基金市场，监管机构则对基金市场上的各种参与主体实施全面监管。

第四节　投资银行

一、投资银行简介

（一）投资银行的定义

投资银行是最典型的投资性金融机构，一般认为，投资银行是在资本市场上为企业发行债券、股票，筹集长期资金提供中介服务的金融机构，主要从事证券承销、公司购并与资产重组、公司理财、基金管理等业务。其基本特征是综合经营资本市场业务。

美国著名金融专家罗伯特·库恩（Robert Kuhun）依照业务经营范围大小，对投资银行给出了四个层次的不同定义。

广义投资银行：指任何经营华尔街金融业务的金融机构，业务包括证券、国际海上保险以及不动产投资等几乎全部金融活动。

较广义投资银行：指经营全部资本市场业务的金融机构，业务包括证券承销与经纪、企业融资、兼并收购、咨询服务、资产管理、创业资本等，与第一个定义相比，不包括不动产经纪、保险和抵押业务。

较狭义投资银行：指经营部分资本市场业务的金融机构，业务包括证券承销与经纪、企业融资、兼并收购等，与第二个定义相比，不包括创业资本、基金管理和风险管理工具等创新业务。

狭义投资银行：仅限于从事一级市场证券承销和资本筹措、二级市场证券交易和经纪业务的金融机构。

投资银行在各国的称谓不尽相同。在美国称投资银行，在英国称商人银行，在日本称证券公司，在法国称实业银行。

（二）投资银行与商业银行的区别

尽管在名称上都冠有"银行"字样，但实质上投资银行与商业银行之间存在着明显差异：从市场定位上看，银行是货币市场的核心，而投资银行是资本市场的核心；从服务功能上看，商业银行服务于间接融资，而投资银行服务于直接融资；从业务内容上看，商业银行的业务重心是吸收存款和发放贷款，而投资银行既不吸收各种存款，也不向企业发放贷款，业务重心是证券承销、公司并购与资产重组；从收益来源上看，商业银行的收益主要来源于存贷利差，而投资银行的收益主要来源于证券承销、公司并购与资产重组业务中的手续费或佣金（见表6-5）。

表6-5　　　　投资银行与商业银行的区别

项　目	投资银行	商业银行
本源业务	证券承销	存贷款
功能	直接融资，并侧重长期融资	间接融资，并侧重短期融资

项 目	投资银行	商业银行
业务概貌	无法用资产负债反映	表内与表外业务
主要利润来源	佣金	存贷款利差
经营方针与原则	在控制风险前提下更注重开拓	追求收益性、安全性、流动性三者结合，坚持稳健原则
监管部门	主要是证券管理机构	中央银行
风险特征	一般情况下，投资人面临的风险较大，投资银行风险较小	一般情况下，存款人面临的风险较小，商业银行风险较大

（三）我国的投资银行

对于我国是否有真正意义上的投资银行，业内分歧很大。有相当部分业内人士认为，中金公司和中信证券可以定位为投资银行。不过根据现行法律法规，并没有对投资银行进行规定或规范，所以投资银行还没有得到我国法定的认可。

二、投资银行的特征

投资银行是与商业银行相对应的一个概念，是现代金融业适应现代经济发展形成的一个新兴行业。它区别于其他相关行业的显著特点是：第一，它属于金融服务业，这是区别一般性咨询、中介服务业的标志；第二，它主要服务于资本市场，也就是主营业务为资本市场业务，这是区别商业银行的标志；第三，它是智力密集型行业，这是区别其他专业性金融服务机构的标志。

三、投资银行的业务

经过最近一百年的发展，现代投资银行已经突破了证券发行与承销、证券交易经纪、证券私募发行等传统业务框架，企业并购、项目融资、风险投资、公司理财、投资咨询、资产及基金管理、资产证券化、金融创新等都已成为投资银行的核心业务组成。

（一）证券承销

证券承销是投资银行最本源、最基础的业务活动。投资银行承销的职权范围很广，包括本国中央政府、地方政府、政府机构发行的债券、企业发行的股票和债券、外国政府和公司在本国和世界发行的证券、国际金融机构发行的证券等。投资银行在承销过程中一般要按照承销金额及风险大小来权衡是否要组成承销辛迪加和选择承销方式。通常的承销方式有四种：

1. 包销。主承销商和它的辛迪加成员同意按照商定的价格购买发行的全部证券，然后再把这些证券卖给它们的客户。这时发行人不承担风险，风险转嫁到了投资银行的身上。

2. 投标承购。它通常是在投资银行处于被动竞争较强的情况下进行的。采用这种发行方式的证券通常都是信用较高，颇受投资者欢迎的债券。

3. 代销。这一般是由于投资银行认为该证券的信用等级较低，承销风险大而形成的。这时投资银行只接受发行者的委托，代理其销售证券，如在规定的期限计划内发行的证券没有全部销售出去，则将剩余部分返回证券发行者，发行风险由发行者自己负担。

4. 赞助推销。当发行公司增资扩股时，其主要对象是现有股东，但又不能确保现有股东均认购其证券，为防止难以及时筹集到所需资金，甚至引起本公司股票价格下跌，发行公司一般都要委托投资银行办理对现有股东发行新股的工作，从而将风险转嫁给投资银行。

（二）证券经纪交易

投资银行在二级市场中扮演着做市商、经纪商和交易商三重角色。作为做市商，在证券承销结束之后，投资银行有义务为该证券创造一个流动性较强的二级市场，并维持市场价格的稳定。作为经纪商，投资银行代表买方或卖方，按照客户提出的价格代理进行交易。作为交易商，投资银行有自营买卖证券的需要，这是因为投资银行接受客户的委托，管理着大量的资产，必须要保证这些资产的保值增值。此外，投资银行还在二级市场上进行无风险套利和风险套利等活动。

（三）证券私募发行

证券的发行方式分作公募发行和私募发行两种。前面的证券承销实际上是公募发行。私募发行又称私下发行，就是发行者不把证券售给社会公众，而是仅售给数量有限的机构投资者，如保险公司、共同基金等。私募发行不受公开发行的规章限制，除能节约发行时间和发行成本外，又能够比在公开市场上交易相同结构的证券给投资银行和投资者带来更高的收益率，所以，近年来私募发行的规模仍在扩大。但同时，私募发行也有流动性差、发行面窄、难以公开上市扩大企业知名度等缺点。

（四）兼并与收购

企业兼并与收购已经成为现代投资银行除证券承销与经纪业务外最重要的业务组成部分。投资银行可以以多种方式参与企业的并购活动，如：寻找兼并与收购的对象、向猎手公司和猎物公司提供有关买卖价格或非价格条款的咨询、帮助猎手公司制订并购计划或帮助猎物公司针对恶意的收购制订反收购计划、帮助安排资金融通和过桥贷款等。此外，并购中往往还包括"垃圾债券"的发行、公司改组和资产结构重组等活动。

（五）项目融资

项目融资是对一个特定的经济单位或项目策划安排的一揽子融资的技术手段，借款者可以只依赖该经济单位的现金流量和所获收益用作还款来源，并以该经济单位的资产作为借款担保。投资银行在项目融资中起着非常关键的作用，它将与项目有关的政府机关、金融机构、投资者与项目发起人等紧密联系在一起，协调律师、会计师、工程师等一起进行项目可行性研究，进而通过发行债券、基金、股票或拆借、拍卖、抵押贷款等形式组织项目投资所需的资金融通。投资银行在项目融资中的主要工作是：项目评估、融资方案设计、有关法律文件的起草、有关的信用评级、证券价格确定和承销等。

（六）公司理财

公司理财实际上是投资银行作为客户的金融顾问或经营管理顾问而提供咨询、策划或操作。它分为两类：第一类是根据公司、个人、或政府的要求，对某个行业、某种市场、某种产品或证券进行深入的研究与分析，提供较为全面的、长期的决策分析资料；第二类是在企业经营遇到困难时，帮助企业出谋划策，提出应变措施，诸如制定发展战略、重建财务制度、出售转让子公司等。

（七）基金管理

基金是一种重要的投资工具，它由基金发起人组织，吸收大量投资者的零散资金，聘请有专门知识和投资经验的专家进行投资并取得收益。投资银行与基金有着密切的联系。首先，投资银行可以作为基金的发起人，发起和建立基金；其次，投资银行可作为基金管理者管理基金；再次，投资银行可以作为基金的承销人，帮助基金发行人向投资者发售受益凭证。

（八）财务顾问与投资咨询

投资银行的财务顾问业务是投资银行所承担的对公司尤其是上市公司的一系列证券市场业务的策划和咨询业务的总称。主要指投资银行在公司的股份制改造、上市、在二级市场再筹资以及发生兼并收购、出售资产等重大交易活动时提供的专业性财务意见。投资银行的投资咨询业务是联结一级和二级市场、沟通证券市场投资者、经营者和证券发行者的纽带和桥梁。习惯上常将投资咨询业务的范畴定位在对参与二级市场投资者提供投资意见和管理服务。

（九）资产证券化

资产证券化是指经过投资银行把某公司的一定资产作为担保而进行的证券发行，是一种与传统债券筹资十分不同的新型融资方式。进行资产转化的公司称为资产证券发起人。发起人将持有的各种流动性较差的金融资产，如住房抵押贷款、信用卡应收款等，分类整理为一批资产组合，出售给特定的交易组织，即金融资产的买方（主要是投资银行），再由特定的交易组织以买下的金融资产为担保发行资产支持证券，用于收回购买资金。这一系列过程就称为资产证券化。资产证券化的证券即资产证券为各类债务性债券，主要有商业票据、中期债券、信托凭证、优先股票等形式。资产证券的购买者与持有人在证券到期时可获本金、利息的偿付。证券偿付资金来源于担保资产所创造的现金流量，即资产债务人偿还的到期本金与利息。如果担保资产违约拒付，资产证券的清偿也仅限于被证券化资产的数额，而金融资产的发起人或购买人无超过该资产限额的清偿义务。

（十）金融创新

根据特性不同，金融创新工具即衍生工具一般分为三类：期货类、期权类和调期类。使用衍生工具的策略有三种，即套利保值、增加回报和改进有价证券的投资管理。通过金融创新工具的设立与交易，投资银行进一步拓展了投资银行的业务空间和资本收益。首先，投资银行作为经纪商代理客户买卖这类金融工具并收取佣金；其次，投资银行也可以获得一定的价差收入，因为投资银行往往首先作为客户的对方进行衍生工具的买卖，然后寻找另一客户作相反的抵补交易；再次，这些金融创新工具还可以帮助投资银行进行风险控制，免受损失。金融创新也打破了原有机构中银行和非银行、商业银行和投资银行之间的界限和传统的市场划分，加剧了金融市场的竞争。

（十一）风险投资

风险投资又称创业投资，是指对新兴公司在创业期和拓展期进行的资金融通，表现为风险大、收益高。新兴公司一般是指运用新技术或新发明、生产新产品、具有很大的市场潜力、可以获得远高于平均利润的利润、但却充满了极大风险的公司。由于高风险，普通投资者往往都不愿涉足，但这类公司又最需要资金的支持，因而为投资银行提供了广阔的市场空间。投资银行涉足风险投资有不同的层次：第一，采用私募的方式为这些公司筹集资本；第二，对于某些潜力巨大的公司有时也进行直接投资，成为其股东；第三，更多的投资银行是设立"风险基金"或"创业基金"向这些公司提供资金来源。

本章小结：

1．证券交易所的特征：它是由若干会员组成的一种非营利性法人。设立须经国家的批准。其决策机构是会员大会（股东大会）及理事会（董事会）。执行机构有理事长及常任理事。理事长总理业务。

2．证券交易所的职能：提供证券交易场所；形成与公告价格；集中各类社会资金参与投资；引导投资的合理流向；制定交易规则；维护交易秩序；提供交易信息；降低交易成本，促进股票的流动性。

3．我国的证券交易所包括：上海证券交易所和深圳证券交易所两家。

4．《证券法》规定，证券公司可以经营以下部分或者全部业务：证券经纪；证券投资咨询；与证券交易、证券投资活动有关的财务顾问；证券承销与保荐；证券自营；证券资产管理；其他证券业务。基金托管人应当具备下列条件：设有专门的基金托管部；实收资本不少于80亿元；有足够的熟悉托管业务的专职人员；具备安全保管基金全部资产的条件；具备安全、高效的清算、交割能力。

5．证券投资基金是一种利益共存、风险共担的集合证券投资方式，即通过发行基金份额，集中投资者的资金，由基金托管人托管，由基金管理人管理和运用资金，从事股票、债券等金融工具投资，并将投资收益按基金投资者的投资比例进行分配的一种间接投资方式。我国证券投资基金的设立实行严格的"核准制"。按不同的分类方式有不同的类型。

6．投资银行是最典型的投资性金融机构，是在资本市场上为企业发行债券、股票，筹集长期资金提供中介服务的金融机构，主要从事证券承销、公司购并与资产重组、公司理财、基金管理等业务。其基本特征是综合经营资本市场业务。它区别于其他相关行业的显著特点是：第一，它属于金融服务业，这是区别一般性咨询、中介服务业的标志；第二，它主要服务于资本市场，也就是主营业务为资本市场业务，这是区别商业银行的标志；第三，它是智力密集型行业，这是区别其他专业性金融服务机构的标志。现代投资银行已经突破了传统业务框架，企业并购、项目融资、风险投资、公司理财、投资咨询、资产及基金管理、资产证券化、金融创新等都已成为投资银行的核心业务组成。

思考题：

1．简述证券交易所的特征和职能。

2．证券公司经营的业务有哪些？

3．简述投资基金的分类。

4．比较开放式基金和封闭式基金的不同。

5. 基金托管人应具备哪些条件？

6. 投资银行的主要业务有哪些？

7. 投资银行面临哪些风险？

8. 请查阅有关我国投资银行的资料，具体谈谈我国发展投资银行业所面临的问题和解决思路。

第七章　期货机构

学习目标：
1. 了解期货交易所的职能和作用
2. 了解中国金融期货交易所及其职能
3. 了解期货公司设立的条件
4. 了解期货公司的职能和作用

第一节　期货交易所

一、期货交易所的设立

根据《期货交易所管理办法》，我国内地设立期货交易所，由中国证监会审批。未经批准，任何单位或者个人不得设立期货交易所或者以任何形式组织期货交易及其相关活动。

经中国证监会批准设立的期货交易所，应当标明"商品交易所"或者"期货交易所"字样。其他任何单位或者个人不得使用期货交易所或者近似的名称。

申请设立期货交易所，应当向中国证监会提交下列文件和材料：申请书；章程和交易规则草案；期货交易所的经营计划；拟加入会员或者股东名单；理事会成员候选人或者董事会和监事会成员名单及简历；拟任用高级管理人员的名单及简历；场地、设备、资金证明文件及情况说明；中国证监会规定的其他文件、材料。

期货交易所章程应当载明下列事项：设立目的和职责；名称、住所和营业场所；注册资本及其构成；营业期限；组织机构的组成、职责、任期和议事规则；管理人员的产生、任免及其职责；基本业务制度；风险准备金管理制度；财务会计、内部控制制度；变更、终止的条件、程序及清算办法；章程修改程序；需要在章程中规定的其他事项。

此外，会员制期货交易所章程还应当载明下列事项：会员资格及其管理办法；会员的权利和义务；对会员的纪律处分。

期货交易所交易规则应当载明下列事项：期货交易、结算和交割制度；风险管理制度和交易异常情况的处理程序；保证金的管理和使用制度；期货交易信息的发布办法；违规、违约行为及其处理办法；交易纠纷的处理方式；需要在交易规则中载明的其他事项。

公司制期货交易所还应当在交易规则中载明会员资格及其管理办法；会员的权利和义务；对会员的纪律处分等事项。

二、期货交易所的职能和作用

（一）期货交易所的职能

期货交易所的主要职能是：提供交易场所、设施及相关服务；制定并实施交易所相关规则；设计期货合约，安排合约上市；组织和监督期货交易；监控市场风险；保证期货合约的履行；发布市场信息；监管会员的交易行为；监管制定的交割仓库。

（二）期货交易所的作用

（1）统一制定期货合约，将期货合约的条款统一化和标准化，使期货市场具有高度流动性，提高了市场效率。

（2）为期货交易制定规章制度和交易规则，并保证和监督这些制度、规则的实施，最大限度地规范交易行为。

（3）监督、管理交易所内进行的交易活动，调解交易纠纷，包括交易者之间的纠纷、客户同经纪人或经纪公司之间的纠纷等，并提供仲裁程序和仲裁机构（仲裁委员会）。

（4）为交易双方提供履约及财务方面的担保。期货交易中的买方和卖方都是以期货交易所为对手的，不必考虑真正的成交对手是谁。这是由于期货交易机制要求交易所作为"买方的卖方和卖方的买方"，承担最终履约责任，从而大大降低了期货交易中的信用风险。

（5）提供信息服务，及时把场内所形成的期货价格公布于众，增加了市场的透明度和公开性。

（6）为期货交易提供结算、交割服务，如向会员追缴和清退保证金、收取交割货款和提货单（仓单）等。

（7）为期货交易提供一个专门的、有组织的场所和各种方便多样的设施，如先进的通信设备等。

三、期货交易所的组织形式

期货交易所按照其组织形式不同，可以分为会员制和公司制两种类型。两者都是采用会员制度，不同之处在于前者是非营利性的，而后者是以营利为目的。

会员制期货交易所的组织结构是由会员大会、理事会、专业委员会和业务管理部门四部分构成。其中会员大会是期货交易所的最高权力机构，理事会是会员大会的常设机构，专业委员会职责由理事会确定，并对理事会负责。业务管理部门负责交易所的各项日常工作。

公司制期货交易所的组织结构由股东大会、董事会、监事会和经理机构四部分构成。其各部分构成和相互制衡关系与一般的公司企业的治理结构类似。

四、我国的期货交易所

（一）上海期货交易所

1. 上海期货交易所简介

上海期货交易所于1999年12月开始运作。根据国务院的决定，将上海金属交易所、上海粮油商品交易所、上海商品交易所统一合并为上海期货交易所。上海期货交易所注册资本为 1.25 亿元人民币，是不以营利为目的的事业法人单位，采取会员制的组织模式，并接受中国证监会集中统一的监督管理。上海期货交易所目前上市交易的有黄金、铜、铝、锌、铅、螺纹钢、线材、燃料油、天然橡胶等 9 种期货合约。

上海期货交易所现有会员 200 多家（其中期货经纪公司会员占 80％以上），在全国各地开通远程交易终端 300 多个。

2．上海期货交易所的组织结构

会员大会是交易所的权力机构，由全体会员组成；理事会是会员大会的常设机构，下设监察、交易、结算、会员资格审查、调解、财务、技术、有色金属产品、能源化工产品、黄金钢材产品等 10 个专门委员会。

按照《上海期货交易所章程》，总经理为交易所法定代表人，交易所设有文化建设委员会、交易运作委员会、人才发展委员会、技术管理委员会等 4 个专业委员会，以及办公室、发展研究中心、文化建设办公室、新闻信息部、国际合作部、有色金属部、能源化工部、黄金钢材部、会员服务和投资者教育部、交易部、结算部、监察部、法律事务部、技术中心、人力资源部、党委办公室（纪律检查办公室）、内审合规部、财务部、行政部（保卫部）、北京联络处等 20 个职能部门。

技术中心下设技术保障部、技术运行部、技术服务部 3 个二级部。

3．上海期货交易所的相关制度

根据国务院颁布的《期货交易管理暂行条例》及中国证监会发布的《期货交易所管理办法》等法规，交易所建立了交易运作和市场管理规章制度体系。

交易所拥有适用可靠的计算机交易系统，通过高容量光纤及数据专线、双向卫星、三所联网等通讯手段确保前台和远程交易的实时和安全可靠。同时，通过中心数据库实现结算、资金、交割、异地交割仓库、风险监控等系统数据的实时同步传送和交换。

交易所实行保证金和每日无负债结算制度，通过指定的结算银行每天对会员的交易进行集中清算，会员负责对其客户交易进行清算。

交易所实行实物交割履约制度，合约到期须在规定期限内，以实物交割方式履约。交易所指定交割仓库为交割双方提供相关服务。客户交割须通过会员办理。

交易所坚持维护投资者合法权益的基本宗旨，制定、实施风险控制管理制度，健全风险监控机制，保证市场规范有序地运行。

交易所通过建立的卫星广播网和公共电讯网，将实时交易行情经授权的国内外信息资讯机构进行同步信息发布。通过实时行情短信播报服务系统和电话语音报价服务系统，向市场提供动态交易行情咨询服务。交易所通过自建的网站及时规范地向市场发布交易、交割、持仓、库存等各类统计数据资料及相关信息。

交易所还通过新闻媒体报道、电话咨询交流、举办多种形式的培训班、开展各种形式的对外交流等形式，向会员、投资者及社会提供咨询、培训等服务。

4．上海期货交易所的交易时间

上海期货交易所各上市品种的交易时间为（周一至周五，以北京时间为基准）：

集合竞价：8：55 ～ 8：59

撮合：8：59 ～ 9：00

连续交易：9：00 ～ 10：15（第一小节）　　　　10：30 ～ 11：30（第二小节）

13：30 ～15：00（第三小节）

（二）大连商品交易所

1. 大连商品交易所简介

大连商品交易所（简称大商所）成立于 1993 年 2 月 28 日，是经国务院批准并由中国证监会监督管理的四家期货交易所之一，也是中国东北地区唯一一家期货交易所。经中国证监会批准，目前上市交易的有玉米、黄大豆 1 号、黄大豆 2 号、豆粕、豆油、棕榈油、线型低密度聚乙烯、聚氯乙烯和焦炭 9 个期货品种。

成立 18 年以来，大连商品交易所规范运营、稳步发展，已经成为我国重要的期货交易中心。近几年来发展尤为迅速，2006～2010 年，成交量由 2.41 亿手增长至 8.06 亿手，成交额由 5.22 万亿元增长至 41.71 万亿元，实现了跨越式的发展。2010 年在全球交易所期货期权交易量排名中，大商所位列第 13 名。

截至 2010 年年底，大连商品交易所共有会员 188 家，指定交割库 83 个，投资者开户数超过 120 万户，分布在全国 28 个省、直辖市、自治区。从 1993 年开业至 2010 年底，大商所累计成交期货合 38.04 亿手，累计成交额 146.56 万亿元，实现实物交割 1332 万吨，在发现商品价格、保护农民利益、引导农产品生产与流通、为市场主体提供避险工具等方面，发挥了重要作用，也为大连区域性金融中心建设、东北亚航运中心建设和东北地区振兴做出了积极贡献。

2. 大连商品交易所的组织机构

会员大会是交易所的权力机构，由全体会员组成。

理事会是会员大会的常设机构，现有副理事长 1 人。理事会由 13 名理事组成，其中会员理事为 9 名、非会员理事为 4 名。理事会下设监察、交易、交割、会员资格审查、调解、财务、技术等 7 个专门委员会。

交易所行政领导班子现有总经理 1 人、副总经理 3 人、总经理助理 2 人。总经理为交易所法定代表人。

交易所设有总经理办公室、理事会办公室、交易部、交割部、结算部、技术运维中心、新闻信息部、品种部、产业拓展部、会员服务部/期货学院、法律事务部、监察部、财务部、人力资源部、审计部、工会纪检办公室、战略规划办公室和系统规划办公室等 18 个职能部门，3 个派出机构：北京发展与服务总部、上海发展与服务总部、广州发展与服务总部，2 个直属单位：大连飞创信息技术有限公司、大连商品交易所行政服务有限公司。

3. 大连商品交易所的交易时间

集合竞价：8：55～8：59

撮合：8：59～9：00

连续交易：9：00～10：15（第一小节）　　　10：30～11：30（第二小节）

13：30～15：00（第三小节）

（三）郑州商品交易所

1. 郑州商品交易所简介

郑州商品交易所成立于 1990 年 10 月 12 日，是经国务院批准的首家期货市场试点单位，在现货远期交易成功运行两年以后，于 1993 年 5 月 28 日正式推出期货交易。1998年 8 月，郑商所被国务院确定期货交易所，隶属于中国证券监督管理委员会垂直管理。

郑商所实行会员制，会员大会是郑商所的权力机构，由全体会员组成；理事会是会员大会的常设机构，下设战略发展、品种、监察、交易、交割、会员资格审查、调解、财务、技术等 9 个专门委员会。截至 2010 年年底，郑商所共有会员 215 家，分布在全国 27 个省、直辖市、自治区，其中期货公司会员 173 家，占会员总数的 80%；非期货公司会员 42 家，占会员总数的 20%。

目前上市交易的期货品种有小麦（包括优质强筋小麦和硬白小麦）、棉花、白糖、精对苯二甲酸、菜籽油、早籼稻。

2．郑州商品交易所的组织结构

会员大会是交易所的权力机构，由全体会员组成。理事会是会员大会的常设机构，设理事长 1 人。理事会由 16 名理事组成，其中会员理事 9 名、非会员理事 7 名。理事会下设战略发展、品种、监察、交易、交割、会员资格审查、调解、财务、技术等 9 个专门委员会，理事会办公室是理事会的常设办事机构。

交易所设总经理 1 人、副总经理 2 人、总经理助理 1 人，总经理业务助理 1 人。总经理为交易所法定代表人。

交易所内设办公室、党委办公室、理事会办公室、研究发展部、市场部、交割部、结算部、市场监察一部、市场监察二部、新闻信息部、法律事务部、技术一部、技术二部、财务部、人力资源部、行政部、纪检监察室（与党委办公室合署办公）、审计室等 18 个职能部门。

3．郑州商品交易所的交易时间

集合竞价：8：55～9：00

撮合：8：59～9：00

连续交易：9：00～10：15（第一小节）　　　　10：30～11：30（第二小节）

　　　　　13：30～15：00（第三小节）

（四）我国的期货交易所

1．中国金融期货交易所简介

中国金融期货交易所是经国务院同意，中国证监会批准，由上海期货交易所、郑州商品交易所、大连商品交易所、上海证券交易所和深圳证券交易所共同发起设立的金融期货交易所。中国金融期货交易所于 2006 年 9 月 8 日在上海成立，注册资本为 5 亿元人民币。是我国唯一采用公司化运作的交易所。

中国金融期货交易所的主要职能是：组织安排金融期货等金融衍生品上市交易、结算和交割；制定业务管理规则；实施自律管理；发布市场交易信息；提供技术、场所、设施服务；中国证监会许可的其他职能。

中国金融期货交易所实行结算会员制度，会员分为结算会员和非结算会员，结算会员按照业务范围分为交易结算会员、全面结算会员和特别结算会员。实行结算会员制度，形成多层次的风险控制体系，强化了中国金融期货交易所的整体抗风险能力。

中国金融期货交易所采用电子化交易方式，不设交易大厅和出市代表。金融期货产品的交易均通过交易所计算机系统进行竞价，由交易系统按照价格优先、时间优先的原则自动撮合成交。采用电子化交易方式体现了中国金融期货交易所的高效、透明、国际化的发展思路。

2. 中国金融期货交易所的组织结构

股东大会是公司的权力机构。公司设董事会，对股东大会负责，并行使股东大会授予的权力。董事会设执行委员会，作为董事会日常决策、管理、执行机构。董事会下设交易、结算、薪酬、风险控制、监察调解等专门委员会。公司目前设总经理1人，副总经理2人。公司目前设有市场部、交易部、结算部、监察部、技术部、信息部、研发部、财务部、人力资源部、总经理办公室、行政部等11个部门。

3. 中国金融期货交易所的交易时间

集合竞价：9：10～9：13

撮合：9：14～9：15

连续交易：上午　9：15～11：30　　　下午　13：00～15：15

最后交易日交易时间：上午　9：15～11：30　　　下午　13：00～15：00

第二节　期货公司

一、期货公司的设立

期货公司是依照公司法和期货交易管理条例规定设立的经营期货业务的金融机构。设立期货公司，应当经国务院期货监督管理机构批准，并在公司登记机关登记注册。未经国务院期货监督管理机构批准，任何单位或者个人不得设立或者变相设立期货公司，经营期货业务。

根据期货交易管理条例，我国申请设立期货公司，除符合公司法的规定外，还需具备下列条件：

（1）注册资本最低限额为人民币3000万元。

（2）董事、监事、高级管理人员具备任职资格，从业人员具有期货从业资格。

（3）有符合法律、行政法规规定的公司章程。

（4）主要股东以及实际控制人具有持续盈利能力，信誉良好，最近3年无重大违法违规记录。

（5）有合格的经营场所和业务设施。

（6）有健全的风险管理和内部控制制度。

（7）国务院期货监督管理机构规定的其他条件。

国务院期货监督管理机构根据审慎监管原则和各项业务的风险程度，可以提高注册资本最低限额。注册资本应当是实缴资本。股东应当以货币或者期货公司经营必需的非货币财产出资，货币出资比例不得低于85%。

国务院期货监督管理机构应当在受理期货公司设立申请之日起6个月内，根据审慎监管原则进行审查，做出批准或者不批准的决定。

期货公司业务实行许可制度，由国务院期货监督管理机构按照其商品期货、金融期货业务种类颁发许可证。期货公司除申请经营境内期货经纪业务外，还可以申请经营境外期货经纪、期货投资咨询以及国务院期货监督管理机构规定的其他期货业务。

二、期货公司的职能和作用

（一）期货公司的职能

（1）在期货市场上充当交易中介，根据投资者指令买卖股指期货合约、办理结算和交割手续，起桥梁和纽带作用。期货公司将期货市场的影响辐射到全社会，使期货市场得以实现其功能。

（2）对投资者账户进行管理，控制投资者交易风险，在期货市场风险控制中起核心作用。

期货市场存在三类风险：交易所风险、经纪公司风险、客户风险。而这些风险集中表现为经纪公司的风险。若经纪公司（及一般会员）实现无险经营，交易所就无风险；交易所的风险通常由会员单位穿仓后出现的。如果缺少经纪公司作为承担风险的中间环节，每个客户自行入市交易，根据一般规律，会有部分客户穿仓而缺乏支付能力，交易所就会面临损失。客户穿仓既是客户风险也是期货公司的风险，指导客户理性操作，坚决贯彻追加保证金和强制平仓等制度规定，经纪公开不但可以自己规避风险，也能有效地防止交易所风险，减少客户风险。

（3）为投资者提供股指期货市场信息，进行交易咨询。

（二）期货公司的作用

期货公司在期货市场中的作用主要体现在以下几个方面：

（1）期货公司接受投资者委托从事期货交易，拓展了市场参与者的范围，扩大了市场的规模，节约交易成本，提高交易效率，增强期货市场竞争的充分性，有助于形成权威、有效的期货价格。

（2）期货公司有专门从事信息搜集及行情分析的人员为投资者提供咨询服务，有助于提高投资者交易的决策效率和决策的准确性。

（3）期货公司拥有一套严密的风险控制制度，可以较为有效地控制投资者的交易风险，实现期货交易风险在各环节的分散承担。

三、期货公司的分类及业务

（一）期货公司的分类

我国期货公司业务实行许可制度，由国务院期货监督管理机构按照其商品期货、金融期货业务种类颁发许可证。期货公司不能从事自营业务。从业务类型上区分，我国期货公司有的只从事商品期货经纪业务，有的商品期货和金融期货经纪业务都有。我国期货公司业务相对比较单一，从而区分没有那么明显。

（二）期货公司的业务

我国期货公司除申请经营境内期货经纪业务外，还可以申请经营境外期货经纪、期货投资咨询以及国务院期货监督管理机构规定的其他期货业务。

此外，还有必要介绍一下我国的 IB（Introducing Broker）业务。尽管 IB 业务属于证券公司，但毕竟与期货公司密切相关。IB 业务是指机构或者个人接受期货经纪商的委托，介绍客户给期货经纪商并收取一定佣金的业务模式。证券公司 IB 业务是指证券公司接受期货经纪商的委托，为期货经纪商介绍客户的业务。目前我国采用券商 IB 制度：券商担任期货公司的介绍经纪人或期货交易辅助人，期货交易辅助业务包括招揽客户、代理期货商接受客户开户等。

四、我国的期货公司

（一）我国期货公司的发展状况

截止到 2011 年 6 月 30 日，我国共有 163 家注册的期货公司。2010 年，全国期货市场累计成交期货合约 304194.19 万手，成交金额为 2269852.69 亿元，同比分别增长 40.74% 和 74.39%。

（二）我国期货公司盈利模式主要存在的问题

我国期货公司长期以来盈利状况一直都不理想。由于受加强市场监管的影响，2011 年一季度整个行业亏损面超过四成。而整个行业发展集中度非常高，据期货市场一季度成交数据显示，成交额、成交量前 20 名的期货公司份额占比为 45% 与 41%，前 60 名的公司份额占比在 80% 左右；保证金前 20 名的期货公司在保证金总量中占比为 46%，前 60 名的公司占比也近八成；手续费收入前 20 名的期货公司手续费收在手续费总收入中占比为 41%，前 60 名的公司占比为 76%，总体与 2010 年的情况没有太大的变化。

综合分析，我国期货公司盈利模式中存在的问题主要表现在以下几个方面。

1. 利润来源单一化

国外的期货公司都定性为金融服务公司，属于金融服务业，具有经纪、结算、场外交易、期权发售、基金管理、顾问服务、融资服务等各项业务职能，各期货公司各具特色，共同为市场提供综合性服务。

与国外的期货公司相比，我国期货公司目前主要的业务还是以经纪代理为主，利润来源较为单一。目前，我国 160 多家期货公司，其业务结构、经营内容、盈利来源、盈利方式都基本相同。经纪业务主要是低技术含量的通道业务，而能为客户提供高质量的投资咨询业务和投资理财服务的很少，能为客户提供个性化、满足客户多元化需求的高附加值服务的公司就更少。

2. 同质化竞争严重

目前，期货公司一律是单纯期货代理商，业务内容高度同质化，业务品种和服务手段高度雷同，竞争方向不是向外进行业务创新，而是以佣金价格战进行低水平竞争。

从技术上来讲，这种通道盈利模式没有技术壁垒，很容易被复制，任何一家公司，只要能从期货监管部门获得业务许可，就可以从事期货代理业务。随着期货经纪业务的飞速发展，经营环境的急剧变化，这种单纯的通道盈利模式，已日益暴露出其局限性，并且限制了期货行业的进一步发展。

一般而言，目前国内期货公司收入只有手续费和保证金利息收入两部分。作为收入主要部分的手续费由于行业降价竞争，多年来手续费基本呈不断下降的趋势，目前已到成本底线。保证金利息收入也因为客户资金的流动性比较大而增长有限。尽管自多年来期货市场的成交额在增长，但行业盈利却一直不容乐观。

总的来说，目前我国期货公司的盈利模式决定了几乎所有的利润来源都集中在经纪业务上，不同公司所提供的产品和服务也具有高度的同质性。这就导致期货公司的经营普遍缺乏特色和品牌优势，业务能力容易被复制，缺少技术壁垒。因而，在"通道"盈利模式下，产品差异化程度低，期货公司的核心竞争力难以形成。

3. 附加值较低

从行业角度看，期货公司经纪业务的竞争战略和业务结构仍维持多年以前品种单一、业务范围狭小、结构雷同的特点，基本呈现围绕期货市场交易通道做文章的态势，也造成了期货公司之间、营业部与营业部之间高度同质化竞争格局的出现。

长期以来，手续费恶性竞争一直是期货业存在的顽疾，但随着《期货交易管理条例》的颁布，以及股指期货推出预期的不断临近，期货公司亦越来越意识到提高增值服务的必要性。同时，由于期货市场在深度和广度上的拓展，期货公司也应跟随市场需求的发展，不断创造出高附加值的服务。

可以预见，在未来，配备有优秀的研究、咨询团队的公司将逐渐具备竞争优势。行业将由粗放式发展过渡到精耕细作，由于市场在深度和广度上的拓展，期货公司应该跟随市场需求的发展，不断创造出高附加价值的服务。

4. 产品差异化程度较低

核心竞争力是一个企业所具有的在本行业独树一帜的难以复制和模仿的能力，是个组织中积累性的知识和能力。它可以为企业提供进入广泛多样的市场的潜能，从而构成企业长期利润的源泉。产品差异化是产业内企业产品竞争的主要手段之一，一般情况下产品差异化程度越大，越容易形成核心竞争力。产业组织理论表明，产品差异化程度同市场集中程度正相关关系。

由于期货公司业务品种过于单一，仅仅依靠提供交易通道这一简单的盈利模式难以创造出高附加值的金融产品，因此不可避免地陷入同质化竞争格局之中。

从国际发展趋势看，金融产品创新是期货公司发展的内在动力和提高核心竞争力的有效途径。只有通过金融产品创新，才能在激烈的市场竞争中逐渐形成"独一无二"、"与众不同"和"难以模仿"的核心竞争优势。当前，期货市场正发生结构性的变化，期货公司应发挥人才优势和研发优势，积极推动金融产品的开发，力争成为金融创新主角。

与海外成熟市场相比，我国期货公司的业务创新不够，金融产品与服务的替代性很强，竞争处于低差异、低水平的层次。但从行业角度看，营业部经纪业务的竞争战略和业务结构仍维持多年以前品种单一、结构雷同的特点。由于体制和政策的限制以及缺乏创新能力，国内期货公司在金融创新方面几乎是一片空白。

创新不足主要表现为两点：第一，吸纳性创新比较多，原创性创新比较少；第二，金融创新主要是外界推动而不是由期货公司本身自发形成。近几年，我国期货公司已逐渐认识到产品创新的重要性，有些期货公司也在随着市场的变化积极开拓出新的产品和服务。

金融产品的创新前期往往需要深厚的理论研究作为基础，这就需要有一支理论素养很高、研究开发力量雄厚的研究队伍来进行业务前期开创性和前瞻性的研究工作，以便为开辟新兴的业务领域提供强大的研究支撑。目前在国内期货行业，只有极少数期货公司在产品研发上进行了投入，取得创新成果的公司则更是少之又少，这使得国内期货行业的发展始终无法真正壮大起来。研发的投入是期货公司永葆活力的保证，是期货公司各项业务深入发展的基石。为了逐步赶上国内其他金融机构的发展步伐，同时使我国期货公司真正成长为对国民经济发展有重要作用的金融机构，我国期货公司必须重视和加强研究产品创新的展开，以便为各项业务的发展提供保障。

本章小结：

1. 根据《期货交易所管理办法》，我国内地设立期货交易所，由中国证监会审批。未经批准，任何单位或者个人不得设立期货交易所或者以任何形式组织期货交易及其相关活动。期货交易所的主要职能是：提供交易场所、设施及相关服务；制定并实施交易所相关规则；设计期货合约，安排合约上市；组织和监督期货交易；监控市场风险；保证期货合约的履行；发布市场信息；监管会员的交易行为；监管制定的交割仓库。

2. 中国金融期货交易所是经国务院同意，中国证监会批准，由上海期货交易所、郑州商品交易所、大连商品交易所、上海证券交易所和深圳证券交易所共同发起设立的金融期货交易所。中国金融期货交易所于2006年9月8日在上海成立，注册资本为5亿元人民币。是我国唯一采用公司化运作的交易所。中国金融期货交易所的主要职能是：组织安排金融期货等金融衍生品上市交易、结算和交割；制定业务管理规则；实施自律管理；发布市场交易信息；提供技术、场所、设施服务；中国证监会许可的其他职能。

3. 期货公司是依照公司法和期货交易管理条例规定设立的经营期货业务的金融机构。设立期货公司，应当经国务院期货监督管理机构批准，并在公司登记机关登记注册。

4. 期货公司的职能有：在期货市场上充当交易中介，根据投资者指令买卖股指期货合约、办理结算和交割手续，起桥梁和纽带作用；对投资者账户进行管理，控制投资者交易风险，在期货市场风险控制中起核心作用；为投资者提供股指期货市场信息，进行交易咨询。

思考题：

1. 简述期货交易所的职能和作用。
2. 简述中国金融期货交易所及其职能。
3. 期货公司在期货市场中的作用有哪些？
4. 我国期货公司盈利模式主要存在哪些问题？

第八章 保险公司

学习目标：
1. 了解保险公司的概念和种类
2. 掌握保险公司主要业务流程
3. 掌握再保险公司的业务种类

第一节 保险公司简介

一、保险公司的概念

保险公司是依照我国保险法和公司法设立的经营商业保险业务的金融机构，是专门从事经营商业保险业务的企业，包括直接保险公司和再保险公司。保险公司是采用公司组织形式的保险人，经营保险业务。保险关系中的保险人，享有收取保险费、建立保险费基金的权利。同时，当保险事故发生时，有义务赔偿被保险人的经济损失。

二、保险公司的分类

（一）人寿保险公司

包括人寿保险、健康保险、伤害保险及年金保险。

（二）财产保险公司

包括火灾保险、海上保险、陆空保险、责任保险、保证保险及经主管机关核准之其他保险。

按照我国保险法规定，两者必须分开经营。所以有的保险公司成立了集团公司，下设独立核算的人寿保险公司和财产保险公司。

（三）再保险公司

它是保险公司的保险公司，对保险公司承担的风险进行分散和转嫁。

此外，目前中国大陆渐渐出现了专业的保险公司，如：健康保险公司、年金保险公司等，大体上仍旧属于人寿保险公司的范畴。

第二节　保险公司的业务流程与利润来源

一、保险公司的业务流程

（一）保险展业

保险展业是保险公司引导具有同类风险的人购买保险的行为。保险公司通过其专业人员直接招揽业务称作"直接展业"，保险公司通过保险代理人、保险经纪人展业称为"间接展业"。

（二）业务承保

保险人通过对风险进行分析，确定是否承保，确定保险费率和承保条件，最终签发保险合同的决策过程。

（三）保险理赔

保险公司在承保的保险事故发生，保险单受益人提出索赔申请后，根据保险合同的规定，对事故的原因和损失情况进行调查，并且予以赔偿的行为。

二、保险公司的利润来源

当购买保险时，保险公司财务的稳定和健康是主要应考虑的问题。保险费支出通常是为了给未来多年的损失做准备。正因为如此，保险公司的生存能力是非常重要的。近年来，许多保险公司陷入破产（比如亚洲金融危机后的日本保险业，"9·11"事件后的美国保险业等），使它们的客户失去了保障（或者依赖政府保险保障基金在事故发生时获得很少的保险金）。国外许多独立的评级机构提供保险公司的财务信息并对保险公司评定等级（如慕尼黑再保险），但是在中国，这样的公司还很少，经常要依靠中国保险监督管理委员会的公告来获取信息。

所以，保险公司在推出保险产品之前，必须进行保险精算。所谓保险精算，是指依据经济学的基本原理和知识，利用现代数学方法，对各种保险经济活动未来的财务风险进行分性、估价和管理的一门综合性的应用科学。如研究保险事故的出险规律、保险事故损失额的分布规律、保险人承担风险的平均损失及其分布规律、保险费率和责任准备金、保险公司偿付能力等保险具体问题。

具体来说，一个客户一定时期缴纳一次或数次保险费，保险公司将大量客户缴纳的保险费收集起来，一发生保险事故，保险公司就支付约定的赔款。如果自始至终保险公司的赔款支出小于保险费收入，差额就成为保险公司的"承保盈利"。

从保险公司收入保险费到保险公司支付赔款之间的时间，保险公司可以将保险基金进行投资赚取盈利。投资回报是保险公司利润的重要来源，可以这样说，对于大多数保险公司来讲，投资回报是其利润的唯一来源。例如，保险公司必须支付的赔款超出保费收入的10%，而保险公司通过投资获得的回报是保费收入的20%，那么保险公司将赚取10%的利润。但是，由于许多保险公司认为投资无风险的政府债券或者其他低风险低回报的投资项目是谨慎的选择，那么控制赔款支出比保险费收入超出的百分比低于投资收益率是非常重要的，因为这样保险公司才不会赔本。

通过承保盈利赚钱这种情况在大多数国家的保险行业是非常稀有的，在美国，财产和意外伤害保险公司的保险业务在 2003 年以前的 5 年中亏损了 1423 亿美元，但是在此期间的总利润却是 684 美亿元，就是由于有投资收益。一些保险业内人事指出保险公司不可能永远靠投资收益而不靠保险业务收入支撑下去。

在我国，人寿保险业获取利润的来源主要是一年期及一年期以下的人身意外伤害保险业务，人寿保险的总公司经常通过控制分支机构的赔付率来实现，虽然说投资收益是人寿保险业的利润来源之一，但是由于投资渠道并不十分广阔，另外金融环境，尤其是投资领域的环境并不十分规范，所以投资收益对利润的贡献不是很可观。

在中国，人寿保险业的费用主要靠长期人寿保险来实现。

在保险行业中，人寿保险公司每年都能有可观的盈利。

长期人寿保险或称储蓄人寿保险，其保险收入和偿付方式跟一般保险不同，因此，其盈利方法也有别于一般保险。在一些拥有成熟保险市场的国家中，人寿保险公司的亏损机会远比一般保险公司低。

长期保险合约的性质犹如零存整付的储蓄存款。保险公司跟客户订定的合约期可能长达 20 年，或至受保人 60 岁，甚或至 100 岁。双方拟定到期提款金额，亦即人寿保障额（保额）。客户在合约期内按期供款，亦即缴付保费。保额数目一般都大于总保费，并有回报收益。事实上，其长期平均回报率跟银行存款利率相约。为保证未来的偿付需要，保险公司早已为客户作出零存整付的存款安排，而大部分的存款都是投放于一些长期债券去。

虽然不同的投保人向保险公司订立相同的供款年期承诺，但由于每位客户跟保险公司订立合约时的年龄不同，其寿命时间有别，部分年长者较有机会未能完成供款便逝世，因此，保险公司将按较大年龄组别的客户多征收点附加费（即保费较高），以弥补未收足存款（保费）便逝去的可能。由于投保人数目庞大，死亡率较稳定，保险公司较易掌握有关数据，亦能准确及公平地计算出不同年龄的保费率。

人寿保险公司能准确掌握偿付时间，因此，较一般保险公司更能拟定足够的保费率而无须多冒风险，同时也能达致预期的盈利。

第三节　再保险公司

一、再保险公司概述

再保险公司是指专门从事再保险业务、不直接向投保人签发保单的保险公司，也就是保险公司的保险公司。保险公司为了分散风险，把一些大的承保单位再分保给另一保险公司。接受这一保单的公司就是再保险公司，一般出现在财险中比较多。我国《保险法》规定，保险公司在被核定的保险业务范围内从事保险经营活动，经金融监督管理部门核定，保险公司可以经营分出、分入保险的再保险业务。保险公司对每一危险单位，即对每一次保险事故可能造成的最大损失范围所承担的责任，不得超过其实有资本金加公积金总和的 10%，超过的部分，依法应当办理再保险。除人寿保险业务外，保险公司应当将其承保的每笔保险业务的 20%办理再保险。保险公司需要办理再保险分出业务的，应当优先向中国境内的保险公司办理。金融监督管理部门有权限制或者禁止保险公司向中国境外的保险公司办理再保险分出业务或者接受中国境外再保险分入业务。

中国再保险（集团）股份有限公司（以下简称"中再集团"）是目前我国唯一的再保险集团公司，由财政部和中央汇金投资责任有限公司发起设立，注册资本为人民币 361.5 亿元，两大股东各持 14.5%和 85.5% 的股权。中再集团源于 1949 年 10 月成立的中国人民保险公司。1996 年，在中国人民保险公司再保险部的基础上成立中保再保险有限公司，填补了新中国保险史上没有再保险公司的空白；1999 年 3 月 18 日，中国再保险公司成立，实现了向现代商业再保险公司的历史性转变；2003 年 12 月 22 日，重组为中国再保险（集团）公司；2007 年 10 月，改制为中国再保险（集团）股份有限公司，跨入专业化、集团化、国际化经营的全新时期。

中再集团在国内再保险市场占有近 80%的份额。目前，中再集团控股 6 家子公司：中国财产再保险股份有限公司、中国人寿再保险股份有限公司、中国大地财产保险股份有限公司、中再资产管理股份有限公司、中国保险报业股份有限公司、华泰保险经纪有限公司。拥有再保险、直接保险、资产管理、保险经纪、保险传媒等完整保险产业链，形成了多元化和专业化的集团经营架构与管理格局。中再集团是中国核保险共同体主席成员与管理公司、中国航天保险联合体副主席成员、亚非保险与再保险联合会执委会成员。

二、再保险公司的业务种类

（一）比例再保险

比例再保险是指以保险金额为基础来确定原保险人的自负责任和再保险人的分保责任的再保险方式。

（1）成数再保险，是指原保险人与再保险人在合同中约定保险金额的分割比率，将每一危险单位的保险金额，按照约定的比率在分出公司与分入公司之间进行分割的再保险方式。

（2）溢额再保险，是指原保险人与再保险人在合同中约定自留额和最高分入限额，将每一危险单位的保险金额超过自留额的部分分给分入公司。

（二）非比例再保险

非比例再保险是指以赔款为基础来确定再保险当事人双方责任的分保方式。

（1）超额赔款再保险，这是由原保险人与再保险人签订协议，对每一危险单位损失或者一次巨灾事故的累积责任损失，规定一个自负额，自负额以上至一定限度由再保险人负责。前者叫做险位超赔再保险，后者叫做事故超赔再保险。

（2）超额赔付率再保险，也称损失中止再保险，是指按年度赔款与保费的比率来确定自负责任和再保险责任的一种再保险方式。

本章小结：

1. 保险公司是依照我国保险法和公司法设立的经营商业保险业务的金融机构，是专门从事经营商业保险业务的企业，包括直接保险公司和再保险公司。保险公司分为：人寿保险公司、财产保险公司、再保险公司。

2. 保险公司的业务流程：保险展业是保险公司引导具有同类风险的人购买保险的行为。保险公司通过其专业人员直接招揽业务称作"直接展业"，保险公司通过保险代理人、保险经纪人展业称为"间接展业"；业务承保，保险人通过对风险进行分析，确定是否承保，确定保险费率和承保条件，最终签发保险合同的决策过程；保险理赔，保险公司在承保的保险事故发生，保险单受益人提出索赔申请后，根据保险合同的规定，对事故的原因和损失情况进行调查，并且予以赔偿的行为。

3. 再保险公司是指专门从事再保险业务、不直接向投保人签发保单的保险公司。比例再保险。其业务种类包括：比例再保险和非比例再保险。比例再保险是指以保险金额为基础来确定原保险人的自负责任和再保险人的分保责任的再保险方式。非比例再保险是指以赔款为基础来确定再保险当事人双方责任的分保方式。

思考题：

1. 保险公司有哪些分类？
2. 为什么保险公司要进行资金运作？
3. 再保险公司有哪些分类？

第九章　金融资产管理公司

学习目标：

1. 了解金融资产管理公司建立的背景
2. 掌握金融资产管理公司的职能与业务范围
3. 了解我国的四大资产管理公司

第一节　金融资产管理公司设立的背景

金融资产管理公司是经国务院决定设立的收购国有独资商业银行不良贷款，管理和处置因收购国有独资商业银行不良贷款形成的资产的国有独资非银行金融机构。金融资产管理公司以最大限度保全资产、减少损失为主要经营目标，依法独立承担民事责任。目前，中国有 4 家资产管理公司，即中国华融资产管理公司、中国长城资产管理公司、中国东方资产管理公司、中国信达资产管理公司，分别接收从中国工商银行、中国农业银行、中国银行、中国建设银行剥离出来的不良资产。中国信达资产管理公司于 1999 年 4 月成立，其他三家于 1999 年 10 月分别成立。

一、我国金融资产管理公司设立的国际背景

（一）经济和金融全球化及其引致的危机

20 世纪以来，各生产要素逐步跨越国界，在全球范围内不断自由流动，各国、各地区持续融合成一个难以分割的整体；以 IT 为中心的高新技术迅猛发展，不仅冲破了国界，而且缩小了各国和各地的距离，使世界经济越来越融为整体。但是，经济全球化是一把"双刃剑"，它在推动全球生产力大力发展、加速世界经济增长、为少数发展中国家追赶发达国家提供了难得历史机遇的同时，亦加剧了国际竞争，增加了国际风险。进入 20 世纪 90 年代以来，金融危机频繁爆发：先是在 1992 年爆发了英镑危机，然后是 1994 年 12 月爆发的墨西哥金融危机；最为严重的是 1997～1998 年东亚金融危机。此次金融危机颇具戏剧性：当 1997 年泰国政府动用外汇储备保卫泰铢的艰难战役失败而不得不让其贬值的时候，许多人甚至在地图上找不到这个偏僻小国的位置，但是，风起于青萍之末，几乎所有的经济学家都没有预测到，一场规模浩大的金融危机爆发了。金融危机如飓风一般席卷东南亚各国，然后顺势北上，在 1998 年波及刚刚加入经合组织（OECD）的韩国。这场金融危机的波及范围甚至到了南非和俄国。接着金融危机的飓风跨越大西洋，又袭击了阿根廷。

（二）危机根源：银行巨额不良资产

1997 年亚洲金融危机爆发后，经济学界对金融危机进行了多角度研究。这些研究发现，爆发金融危机的国家在危机爆发前有一些共同点：银行不良资产金额巨大。发生危机的国

家宏观和微观经济层面均比较脆弱，这些基本面的脆弱性使得危机国家经济从两方面承受压力，首先是外部压力，巨额短期外债，尤其是用于弥补经常项目赤字时，将使得经济靠持续的短期资本流入难以维系。不管由于何种原因使得资本流入减缓或逆转，经济和本币都会异常脆弱；其次是内部压力，银行监管的薄弱，导致了银行尤其是资本不充足的银行过度发放风险贷款。当风险损失发生时，银行缺乏资本以发放新贷款，有时甚至破产。借款方不能偿还贷款时，银行部门的不良贷款（NPL）就引发了银行危机。

（三）解决银行危机：金融资产管理公司产生的直接原因

为了化解银行危机，各国政府、银行和国际金融组织采取了各种措施，以解决银行体系的巨额不良资产，避免新的不良资产的产生。20 世纪 80 年代末，美国储蓄贷款机构破产，为维护金融体系的稳定，美国政府成立了重组信托公司（RTC）以解决储蓄贷款机构的不良资产，从此专门处理银行不良资产的金融资产管理公司开始出现。进入 90 年代以来，全球银行业不良资产呈现加速趋势，继美国之后，北欧四国瑞典、挪威、芬兰和丹麦也先后设立资产管理公司对其银行不良资产进行大规模的重组。随后中、东欧经济转轨国家（如波兰成立的工业发展局）和拉美国家（如墨西哥成立的 FOBAPROA 资产管理公司）以及法国等也相继采取银行不良资产重组的策略以稳定其金融体系。亚洲金融危机爆发后，东亚以及东南亚诸国也开始组建金融资产管理公司 [例如，日本的"桥"银行，韩国的资产管理局（KAMCO）、泰国的金融机构重组管理局（FRA）、印度尼西亚的银行处置机构（IBRA）和马来西亚的资产管理公司（Danaharta）]，对银行业的不良资产进行重组。因此，资产管理公司的实质是指由国家出面专门设立的以处理银行不良资产为使命的暂时性金融机构，具有特定使命的特征，以及较为宽泛业务范围的功能特征。

二、我国金融资产管理公司设立的国内背景

在亚洲金融危机中，沧海横流，似乎唯独中国经济屹然不动。确实，中国的稳定极大地遏制了金融风暴的蔓延，为亚洲经济乃至世界经济的复苏创造了契机，中国的贡献或曰牺牲赢得了各国政府以及世界银行、亚洲开发银行等国际金融组织的高度评价。然而，作为中国金融业根基的国有银行业，存在着大量不良贷款，人民银行的一项统计表明，国有商业银行不良资产总额大约为 22898 亿元，约占整个贷款 25.37%。巨额的不良资产，对银行自身的稳健与安全将产生直接损害。为了化解由此可能导致的金融风险，国家于 1999 年相继设立了 4 家金融资产管理公司，即中国华融资产管理公司、中国长城资产管理公司、中国信达资产管理公司和中国东方资产管理公司。

第二节　金融资产管理公司的职能与业务范围

一、金融资产管理公司的职能

金融资产管理公司的职能是：最大限度地保全了国有资产，减少资产损失；有效地化解了金融风险，推动了国有银行轻装上阵；促进了国有企业的改革、改制进程；优化了资源配置，维护了社会秩序。

二、金融资产管理公司的业务范围

金融资产管理公司的业务范围是：追偿债务；对所收购的不良贷款形成的资产进行租赁或者以其他形式转让、重组；债权转股权，并对企业阶段性持股；资产管理范围内公司的上市推荐及债券、股票承销；发行金融债券，向金融机构借款；财务及法律咨询，资产及项目评估；中国人民银行、中国证券监督管理委员会批准的其他业务活动。

第三节　我国四大资产管理公司

一、中国华融资产管理公司

（一）公司简介

中国华融资产管理公司于 1999 年 10 月 19 日在北京成立，是经国务院批准，具有独立法人资格的国有独资金融资产管理公司。公司注册资本 100 亿元人民币，由中国银行业监督管理委员会负责监管，涉及中国银行业监督管理委员会监管范围以外的金融业务，由中国证券监督管理委员会等相关业务主管部门监管，财政部负责财务监管。经过自成立以来多年的成功运作，业务经营范围不断扩大，由公司控股的证券、租赁等子公司已先后成立。

中国华融资产管理公司控制了 5 家子公司：华融证券股份有限公司、华融金融租赁股份有限公司、融德资产管理公司、珠海市横琴信东房产实业开发公司和华融国际信托有限责任公司。

华融证券股份有限公司由中国华融资产管理公司作为主发起人，联合中国葛洲坝集团公司共同发起设立的全国性证券公司。2007 年 9 月 3 日，中国证监会批准公司开业，9 月 19 日，公司在北京正式挂牌成立。公司注册资本金为 15.1 亿元人民币，其中中国华融资产管理公司出资 15 亿元，中国葛洲坝集团公司出资 0.1 亿元。总部设在北京，下设 21 家营业部和 8 家服务部，分别位于北京、上海、新疆、湖南、湖北、重庆、四川、天津、山西、陕西、辽宁、安徽、广东、深圳等地，可为客户提供股票发行上市、债券发行上市、并购重组、财务顾问、资产证券化、投资咨询、证券经纪等多方面服务。

华融金融租赁股份有限公司成立于 1984 年，是国内最早成立的融资租赁公司之一，原名为浙江金融租赁股份有限公司，2006 年 3 月公司完成重组，中国华融资产管理公司持股比例为 99.71%，成为公司控股股东，2007 年 9 月公司更名为华融金融租赁股份有限公司。是经中国银行业监督管理委员会批准的主营融资租赁业务的非银行金融机构，总部设在浙江省杭州市，下辖金华分公司、宁波分公司。公司注册资本 5.16 亿元，2007 年末总资产 84.73 亿元。目前业务涵盖了工业设备、城市公交、工程机械、水务环保、医疗设备、印刷设备、纺织机械租赁等领域。

融德资产管理有限公司是中国华融资产管理公司、德意志银行等国际投资公司共同组建的合资的资产管理公司，2006 年 8 月 29 日在北京正式挂牌成立。该公司是目前中国国内类似规模的第一家中外合资的从事资产收购、管理和资产处置等相关业务的资产管理公司，是国际投资者投资中国不良资产市场的创新举措，该公司融合了中国国有独资大型金融资产管理公司和国际金融机构的优势。融德资产管理有限公司的经营范围主要包括资产收购、管理和处置，资产重组，接受委托管理和处置资产的服务，以及经中国政府批准的其他业务。

珠海市横琴信东房产实业开发公司是珠海的贸易型企业，主要服务产品有：商贸、房产地开发、物业管理。珠海市横琴信东房产实业开发公司是由工商银行珠海市分行、工商银行长春市分行、工商银行郑州市分行、工商银行北京市分行、工商银行乌鲁木齐分行、工商银行昌吉州分行、山西华康信托投资公司联合组成的股份制公司。

华融国际信托有限责任公司于 2008 年 5 月 19 日在乌鲁木齐揭牌，是在中国华融资产管理公司重组新疆国际信托投资有限责任公司基础上成立的。这标志着中国华融资产管理公司成为首家进入信托行业的金融资产管理公司，这标志着中国华融资产管理公司推进商业化转型、实施金融控股公司战略迈出了新的步伐。目前，华融信托注册资本为 35032 万元，其中，中国华融资产管理公司持股 94.14%，新疆维吾尔自治区国资委、新疆恒合投资股份有限公司和新疆凯迪投资有限公司等 3 家股东合计持股 5.86%。

（二）主要业务

中国华融资产管理公司的业务范围为：收购并经营银行和金融机构的不良资产（含商业化收购）；追偿债务；对所收购的不良资产形成的资产进行租赁或者以其他形式转让、重组；债权转股权，并对企业阶段性持股资产管理范围内公司的上市推荐及债券、股票承销；发行金融债券，向金融机构借款，向中央银行申请再贷款；财务及法律咨询，资产及项目评估；接受委托代理处置不良资产；对管理范围内的实物资产追加必要的投资；中国银行业监督管理委员会、中国证券监督管理委员会批准的其他业务活动。

（三）资产处置业务运作

中国华融资产管理公司于 2000 年间政策性收购了工商银行 4077 亿元，涉及 7.2 万户企业的不良资产。2005 年 5 月，华融公司接受财政部的委托接收工商银行二次剥离损失类资产 2460 亿元。截至 2006 年年末，华融公司累计商业化收购不良资产 321.65 亿元，其中，2005 年在工商银行二次剥离可疑类资产招投标中，中得河北、青海和厦门地区资产包，涉及收购债权 225.86 亿元；华融公司 2005 年收购招商银行上海分行不良资产 4.04 亿元；2006 年收购陕西省礼泉县城市信用社不良资产 1.4 亿元；截至 2006 年，共收购工商银行宁波分行不良资产 40.14 亿元；托底承接收购原中国新技术创业投资公司资产 50.2 亿元。

华融公司对收购的不良贷款承继债权，行使债权主体权利，综合运用出售、置换、资产重组、债转股、证券化等方法对贷款及其抵押物进行处置；对债务人提供管理咨询、收购兼并、分立重组、证券承销等方面的服务，最大限度回收资产，减少损失。

2004 年年初，财政部对金融资产管理公司正式实施资产回收目标考核责任制。按照财政部统计口径，截至 2006 年年底，华融公司累计处置政策性债权资产 3203.97 亿元，回收现金 575.67 亿元，完成财政部下达债权目标考核任务的 100.12%，每回收百元现金费用为 5.43 元，保持了较低的处置成本。可疑类和损失类资产处置进展顺利。截至 2006 年年底，华融公司处置可疑类资产 47.29 亿元，回收现金 12.32 亿元。其中，厦门地区资产包以超过中标价完成处置，提前一年归还了全部再贷款本息 7.51 亿元；青海地区资产包在尚余

10 亿多元资产未处置的情况下已收回购买成本，归还了全部再贷款本息 3.21 亿元；河北地区资产包已实现部分处置回收并归还人民银行再贷款 1.6 亿元。2006 年，华融公司加快损失类资产处置工作，全年处置损失类资产回收现金 20.14 亿元，累计处置损失类资产回收现金 29.14 亿元，已提前完成财政部核定的收现目标。

为了帮助国有企业减轻债务负担，优化资产负债结构，促进国有企业转换经营机制，建立现代企业制度，实现扭亏脱困，国家推出了实施债权转股权的重大举措。截至 2006 年年末，华融公司已经组建债转股新公司 362 户，涉及华融公司转股金额 676.02 亿元。实施债转股后，华融公司即成为企业股东，依法行使和履行股东的权利和义务，可依法向境内外投资者转让持有的股权。截至 2006 年年底，华融公司已向债转股新公司派出董事、监事 4073 人次，派出人员参加债转股新公司的董事会、监事会和股东会会议 6000 多次，认真履行出资人的职责。

华融公司成立以来，积极与国内外金融同业、社会中介机构在资产管理和处置、债转股、资产评估、资产证券化和企业重组等方面开展合作，先后与 100 余家国际金融机构、战略投资者和中介机构建立了密切联系。

自 2001 年推出我国第一次不良资产处置国际招标以来，华融公司已成功推出 4 次大规模国际招标对外处置不良资产项目，与高盛、摩根斯坦利、花旗集团、瑞士银行、摩根大通、雷曼兄弟、通用公司等世界知名投资机构先后成立 8 家中外合作资产管理公司，并接受委托向其提供资产管理和处置的服务。在成功探索开创了中外合作处置不良资产模式后，2006 年，华融公司与德意志银行、美国国际集团和国际金融公司合资组建了国内首家中外合资资产管理公司——融德资产管理有限公司。引入合资资产管理公司这一新的市场主体，有利于吸引更多的增量资金参与国内不良资产处置，培育多层次、多元化的不良资产市场。

资产处置信托是华融公司成功推出的"准资产证券化"项目。其依据资产证券化和信托的基本原理，按市场化运作模式，将未来若干笔资产的处置收入集中整合成便于投资的受益权，吸纳市场资金参与资产处置。截至 2006 年，华融公司共成功推出三期资产处置信托，实现现金收入约 70 亿元。其中，2006 年华融公司推出信托项目Ⅲ实现回收现金 45 亿元。

经过有效运作，华融公司资本金实现了保值增值，截至 2006 年 12 月末，资本金累计实现收益 9.56 亿元，为拓展新业务奠定了好的基础。

二、中国长城资产管理公司

（一）公司简介

中国长城资产管理公司是经国务院批准，于 1999 年 10 月成立，具有独立法人资格的国有独资金融企业。公司注册资本金 100 亿元人民币，由财政部全额拨付，总部在北京，公司实行一级法人、授权经营的管理体制。下设 30 个办事处，拥有新疆长城金融租赁有限公司、长生人寿保险有限责任公司、上海长城投资控股（集团）有限公司、天津中小企业服务有限公司、深圳长城国盛投资担保控股有限公司、广东中长信投资管理有限公司、香港农银投资有限公司、宁夏长信资产经营有限公司 8 家子公司。经营网络辐射全国；拥有一支专业化的员工队伍，向会全面提供包括资产管理、投资银行在内的多元化金融业务服务；拥有庞大的资源，先后收购了 6000 多亿元的金融债权资产，目前金融债权资产存量达 1800 多亿元，涉及各个行业，遍布全国各大中城市。

（二）业务范围

收购并经营金融机构剥离的本外币不良资产；追偿本外币债务；对所收购本外币不良贷款形成的资产进行租赁或者以其他形式转让、重组；本外币债权转股权，并对企业阶段性持股；资产管理范围内公司的上市推荐及债券、股票承销；经相关部门批准的不良资产证券化；发行金融债券，向金融机构借款；中国银行业监督管理委员会等监管机构批准的其他业务。

（三）资产处置业务运作

1999 年国家先后成立了四家资产管理公司，分别对口接收国有银行剥离的不良资产。四家国有商业银行以及国家开发银行剥离的不良资产总额达 13939 亿元。此外，国务院还特批剥离不良资产 352 亿元，剥离额度共计 14291 亿元。

2004 年，交行、建行、中行、工行的财务重组面临第二次大规模不良资产处置，这一次处置力图引进竞争机制，带有市场化色彩。

2004 年 5 月，中行、建行将共约 1970 亿元损失类资产分别委托给东方、信达处置。2004 年 6 月，中行和建行再次剥离不良资产共 2787 亿元，均为可疑类贷款，采取封闭式招标竞价，最终，信达以约 31% 的高价夺标。

长城在两大行的剥离中无所作为，仅从信达收购了中行可疑类资产包 63 亿元。当工行的可疑类资产包开始剥离时，长城公司志在必得。

2005 年 6 月，工行在 2460 亿元损失类贷款直接交由华融处置后，将 4590 亿元可疑类贷款打成 35 个资产包，面向四家资产管理公司直接招标。

最终，长城如愿以偿成为最大的赢家，拿到了 17 个资产包，占该次拍卖资产量的 56%，中标 2570 亿元。收购资金主要来源于人民银行再贷款。根据央行要求，长城公司要按时向人民银行偿还再贷款的利息和本金。

对于工行包，长城计划 2008 年回收现金 80 亿元。但当年长城共回收净现金 59 亿元，其中工行包回收净现金 50.94 亿元，中行包回收净现金 5.05 亿元，光大银行包回收净现金 1.83 亿元。收现额不仅比计划有较大差距，同业比较也大大落后于其他公司。相比较而言，东方 2008 年各类资产处置收现 147.06 亿元，其中可疑类资产收现 102.4 亿元，商业化新业务收现 22.52 亿元。

由于未能按计划回收现金，长城也不能按计划如期偿还人民银行再贷款。从 2007 年长城开始大规模处置工行包开始，已经连续两年没有及时偿还人民银行再贷款。截至 2008 年年底，长城拖欠人民银行再贷款的本息达到 68 亿元。不得已，人民银行再贷款只能一再延期。

几年工行包处置的事实证明，此次收购的工行可疑类资产价格明显过高。由于回收的现金流还不上人民银行再贷款，工行包已经成为长城发展转型的最大障碍。

意识到中国不良资产市场资源迟早会枯竭，意欲转型的资产管理公司们开始积极寻找处置不良资产以外的新业务。由于证监会批准了资产管理公司可以做资产管理范围内的上市推荐及债券、股票承销的业务，且资产管理公司之前在处置不良资产时所做的企业重组、债转股等业务也与投资银行业务相似，投资银行最早成为资产管理公司的转型方向。

事实上，长城最早提出向投资银行转型的口号，但最终长城却成为四家资产管理公司中唯一没能拿到券商牌照的公司。

2004 年前后，券商问题频发，证监会委托资产管理公司托管风险券商，由此拉开了资产管理公司重组券商的序幕。2004 年 9 月，首先华融托管了德隆旗下的德恒证券、恒信证券和中富证券。随后，信达托管了汉唐证券、辽宁证券；东方托管闽发证券等。

此后，三家公司都依托于所托管的券商，成立了各自的证券公司，构建起转型的重要平台。

机会同样摆在长城面前，当时长城与河北证券传出合作消息。长城当时提出了以河北的不良资产包置换获得河北证券控股权的方案，这一方案已经得到了河北省政府的首肯。但由于当时资产管理公司转型方向未明，公司决策层有些犹豫不决。河北证券最终选择和其他投资者合作，长城错失良机。

2006 年，财政部向四家资产管理公司下发了金融资产管理公司改革方案，向四家公司征求意见。这一方案对资产管理公司转型后的定位为"现代金融服务企业"，并允许资产管理公司进入汽车金融公司、金融租赁公司、信托投资公司、基金管理公司等多个业务领域。这一方案虽然只是征求意见稿，但事实上为资产管理公司的新业务拓展指明了方向。在业务层面，四家资产管理公司都按照这一方案进行新业务拓展。

2006 年，长城公司专门成立了新业务拓展办公室，下面又设立了商业银行、信托、证券与基金、金融租赁四个项目组，这代表了长城公司欲进入的四个业务方向。

在银行领域，长城的目标是三峡银行；信托领域，长城的目标是百瑞信托；而证券，除河北证券，长城此后还洽购过兴业证券；金融租赁平台，长城目标则是昔日德隆旗下的新疆租赁。

最后，长城只有金融租赁取得了成功，最让人惋惜的是长城失去了控股三峡银行的机会。

2006 年，长城与重庆市政府达成重组万州商业银行的框架。长城将和重庆市政府各拿出 6 亿元现金置换出万州商行的 12 亿元不良贷款，之后万州商行将增资扩股到 20 亿元，并将总部从万州搬迁到重庆。长城从而获得三峡银行的控股权。

但到 2007 年，长城却在三峡银行重组中出局。2008 年三峡银行挂牌时，控股方为重庆国际信托股份公司。

在 2008 年未能完成当年规划的情况下，2009 年公司再一次提出了新的三年规划，将工行包处置的最后期限再延后一年到 2011 年，即 2009 ～ 2011 年回收现金目标分别为 76.6 亿元、105.7 亿元、171.7 亿元。

2008 年，长城的母体银行农行剥离了逾 8000 亿元的不良资产。血浓于水，长城有较大机会在农业银行的不良资产处置中分得一定份额。在获得新的不良资产后，长城公司将在一段时期内不用担心没有业务可以开展，从而为股改转型赢得时间，可以更为从容地发展。

在摆脱没有业务的焦虑后，长城在不良资产处置和新业务发展方面仍可以有所作为。

而目前金融牌照依然稀缺，长城公司手握的金融租赁、寿险牌照仍有较大的发展空间。

在赢得发展时间后，长城公司也可以在今后的发展中逐步进入其他金融业务领域。

三、中国信达资产管理公司

（一）公司简介

中国信达资产管理公司经国务院批准，于 1999 年 4 月 20 日在北京成立，是具有独立法人资格的国有独资金融企业，注册资本为 100 亿元人民币。经国务院批准，由财政部独家发起，中国信达资产管理股份有限公司于 2010 年 6 月 29 日在北京成立，注册资本为人民币 25 155 096 932 元，公司性质为非银行金融机构。

中国信达资产管理公司现有 29 个办事处，分布在全国 29 个中心大城市。办事处负责管辖区域内的资产处置和管理工作。中国信达资产管理公司下设信达投资有限公司、华建国际集团公司、中润经济发展有限责任公司、汇达资产托管有限责任公司、信达澳银基金管理有限公司、信达证券股份有限、幸福人寿保险股份有限公司、信达财产保险股份有限公司、信达期货有限公司、信达地产股份有限公司、信达金融租赁有限公司等直属公司。

（二）业务范围

中国信达资产管理公司的经营范围包括：收购并经营金融机构剥离的本外币不良资产；追偿本外币债务；对所收购本外币不良贷款形成的资产进行租赁或者以其他形式转让、重组；本外币债权转股权，并对企业阶段性持股；资产管理范围内公司的上市推荐及债券、股票承销；经相关部门批准的不良资产证券化；发行金融债券，向金融机构借款；中国银行业监督管理委员会等监管机构批准的其他业务。

（三）资产处置业务运作

1. 资产收购

信达公司自 1999 年成立以来，多次参与收购国家开发银行、中国建设银行、中国银行、中国工商银行、交通银行、光大银行、上海浦东发展银行、上海银行等机构的不良贷款。截至 2008 年年末，累计接收和收购不良资产 10542 亿元，占收购市场的 31%。作为财务重组的重要措施，收购不良资产为国有银行提高资产质量和改制上市创造了条件。

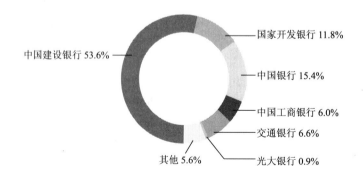

图 9-1　信达收购资产

2. 资产处置

截至 2008 年年末，信达公司累计处置不良资产 7642 亿元，回收现金 2036 亿元（见图 9-2），人均回收现金超过 1 亿元，资产回收率达到 27%。同期，信达公司累计支出费用 67 亿元，占回收现金的 3.3%。信达公司发挥专业化优势，以低于市场平均水平的处置成本回收不良资产，处置效率同业领先。

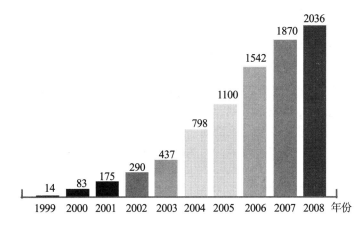

图 9-2　信达公司现金回收情况（亿元）

3. 债转股

截至 2008 年年末，信达公司先后对 358 户国有企业实施债转股，转股 1336 亿元。涉及石油，化工，煤炭，冶金，钢铁，建材，交通运输，电力，汽车、船舶制造，机械电子等 34 个基础行业。

目前，其中的中国石化、中海油、中国铝业、中化集团、中冶集团、宝钢、上汽集团、国家电网等企业集团，已经进入世界 500 强行列。

债转股支持了国有企业体制改革和国民经济结构调整。

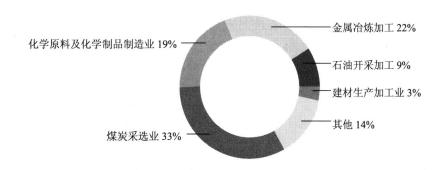

图 9-3　信达公司债转股行业分布

4．托管、并购、创立

信达公司自成立以来，接受中央和地方政府委托，先后对中农信、大连信托、中经开、汉唐证券、辽宁证券、华夏证券、北京证券、京华信托等金融机构进行托管清算。

信达公司在托管清算中，通过机构重组和收购兼并，成立了信达证券、信达澳银基金、幸福人寿、信达资本、信达期货、信达国际（香港联交所上市），逐步形成业务多元化的金融集团架构。

5．资产重组与上市

信达公司在处置不良资产中，充分发掘资产价值，运用多种手段推动企业重组、改制、上市。主要项目包括：引入境外战略投资者，重组蚌埠热电、重庆水泥；通过资本运作，重组 PT 郑百文，并推荐恢复上市；通过债转股和重组，实现新疆啤酒花、中材股份 H 股上市；参与甘肃酒钢宏兴上市发行承销；担任延边石岘纸业重组上市的主承销商；担任山西国阳新能、陕西建设机械上市副主承销商；担任建行 A 股 IPO 发行联席保荐人（主承销商）；以战略投资者、主承销商等六种身份，完成连云港项目上市。

四、中国东方资产管理公司

（一）公司简介

经国务院及中国人民银行批准，中国东方资产管理公司于 1999 年 10 月在北京成立，是具有独立法人资格的国有独资金融企业。公司注册资本 100 亿元人民币，由财政部全额拨入。

公司目前由主营收购、管理和处置金融机构不良资产，向经营不良资产和发展其他金融服务并重过渡。公司在全国 26 个中心城市设有 25 家办事处和 1 家经营部，负责所辖区域的资产管理、经营、处置等工作。公司拥有东银发展（控股）有限公司、上海东兴投资控股发展公司、邦信资产管理有限公司、东方酒店控股有限公司四家直属公司，以及东兴证券股份有限公司、中国外贸金融租赁有限公司、东方金诚国际信用评估有限公司等其他金融服务平台。

公司自成立以来，始终以最大限度保全国有资产、防范和化解金融风险，促进国企改革为使命，在不良资产管理与处置、债权转股权和风险金融机构托管方面发挥了积极作用。通过接收和商业化收购不良贷款，有力地支持了中行、建行和工行的改制工作；通过债权转股权，为数百户国有企业减轻了财务负担，促进了国有企业的扭亏增盈；通过债权处置，圆满完成了历年国家下达的收现指标，百元收现成本低于财政部核定的指标，较好地实现了回收最大化和成本最小化。

截至 2008 年 6 月末，公司累计接收银行不良资产 6751.46 亿元（含新收购部分 52.38 亿元），其中政策性接收中行不良资产 2773.13 亿元，商业化收购建行可疑类贷款 1289.02 亿元、工行可疑类贷款 1212.93 亿元，收购其他商业银行不良资产 52.38 亿元，受托处置中行损失类贷款 1424 亿元。截至 2008 年 6 月末，累计处置各类不良资产 3537.09 亿元，回收现金 910.54 亿元，其中工行和建行可疑类资产已收现 425.28 亿元。政策性资产收现在 2006 年完成国家下达的承包任务后，现已超收 70.05 亿元；政策性债转股股权退出回收率为同业最高。

公司按照主管、监管部门的要求，正在积极探索改革发展和商业化转型的道路，大力倡导业务创新，商业化收购、委托业务和追加投资等商业化新业务进展良好，成效显著，陆续进入了新的金融服务领域。该公司绝对控股的东兴证券获得证监会开业批复，正式开始运营；中国外贸金融租赁公司重组改制方案获得银监会批准，东方资产公司正式成为该公司的并列第一大股东；公司旗下的东方金诚正式更名，新张营业；参与发起设立的百年人寿获财政部、银监会、保监会批准筹备。受国家主管部门的委托，对庆泰信托、泛亚信托和中科信托等高风险金融机构的托管工作进展顺利。

（二）业务范围

1．不良资产业务

（1）商业化收购：根据市场原则购买出让方的资产，并对所收购的资产进行管理和处置，最终实现回收。

（2）追加投资：以提升资产处置回收价值为目的，运用现金资本金对管理的政策性和商业化收购不良贷款的抵债实物资产追加必要投资，最终实现现金回收的投资行为。

（3）债转股：通过法律程序，将债权转为股权，获得股东权利和股权增值收益。

（4）债务追偿：向债务人（企业）追讨债务。

（5）资产转让/出售：向特定主体转让所持股权、抵债实物资产、债权类资产等。

（6）以物抵债：债务人、担保人或第三人以拥有的实物资产抵偿所欠债务。

（7）债务重组：为促进债务人、担保人按时还款而对原借款合同进行变更，如变更还款期限、改变还款方式、减免原债务的部分本金、利息等。

（8）资产置换：为便于管理和处置，将所持的股权、抵债资产或其他资产，按照对价与其他主体合法持有的资产进行互换。

（9）资产拍卖：通过竞价拍卖处置持有的股权、抵债资产或其他资产。

（10）资产租赁：通过租赁手段，在一定期限内让渡所持资产的使用权。

（11）资产托管：为确保资产的保值增值，将所持的资产委托给特定组织进行管理。

（12）破产清算：对于资不抵债且拒不还款的债务人、担保人，根据国家有关法律法规规定申请其破产清算，并以清算资产抵偿其所欠债务。

2．其他金融业务

（1）资产证券化：以公司持有的资产为抵押，通过资本市场发行证券实现资产变现目的。

（2）分层信托：以资产包为基础设立信托产品，按不同信用等级进行定向发售。

（3）上市辅导：对资产管理范围内的企业进行改制和上市辅导。

（4）证券承销：在资产管理范围内推荐企业上市和股票、债券承销等。

（5）财务顾问：为企业提供投融资、项目融资、并购、资产重组、债务管理、改制上市、债券及票据发行、管理咨询、研究分析和培训服务等顾问服务。

（6）法律顾问：提供法律咨询、起草审查修改法律文书、法律分析论证、员工法律知识培训、发送律师函等非诉讼法律事务。

（7）尽职调查服务：为境内外投资者收购不良资产提供专业尽职调查服务。

（8）代理业务：受托管理和处置风险机构及不良资产，代理不良资产收购。受财政部委托，处置中行损失类不良贷款。

（9）风险金融机构托管：受国家监管部门的委托，对高风险金融机构实施托管、清算。

（三）资产处置业务运作

2000 年 6 月底，公司顺利完成中国银行 2674 亿元政策性不良资产接收工作。

2004 年 11 月 29 日，公司从中国信达资产管理公司收购原中国建设银行 1289 亿元可疑类资产。

2005 年 6 月 25 日，公司收购原中国工商银行深圳、云南等 10 个资产包 1212 亿元可疑类资产。

在过去的 10 年中，公司努力经营、励精图治。从成立初期资产规模不到 3000 亿元、基本上单一处置不良资产的金融机构，发展到今天成为累计管理资产规模 6800 余亿元，存量资产 3000 亿元，拥有证券、期货、租赁、信用评级等多个金融平台的国内不良资产管理处置行业的主力军。

截止到 2009 年 12 月 31 日，东方公司各类不良资产累计总收现 1131 亿元。其中，收购的建行可疑类资产累计收现 363 亿元；工行可疑类资产收现 219 亿元；政策性资产累计收现 483 亿元；损失类资产收现 17 亿元；商业化收购资产累计收现 49 亿元。

2009 年当年收现 123.6 亿元。其中，建行可疑类资产收现 50 亿元；工行可疑类资产收现 41 亿元；政策性资产收现 7 亿元；损失类资产收现 1.6 亿元；商业化收购资产收现 24 亿元。

本章小结：

1. 金融资产管理公司是经国务院决定设立的收购国有独资商业银行不良贷款，管理和处置因收购国有独资商业银行不良贷款形成的资产的国有独资非银行金融机构。金融资产管理公司以最大限度保全资产、减少损失为主要经营目标，依法独立承担民事责任。

2. 金融资产管理公司的职能是：最大限度地保全了国有资产，减少资产损失；有效地化解了金融风险，推动了国有银行轻装上阵；促进了国有企业的改革、改制进程；优化了资源配置，维护了社会秩序。金融资产管理公司的业务范围是：追偿债务；对所收购的不良贷款形成的资产进行租赁或者以其他形式转让、重组；债权转股权，并对企业阶段性持股；资产管理范围内公司的上市推荐及债券、股票承销；发行金融债券，向金融机构借款；财务及法律咨询，资产及项目评估；中国人民银行、中国证券监督管理委员会批准的其他业务活动。

3. 目前，我国有 4 家资产管理公司，即中国华融资产管理公司、中国长城资产管理公司、中国东方资产管理公司、中国信达资产管理公司，分别接收从中国工商银行、中国农业银行、中国银行、中国建设银行剥离出来的不良资产。

思考题：

1. 金融资产管理公司的基本业务有哪些？

2. 4 家资产管理公司的资产处置业务运作方式是怎样的？

第十章 信托投资公司

学习目标：

1. 了解信托投资公司的业务范围
2. 了解信托投资公司的种类
3. 了解我国信托投资公司的发展状况

第一节 信托投资公司简介与业务范围

一、信托投资公司简介

信托投资公司是一种以受托人的身份，代人理财的金融机构。它与银行信贷、保险并称为现代金融业的三大支柱。法定上讲，在我国是指依照《中华人民共和国公司法》和根据《信托投资公司管理办法》规定设立的主要经营信托业务的金融机构。设立信托投资公司，必须经金融主管部门批准，并领取《信托机构法人许可证》；未经金融主管部门批准，任何单位和个人不得经营信托业务，任何经营单位不得在其名称中使用"信托投资"字样。信托投资公司市场准入条件较严，注册资本不得低于人民币 3 亿元，并且其设立、变更、终止的审批程序都必须按照金融主管部门的规定执行。

1979 年 10 月，以中国国际信托投资公司的成立为标志，揭开了新中国金融信托业发展的序幕。回顾我国金融信托业的发展历史，主要表现为信托投资公司从起步、繁荣到衰败的痛苦历程。造成这一局面的原因可追溯至我国实施对外开放政策之初，当时全国金融体尚未健全，信托投资公司作为专业银行的有效补充，担当了为地方政府招商引资和经济建设融通资金的重任，为我国特定时期的经济发展做出了不可忽视的贡献，由此创造了我国金融信托业的衍生与繁荣；然而正是因为信托机构是国家缺乏融资渠道的情况下产生的"第二财政"这一定位不清的背景，国家先后对其实施了五次清理整顿，在前四次信托整顿期间从未对信托业的定位作出全面系统的规范，时至今日，大多数信托投资机构已基本陷入了资金匮乏、业务停滞的衰败困境。2001 年以后，随着《信托投资公司管理办法》、《中华人民共和国信托法》的相继颁布施行，第一次确立了信托制度在中国的法律地位，同时也第一次从法律基础上对信托投资机构的业务范围有了一个较为明确的定位。据悉，目前国务院法制办还在组织有关部门拟定《信托机构管理条例》，进一步对信托机构从事信托活动的事项做出更加具体的规定。

二、信托投资公司的业务范围

根据我国有关法规，我国信托投资公司的业务范围是：受托经营资金信托业务，即委托人将自己合法拥有的资金，委托信托投资公司按照约定的条件和目的，进行管理、运用和处分；受托经营动产、不动产及其他财产的信托业务，即委托人将自己的动产、不动产以及知识产权等财产、财产权，委托信托投资公司按照约定的条件和目的，进行管理、运用和处分；受托经营法律、行政法规允许从事的投资基金业务，作为投资基金或者基金管理公司的发起人从事投资基金业务；经营企业资产的重组、购并及项目融资、公司理财、财务顾问等中介业务；受托经营国务院有关部门批准的国债、政策性银行债券、企业债券等债券的承销业务；代理财产的管理、运用和处分；代保管业务；信用见证、资信调查及经济咨询业务；以固有财产为他人提供担保；受托经营公益信托；中国人民银行批准的其他业务。

第二节　信托投资公司的种类

一、起步期信托投资公司

起步期信托投资公司是指信托业务刚刚起步，业务经验积累不足，资产规模较小，信托产品品种不多的信托投资公司。这类信托投资公司在业务开展上一般采用模仿战略。信托投资公司自己设计信托产品一般要经过市场调研、项目寻找、合作谈判、品种设计、财务预算、销售分析等一系列环节的系统工作，耗费巨大人力、物力和财力。处于起步期的信托投资公司一般采取模仿其他相对成熟产品的做法，信托产品多为集合资金信托，投资领域也多集中在股东和原来固定客户方向。这类公司在模仿中逐渐积累业务经验，挖掘自身优势，培养核心竞争力，形成在某一行业、某一领域的业务优势。

二、成长期信托投资公司

这个时期的信托投资公司经过一段时间的发展，积累一定经营经验，有一定客户基础，拥有中等的资产规模，业务模式不断成熟，逐渐形成具有竞争力的优势业务领域。成长期的信托投资公司一般积极探索信托业务创新，能够根据自身优势寻找优质项目资源，设计盈利能力显著的信托产品，而且这类信托投资公司一般注重市场形象，在市场中频频亮相，具有很强的发展前景。信托业务品种不仅限于集合资金信托，尝试涉足其他相关熟悉领域的投资等业务。成长期信托投资公司多采用增加资产规模、扩大股东范围以及与其他金融机构结成战略联盟的方式壮大自身势力，寻求多方面的支持。

三、成熟期信托投资公司

成熟期的信托投资公司其业务经验丰富，资产规模雄厚，经营效益好，并在某一行业或领域形成自己的优势产品，有自己的核心盈利模式，具有很强的竞争实力。成熟期信托投资公司能为客户提供富有特色的金融产品和服务，立足于为客户提供个性化，具有稳定而忠诚的客户群。广泛寻求金融机构间的战略合作，优势互补，配置最佳的发展规模。

在产品创新方面有实质性的突破，在行业内部产生重大影响，信托产品收益稳定且良好。注重市场研究，根据自身优势和地区经济发展特征，开发收益性良好的信托产品，特别是在某一专门领域有独特的信托产品，在市场上有立良好信誉。成熟期信托投资公司在稳定原有业务的基础上，一般积极涉足更多的投资领域，特别是在资产管理业务领域进行大胆探索。有的公司还积极筹备公司上市，或者寻求与国际著名金融机构的战略合作，谋求更大发展。

四、高峰期信托公司

高峰期信托投资公司是指在信托市场中占据主导地位，被公认为市场领袖，占有极大的市场份额，业务领域全面，资金实力和业务能力均很突出。它们在市场上从多个方面表现出资产规模最大、经营品种最多、信托产品创新迅速以及业务范围广泛等特点。这类信托投资公司采取的经营战略包括：

（1）多样化战略。信托产品覆盖面广，业务门类齐全，把信托投资公司办成一个金融超市。

（2）规模战略。这类信托公司控制着相大的市场份额，可以从技术、人员、信息及市场营销等诸多方面实现规模经济，从而享有低成本优势。

（3）集团化战略。在信托规模和业务品种均达到一定水平后，整合自身资源，扩大自身实力，使信托投资公司真正成为全能银行。

（4）国际化战略。广泛拓展国内业务外，吸引战略投资者，积极到海外设立代表处或分支机构，大力开展国外业务，扩大经营地域和范围，从而实行全球化的国际营销战略。

第三节 我国信托投资公司的发展状况

我国信托业自 1979 年恢复至今已有 30 多年的发展历史。由于立法滞后、功能错位，信托公司一度沦落为银行规避信贷规模管制的通道，一些部委及地方政府进行固定资产和基本建设投资的"钱袋子"，多次受到清理整顿。直到 2001 年《信托法》的颁布奠定了我国信托业发展的法律基础，信托公司业务才得以回归本源。2007 年，中国银监会颁布实施新的《信托公司管理办法》和《信托公司集合资金信托计划管理办法》（简称"新办法"），明确了信托公司作为财富管理机构的功能定位，为信托业实现彻底改造和科学发展奠定了制度基础。

（一）我国信托业发展有利方面

过去三年来，我国信托业呈现出快速发展的良好局面，行业实力和功能作用不断提高。

第一，信托公司资本实力不断增强，行业不断扩容。2007 年，新办法实施以后，信托公司的功能地位和市场价值逐渐被市场关注，一大批中央企业、境外知名金融机构纷纷投资入股信托公司，信托公司资本实力和风险抵抗能力大大增强。截至 2010 年三季度，信托业实收资本合计 657.22 亿元，净资产合计 1142.2 亿元，固有资产合计 1314.25 亿元。此外，一批历史遗留问题的信托公司陆续完成重组，重新进入信托市场。目前正常经营的信托公司数量已经达到 60 多家，未来有望达到 70 家左右，行业规模不断扩张。

第二，信托资产高速增长，行业盈利能力突出。近几年，信托公司管理的信托财产规模不断增加，2007 年底为 9621 亿元，2008 年为 12365 亿元，2009 年为 20405 亿元，2010

年三季度达 30103.71 亿元，突破 3 万亿元大关，超过基金公司基金资产规模。与 2004 年 2102 亿元相比，信托资产规模在不到 6 年的时间里增长近 15 倍。

第三，信托公司盈利水平显著提升。2007 年以来，信托行业整体保持盈利，收入和利润水平连续增长，股东回报率和人均创利水平在金融同业中处于较高水平。2009 年，信托行业实现经营收入 333.47 亿元，净利润 152.20 亿元，行业人均利润 273 万元，在金融业中处于较高水平。

第四，信托金融创新优势明显，信托产品在理财市场占据重要地位。2005 年开始的信贷资产证券化试点最终选择了信托模式，信托公司作为受托人发挥了重要作用。随着理财需求的不断旺盛，信托公司通过发挥信托功能优势，设计推出了类型丰富的信托品种，为具有风险意识和投资意识的合格投资者提供了灵活多样的信托理财服务。与基金、银行、保险、证券等其他金融机构提供的理财产品相比，信托产品的收益率明显高于银行、保险的理财产品，优势十分明显。2009 年，信托理财产品平均收益率达 6.33%，高于同期银行理财产品的收益水平。

第五，信托融资服务功能突出，在支持经济发展中起到了积极作用。在行业恢复初期，信托公司就通过海外市场发行债券等方式，为国内经济建设筹集资金，引进先进设备和进行国家、地方重点项目建设。近年来，信托公司积极落实国家宏观经济政策，依托各自股东背景优势，引导社会资金投向国家大中型骨干企业和中小企业、"三农"、低碳经济、基础设施建设等重要领域，在促进实体经济发展中起到了重要作用。截至 2010 年三季度，信托财产中运用于基础产业的规模达 10012.30 亿元，占总体规模的 35.5%。

（二）我国信托业发展不利方面

总体来看，我国信托业发展势头良好，但仍面临严峻挑战，行业发展基础仍然薄弱。

主要表现在：一是缺乏专属业务领域，尽管信托公司具有横跨多市场的综合经营优势，但在不同市场都受到主力军的挤压，只能在夹缝中求生存。在分业监管体制下，信托公司受到其他金融监管部门的不平等对待，如信托证券账户设立、信托 PE 上市、参与保险资金的受托管理等。二是信托公司业务基础比较薄弱，多数机构仍以融资服务业务为主，自主资产管理和创新能力不足，信托产品层次较低，未形成可持续发展的稳定盈利模式。三是由于缺乏信托产品交易流通机制，现有信托产品呈现出规模小、期限短的结构性缺陷，严重制约了信托在发挥中长期融资功能，优化我国融资结构中的作用。四是行业缺乏必要的风险保护和缓冲机制，信托产品刚性兑付，风险"零容忍"的特点比其他金融机构更为严格，而且单一机构爆发风险对行业整体影响极大。五是信托财产登记、税收等行业配套发展制度建设滞后，直接制约着信托业展业空间。

本章小结：

1. 根据我国有关法规，我国信托投资公司的业务范围是：受托经营资金信托业务，即委托人将自己合法拥有的资金，委托信托投资公司按照约定的条件和目的，进行管理、运用和处分；受托经营动产、不动产及其他财产的信托业务，即委托人将自己的动产、不动产以及知识产权等财产、财产权，委托信托投资公司按照约定的条件和目的，进行管理、运用和处分；受托经营法律、行政法规允许从事的投资基金业务，作为投资基金或者基金管理公司的发起人从事投资基金业务；经营企业资产的重组、购并及项目融资、公司理财、财务顾问等中介业务；受托经营国务院有关部门批准的国债、政策性银行债券、企业债券等债券的承销业务；代理财产的管理、运用和处分；代保管业务；信用见证、资信调查及经济咨询业务；以固有财产为他人提供担保；受托经营公益信托；中国人民银行批准的其他业务。

2. 信托投资公司包括：起步期信托投资公司、成长期信托投资公司、成熟期信托投资公司、高峰期信托投资公司四种。

思考题：

1. 如何理解信托投资公司在金融体系中的独特职能？
2. 简述我国信托投资公司的发展状况。

第十一章 财务公司

学习目标：
1. 了解财务公司的业务范围
2. 了解财务公司的类型
3. 了解我国财务公司的发展状况

第一节 财务公司简介与业务范围

一、财务公司简介

财务公司又称金融公司，是为企业技术改造、新产品开发及产品销售提供金融服务，以中长期金融业务为主的非银行机构。各国的名称不同，业务内容也有差异，但多数是商业银行的附属机构，主要吸收存款。中国的财务公司不是商业银行的附属机构，是隶属于大型集团的非银行金融机构。中国的财务公司都是由企业集团内部集资组建的，其宗旨和任务是为本企业集团内部各企业筹资和融通资金，促进其技术改造和技术进步。

二、财务公司的业务范围

经中国人民银行批准，中国财务公司可从事下列部分或全部业务：吸收成员单位3个月以上定期存款；发行财务公司债券；同业拆借；对成员单位办理贷款及融资租赁；办理集团成员单位产品的消费信贷、买方信贷及融资租赁；办理成员单位商业汇票的承兑及贴现；办理成员单位的委托贷款及委托投资；有价证券、金融机构股权及成员单位股权投资；承销成员单位的企业债券；对成员单位办理财务顾问、信用鉴证及其他咨询代理业务；对成员单位提供担保；境外外汇借款；经中国人民银行批准的其他业务。

在服务对象上，由于中国财务公司都是企业附属财务公司，因此中国财务公司一般都是以母公司、股东单位为服务重点，但同时也为其他企业和个人提供金融服务。

第二节 我国财务公司的类型与发展状况

一、财务公司的类型

财务公司在我国分为两类，一是非金融机构类型的财务公司，是传统遗留问题；一是金融机构类型的财务公司，正确的称谓是企业集团财务公司。

中国的财务公司都是由企业集团内部集资组建的，其宗旨和任务是为本企业集团内部各企业筹资和融通资金，促进其技术改造和技术进步。企业集团财务公司是中国企业体制改革和金融体制改革的产物。国家为了增强国有大中型企业的活力，盘活企业内部资金，增强企业集团的融资能力，支持企业集团的发展，促进产业结构和产品结构的调整，以及探索具有中国特色的产业资本与金融资本相结合的道路，于 1987 年批准成立了中国第一家企业集团财务公司，即东风汽车工业集团财务公司。此后，根据国务院 1991 年 71 号文件的决定，一些大型企业集团也相继建立了财务公司。

二、我国财务公司的发展状况

财务公司是我国经济体制和金融体制改革的产物，是我国金融体系中带有中国特色的一类非银行金融机构，设立财务公司是 20 世纪 80 年代国家实施"大公司、大集团"战略的配套政策之一。1987 年 5 月 7 日，中国人民银行批准成立了我国第一家企业集团财务公司——东风汽车工业财务公司，揭开了有中国特色产业资本和金融资本融合的探索道路。从此，大型企业集团开始运用自己的金融机构融通企业内部资金，提高企业的资金使用效率和效益。财务公司不仅使企业集团的内部资金使用更加高效、管理更加安全，而且通过金融服务为企业集团创造了巨大的经济利益，促进了企业集团的发展。

中国银行业监督管理委员会 2004 年 8 月 3 日公布新的《企业集团财务公司管理办法》，并将从 9 月 1 日起实施，大幅降低了财务公司设立的资产额、收入额标准。申请设立财务公司的企业集团应当具备九项条件：符合国家产业政策；申请前一年母公司注册资本金不低于 8 亿元；申请前一年按规定并表核算的成员单位资产总额不低于 50 亿元，净资产率不低于 30%；申请前连续两年按规定并表核算的成员单位营业收入总额每年不低于 40 亿元，税前利润总额每年不低于 2 亿元；现金流量稳定并具有较大规模；母公司成立 2 年以上并且具有企业集团内部财务管理和资金管理经验；母公司具有健全的公司法人治理结构，未发生违法违规行为，近 3 年无不良诚信记录；母公司拥有核心主业；母公司无不当关联交易。符合一定条件的财务公司设立分支机构；允许外国投资者在我国境内独资设立的从事直接投资的公司设立财务公司，并可为所投资的企业提供财务支持。

随着企业集团的壮大和金融业的发展，财务公司行业不断壮大。截至 2008 年年底，能源电力、航天航空、石油化工、钢铁冶金、机械制造等关系国计民生的基础产业和各个重要领域的大型企业集团几乎都拥有了自己的财务公司。按照国务院国资委划分的 25 类行业，有 13 个行业已成立财务公司，在成立财务公司的企业集团中，有 90%是国有企业。全国有 83 家正常经营的财务公司（根据财务公司协会资料，至 2011 年中期我国共有 102 家财务公司，其中有四家外资财务公司）。资产总额 9752 亿元（不包括委托资产 3722 亿元），负债总额 8566 亿元，所有者权益 1186 亿元。83 家正常经营财务公司全部实现盈利，实现利润共计 214 亿元，不良资产率 0.62%，有 42 家财务公司不良资产为 0。资本充足率均超过 10%的规定标准，显示了较强的抗风险能力。

本章小结：

1. 财务公司又称金融公司，是为企业技术改造、新产品开发及产品销售提供金融服务，以中长期金融业务为主的非银行机构。中国的财务公司都是由企业集团内部集资组建的，其宗旨和任务是为本企业集团内部各企业筹资和融通资金，促进其技术改造和技术进步。

2. 经中国人民银行批准，中国财务公司可从事下列部分或全部业务：吸收成员单位 3 个月以上定期存款；发行财务公司债券；同业拆借；对成员单位办理贷款及融资租赁；办理集团成员单位产品的消费信贷、买方信贷及融资租赁；办理成员单位商业汇票的承兑及贴现；办理成员单位的委托贷款及委托投资；有价证券、金融机构股权及成员单位股权投资；承销成员单位的企业债券；对成员单位办理财务顾问、信用鉴证及其他咨询代理业务；对成员单位提供担保；境外外汇借款；经中国人民银行批准的其他业务。

3. 财务公司在我国分为两类，一是非金融机构类型的财务公司，是传统遗留问题；一是金融机构类型的财务公司，正确的称谓是企业集团财务公司。

思考题：

1. 简述财务公司的业务范围。
2. 如何理解我国财务公司的发展状况？

第十二章 信用合作机构

学习目标：

1. 了解信用合作机构及其特征
2. 了解我国信用合作机构的分类
3. 了解我国信用合作机构的改革与发展情况

第一节 信用合作机构简介与特征

一、信用合作机构简介

信用合作机构也称信用合作组织、信用合作社，简称信用社，是指由个人集资联合组成、以互助为主要宗旨的合作金融组织。其基本的经营目标是以简便的手续和较低的利率，向社员提供信贷服务，帮助经济力量薄弱的个人解决资金困难，以免遭高利贷盘剥。

现代信用合作社的原则是：一是入社和退社实行自愿原则；二是每个社员都应提供一定限额的股金并承担相应的责任；三是实行民主管理，社员具有平等的权利，每位社员只有一票投票权；四是信用合作社的盈利主要用来增进社员福利。制定这些原则的意义在于保证了信用合作社不会成为被少数人所控制、为少数人谋取利益的企业，并使其与股份银行区别开来。它是劳动人民或居民联合起来经营信贷业务的组织，通过储蓄、借贷调剂资金，解决社员生活和生产上的困难。

我国的信用合作机构分为农村信用合作社和城市信用合作社两类。

我国的农村信用合作社起步很早。早在1923年，中国第一家农村信用合作社就在河北香河成立。20世纪50年代初，农村信用合作社各项业务迅速发展。但随后的20多年中，农村信用合作社走上了官办的道路，给农村信用合作事业的健康发展造成了不良影响。中共十一届三中全会后，农村信用合作社的改革发展进入了一个新的时期。1984年8月，国务院批转中国农业银行关于改革农村信用合作社管理体制的报告。此后十几年，农村信用社在中国农业银行的领导下，按照合作金融的方向进行了改革。1996年，根据《国务院关于农村金融体制改革的决定》，全国农村信用合作社与中国农业银行脱离行政隶属关系（俗称"脱钩"），农村信用合作社的业务管理和金融监管分别由县联社和中国人民银行承担。脱钩以后，中国人民银行制定并颁发了《农村信用合作社管理规定》等一系列规章制度，规范了农村信用社的经营行为，强化了金融监管责任制，有效防范和化解了局部地区出现的农村信用合作社支付风险。同时，通过发放支农再贷款等措施，支持、帮助农村信用社发展业务，改善经营状况，改进支农服务。

现在的农村信用合作社是指经中国人民银行批准设立、由社员入股组成、实行民主管理、主要为社员提供金融服务的农村合作金融机构。农村信用社是独立的企业法人，以其全部资产对农村信用社的债务承担责任，依法享有民事权利。其财产、合法权益和依法开展的业务活动受国家法律保护。农村信用合作社是银行类金融机构，和银行一样可以吸收存款为主要负债，以发放贷款为主要资产，以办理转账结算为主要中间业务，直接参与存款货币的创造过程。

城市信用合作社是我国经济和金融体制改革的产物，是我国金融机构体系的一个组成部分。城市信用合作社是在改革开放后出现的。城市信用合作社是中国城市居民集资建立的合作金融组织。其宗旨是通过信贷活动为城市集体企业、个体工商业户以及城市居民提供资金服务。城市信用合作社实行独立核算、自主经营、自负盈亏、民主管理的经营原则，盈利归集体所有，并按股分红。主要经营业务是：面向城市集体企业、个体工商业户以及城市居民聚集资金，为其开办存款、贷款、汇兑、信息和咨询，代办保险和其他结算、代理、代办业务，支持生产和流通，促进城市集体企业和个体工商户经济的发展，搞活城市经济。城市信用合作社（包括城市信用合作社市联社）的民主管理形式，是社员代表大会制度。社员代表大会由全体社员选举代表参加，是城市信用合作社的最高权力机构。其职权是制定或修改社章程，选举理事会、监事会成员，审议通过聘用由理事会推荐的社主任，遵循中央银行的宏观决策，确定一定时期的资金投向，讨论制订社年度计划和财务计划等。社员代表大会原则上每年召开一次。日常业务和工作实行理事会领导下的主任负责制。城市信用合作社接受中国人民银行的领导、管理、协调、监督和稽核，按时向当地人民银行下属机构报送信贷现金计划及其执行情况、会计、统计报表和财务报告；在当地人民银行开立账户，按规定缴存准备金，并实行资金负债比例管理；对于从城市集体企业、个体工商业户和城市居民中吸收的股金，可以继续转让但不得退股。

国家自 1994 年起对城市信用合作社、1996 年起对农村信用合作社进行改组合并，目前已形成了一定规模的城市商业银行和农村商业银行。城市信用社现存不多，农村信用社还遍布各地，发展方向都是向现代商业银行转型。

二、信用合作机构的特征

合作制与股份制是两种不同的产权组织形式，信用合作机构的特征也是相对股份制而言：

第一，信用合作机构的入股方式为自下而上参股，上一级机构由下一级机构入股组成，并被下一级机构所拥有，基层社员是最终所有者。而股份公司一般自上而下控股，下级为上级所拥有。

第二，信用合作机构的经营目标是为社员服务。而股份制企业以利润最大化为目标，股东入股的目的是寻求利润分红。

第三，信用合作机构管理方式是实行"一人一票"，社员不论入股多少，具有同等权力。而股份制实行"一股一票"，大股控权。

第四，信用合作机构的分配方式是合作组织盈利主要用作积累，积累归社员集体所有。而股份制企业利润主要用于分红，积累要量化到每一股份。

第二节　我国信用合作机构的分类

信用合作机构一般可分为农村信用合作社和城市信用合作社两大类。这两类合作社，因为社员的职业、经济与社会环境的不同，因此合作社的构成、业务经营、都有很大差别。

一、农村信用合作社

一般是以农民为社员，以农村为业务区域，并且是以融通农业所需资金为主的信用合作社。

二、城市信用合作社

城市信用合作社是指以城市为其业务区域的信用合作组织。

城市信用合作社的成立一般是基于社员的需要而成立的。其组织的机关分为三种：一是社员大会，属权力机关；二是理事会，属执行机关；三是监事会，属监察机关。城市信用合作社联合社则是基于使每个信用社的规模能充分发扬合作精神为标准，以联合组织的范围，能充分发挥经济效用为原则而设立。

第三节　我国信用合作机构的改革与发展

一、我国农村信用合作社的改革与发展

（一）2003 年以前我国农村信用合作社的改革

新中国成立后，我国农村信用合作社经历了从人民公社、生产大队管理，到贫下中农管理，又到农业银行管理的多次改革。中国农业银行在 1979 年恢复后，农村信用合作社成为其下设机构。1984 年，国务院审批了中国农业银行《关于改革信用社合作社管理体制的报告》，这次改革强调农村信用社的"三性"，即组织上的合作性、管理上的民主性和经营上的灵活性。但恢复"三性"改革并没有取得显著效果，农村信用合作社的经营还是按照自上而下的指令式计划进行。20 世纪 90 年代后，国务院要求农村信用合作社要逐渐从农业银行分离出来。1993 年国务院下发了《国务院关于金融体制改革的决定》；1994 年农业银行、农村信用合作社开始各自独立办公；1996 年国务院出台的《关于农村金融体制改革的决定》（国发〔1996〕33 号），标志着农村信用合作社完成了与中国农业银行的正式脱钩，并开始由中国人民银行托管。

（二）2003 年以来的农村信用合作社的改革

2003 年 6 月 27 日，国务院下发了《深化农村信用社改革试点方案》，这个方案再次启动了农村信用合作社改革的新一轮创新，试点工作在浙江等 8 个省进行，该方案主要有三方面内容：即改革农村信用合作社产权制度，改革农村信用合作社管理体制以及国家帮扶信用社。2004 年 8 月底，将试点地区进一步扩大到了 21 个省、市、自治区。2007 年 8 月，

随着最后一家省级合作社的正式挂牌，我国新的农村信用社经营管理体制框架已经在全国范围内建立起来。这次改革在产权和管理权方面有很大的突破。首先是强调信用合作社的商业化、市场化；其次是将信用合作社的管理权下放给了省级政府，权力的下放有利于因地制宜，但也增加了政府对信用合作社的行政性控制，同时容易引发信用合作社的道德风险。

（三）我国农村信用合作社的发展

目前我国农村信用合作社在产权制度方面采取多样化方针，各地区根据自身发展水平以及信用合作社自身状况来选择不同的产权模式：经济比较发达、城乡一体化程度较高、信用合作社资产规模较大且已商业化经营的少数地区实行股份制商业银行。不具备商业银行模式改造条件的信用合作社可以选择合作银行模式在人口相对比较稠密或粮棉商品基地县（市），可以县（市）为单位将信用社和县（市）联社各为法人改为统一法人。对其他还达不到条件的地区，可继续实行原先的体制，同时通过降格、合并等手段，对高风险信用社进行兼并和重组，并对严重资不抵债、机构设置在城区或城郊、支农服务较少的信用社，可考虑按照《金融机构撤销条例》予以撤销。这样，我国农村信用社出现了三种新型的基本发展模式：农村信用合作社制度框架内重组模式、股份制农村商业银行模式和农村合作银行模式，各地都有不同选择。但在管理模式上，除北京、天津、上海外，各地基本上都选择组建了省级联社。

二、我国城市信用合作社的改革与发展

（一）城市信用合作社的改革

1989 年上半年，根据中央治理整顿的精神，中国人民银行组织了对城市信用社的清理整顿工作。1990～1991 年清理整顿期间，各地控制了新设机构的规模，对经营不善的城市信用社予以撤并。两年间新设机构 253 家，撤销机构 75 家。到 1991 年年底，全国城市信用社为 3500 多家，总资产为 497 亿元，职工 77000 多人。1990 年，开始了城市信用社市联社的试点工作。1992 年清理整顿工作结束，我国经济进入高速发展时期，各行各业申办城市信用社的要求非常强烈。这一期间，城市信用社的数量急剧扩大，在绝大多数县（市）都设有城市信用社。到 1993 年底，城市信用社数量近 4800 家，较 1991 年末增加了 1200 多家，总资产为 1878 亿元，职工 12.3 万人。自 1993 年下半年开始，中国人民银行大力清理整顿金融秩序，总行责令各省分行自 1993 年 7 月 1 日起一律停止审批新的城市信用社，已下达但未用完的指标暂停使用，同时对越权超规模审批城市信用社的问题进行清理。这一精神贯彻之后，绝大多数地方都没有审批新的城市信用社。自 1995 年起，根据国务院指示精神，部分地级城市在城市信用社基础上组建了城市商业银行。同年 3 月，中国人民银行下发《关于进一步加强城市信用社管理的通知》，以文件形式明确："在全国的城市合作银行组建工作过程中，不再批准设立新的城市信用社"。《通知》下发以后，全国基本上完全停止了城市信用社的审批工作。1998 年 10 月，国务院办公厅转发中国人民银行《整顿城市信用合作社工作方案》(以下简称《整顿方案》)。《整顿方案》要求各地在地方政府的统一领导下，认真做好城市信用社的清产核资工作，彻底摸清各地城市信用社的资产负债情况和风险程度，通过采取自我救助、收购或兼并、行政关闭或依法破产等方式化解城市

信用社风险；按照有关文件对城市信用社及联社进行规范改造或改制；要求全国各地进一步加强对城市信用社的监管。全国各地按照《整顿方案》的要求，至 1999 年底，除了对少数严重违法违规经营的城市信用社实施关闭或停业整顿外，还完成了将约 2300 家城市信用社纳入 90 家城市商业银行组建范围的工作，为城市信用社的健康发展奠定了良好的基础。

（二）城市商业银行的发展

20 世纪 90 年代中期，中央以城市信用社为基础，组建城市商业银行。城市商业银行是在中国特殊历史条件下形成的，是中央金融主管部门整肃城市信用合作社、化解地方金融风险的产物。至 2010 年年底，全国城市商业银行已有 114 家，遍及除西藏以外的各个省、市、自治区。2006 年年末，资本充足率为 8.49%，不良贷款率为 4.89%，资产总额为 2.57万亿元，占全国中资银行（包括农信社）资产总额的 6.74%。经过几年的变迁和发展，上海、北京、南京、大连、杭州、宁波等城市商业银行综合实力发展迅速，并实现了跨区域发展，更有望在年内能成功上市。但仍有 37 家城市商业银行目前处于风险状态。其中有 7家处于高风险状态，一部分已资不抵债。据银监会最新统计，截至 2010 年年末，全国城市商业银行存款规模达 6.1 万亿元，贷款规模达 3.6 万亿元，其中小企业贷款余额达到 1.1 万亿元，较年初增加 44.4%。同时，城市商业银行不断加强风险管理水平，主要监管指标持续向好。截至 2010 年年末，城市商业银行不良贷款余额为 325.6 亿元，较年初减少了 51.3亿元；不良贷款率 0.9%，较年初下降 0.4 个百分点，拨备覆盖率达到 257.1%；平均资本充足率达到 12.8%，流动性指标普遍较好，杠杆率处于安全可控范围内。

总体而言，相比国内其他商业银行，城市商业银行由于历史、体制、环境等原因，在市场细分、产品开发、经营理念等经营策略方面还存在较大差距。

对于城市商业银行的发展，有权威机构研究认为，城市商业银行应兼并地方非银行金融机构和城市信用社以及寻求同级之间的兼并联合，通过兼并和重组，城市商业银行不仅能扩大自身的规模，提高抗风险能力，还能减少不良资产的比例，增加资产实力；同时，应通过吸收中外银行的先进管理经验来强化自身的内部管理，完善的法人治理结构，积极引进人才，加大业务创新力度，提高竞争能力。此外，政府的政策支持和正确的市场定位也非常重要。

本章小结：

1. 信用合作机构也称信用合作组织、信用合作社，简称信用社，是指由个人集资联合组成，以互助为主要宗旨的合作金融组织。其基本的经营目标是以简便的手续和较低的利率，向社员提供信贷服务，帮助经济力量薄弱的个人解决资金困难，以免遭高利贷盘剥。

2. 信用合作机构的特征是相对股份制而言：第一，信用合作机构的入股方式为自下而上参股，上一级机构由下一级机构入股组成，并被下一级机构所拥有，基层社员是最终所有者。第二，信用合作机构的经营目标是为社员服务。第三，信用合作机构管理方式是实行"一人一票"，社员不论入股多少，具有同等权力。第四，信用合作机构的分配方式是合作组织盈利主要用作积累，积累归社员集体所有。

3. 信用合作机构一般可分为农村信用合作社和城市信用合作社两大类。这两类合作社，因为社员的职业、经济与社会环境的不同，因此合作社的构成、业务经营、都有很大差别。

4．目前我国农村信用合作社在产权制度方面采取多样化方针，各地区根据自身发展水平以及信用合作社自身状况来选择不同的产权模式。1989 年上半年，根据中央治理整顿的精神，中国人民银行组织了对城市信用社的清理整顿工作，总行责令各省分行自 1993 年 7 月 1 日起一律停止审批新的城市信用社。而自 1995 年起，根据国务院指示精神，部分地级城市在城市信用社基础上组建了城市商业银行。相比国内其他商业银行，部分城市商业银行由于历史、体制、环境等原因，在市场细分、产品开发、经营理念等经营策略方面还存在一定差距。

思考题：

1．信用合作机构及其特征有哪些？
2．我国信用合作机构有什么样的类型？各有何特征？
3．我国城市信用社是如何改革的？

第十三章 其他非银行金融机构

学习目标:
1. 了解非银行金融机构有哪些
2. 了解小额贷款公司有哪些业务
3. 了解金融租赁公司有哪些业务
4. 了解典当行有哪些业务
5. 了解担保公司有哪些业务
6. 了解消费金融公司有哪些业务

第一节 小额贷款公司

一、小额贷款公司简介

我国的小额贷款公司起步比较晚,2008 年 5 月 4 日中国银行业监督管理委员会和中国人民银行《关于小额贷款公司试点的指导意见》(银监发〔2008〕23 号),才明确了小额贷款公司的性质:小额贷款公司是企业法人,有独立的法人财产,享有法人财产权,以全部财产对其债务承担民事责任。小额贷款公司股东依法享有资产收益、参与重大决策和选择管理者等权利,以其认缴的出资额或认购的股份为限对公司承担责任。小额贷款公司应遵守国家法律、行政法规,执行国家金融方针和政策,执行金融企业财务准则和会计制度,依法接受各级政府及相关部门的监督管理。小额贷款公司应执行国家金融方针和政策,在法律、法规规定的范围内开展业务,自主经营,自负盈亏,自我约束,自担风险,其合法的经营活动受法律保护,不受任何单位和个人的干涉。

二、小额贷款公司的成立条件

根据规定,我国小额贷款公司的成立条件如下:

(1)有符合规定的章程。

(2)发起人或出资人应符合规定的条件。

(3)小额贷款公司组织形式为有限责任公司或股份有限公司。有限责任公司应由 50 个以下股东出资设立;股份有限公司应有 2～200 名发起人,其中须有半数以上的发起人在中国境内有住所。

(4)小额贷款公司的注册资本来源应真实合法,全部为实收货币资本,由出资人或发起人一次足额缴纳。有限责任公司的注册资本不得低于 500 万元,股份有限公司的注册资本不得低于 1000 万元。单一自然人、企业法人、其他社会组织及其关联方持有的股份,不得超过小额贷款公司注册资本总额的 10%。

（5）有符合任职资格条件的董事和高级管理人员。

（6）有具备相应专业知识和从业经验的工作人员。

（7）有必需的组织机构和管理制度。

（8）有符合要求的营业场所、安全防范措施和与业务有关的其他设施。

（9）省政府金融办规定的其他审慎性条件。

三、小额贷款公司的经营原则

（1）小额贷款公司要建立适合自身业务特点和规模的薪酬分配制度、正向激励约束机制，培育与当地农村经济发展相适应的企业文化。

（2）小额贷款公司在坚持为农民、农业和农村经济发展服务的原则下自主选择贷款对象。小额贷款公司发放贷款，应坚持"小额、分散"的原则，鼓励小额贷款公司面向农户和微型企业提供信贷服务，着力扩大客户数量和服务覆盖面。同一借款人的贷款余额不得超过小额贷款公司资本净额的 5%。在此标准内，可以参考小额贷款公司所在地经济状况和人均 GDP 水平，制定最高贷款额度限制。

（3）小额贷款公司应建立适合自身业务发展的授信工作机制，合理确定不同借款人的授信额度。在授信额度以内，小额贷款公司可以采取一次授信、分次使用、循环放贷的方式发放贷款。

（4）小额贷款公司应建立健全贷款管理制度，明确贷前调查、贷时审查和贷后检查业务流程和操作规范，切实加强贷款管理。

（5）小额贷款公司应按照国家有关规定，建立审慎、规范的资产分类制度和资本补充、约束机制，准确划分资产质量，充分计提呆账准备，确保资产损失准备充足率始终保持在100%以上，全面覆盖风险，及时冲销坏账，真实反映经营成果。

（6）小额贷款公司要建立发起人和股东承诺制度。发起人向批准机关出具承诺书。公司股东与小额贷款公司签订承诺书，承诺自觉遵守公司章程，参与管理并承担风险。

（7）小额贷款公司应建立健全内部控制制度和内部审计机制，提高风险识别和防范能力，对内部控制执行情况进行检查、评价，并对内部控制的薄弱环节进行纠正和完善，确保依法合规经营。

（8）小额贷款公司执行国家统一的金融企业财务会计制度，应真实记录、全面反映业务活动和财务状况，编制财务会计报告，并提交权力机构审议。有条件的小额贷款公司，可引入外部审计制度。

（9）小额贷款公司贷款利率上限不得超过司法部门规定，下限为人民银行公布的贷款基准利率的 0.9 倍，具体浮动幅度按照市场原则自主确定。

（10）县（市、区）小额贷款公司的核准机关应在当地确定一家银行作为小额贷款公司的开户银行，并委托该行监测小额贷款公司的日常现金流和贷款资金流向，发现异常情况，应及时向当地政府指定的小额贷款公司监管部门报告。

（11）小额贷款公司应按规定向当地政府金融办或政府指定的机构以及人民银行分支机构报送会计报告、统计报表及其他资料，并对报告、资料的真实性、准确性、完整性负责。

（12）小额贷款公司应建立信息披露制度，及时披露年度经营情况、重大事项等信息。按要求向公司股东、相关部门、向其提供融资的银行业金融机构、有关捐赠机构披露经中介机构审计的财务报表和年度业务经营情况、融资情况、重大事项等信息。省政府金融办有权要求小额贷款公司以适当方式，适时向社会披露其中部分内容或全部内容。

（13）小额贷款公司不得吸收社会存款，不得进行任何形式的非法集资。银监会指出了3条小贷公司资金来源途径：股东缴纳的资本金、捐赠资金，以及来自不超过两个银行业金融机构的融入资金。

四、我国小额贷款公司发展状况

2008年我国小额贷款公司开始在浙江试运行。由于近两年国家加强对金融市场的调控力度，我国小额贷款公司的发展非常迅速。根据中国人民银行发布的《2011年一季度小额贷款公司数据统计报告》显示，截至2011年3月末，全国共有小额贷款公司3027家，贷款余额2408亿元，一季度累计新增贷款427亿元。在广东市场上，自2009年6月广东省金融办核准第一批小额贷款公司后，如今已有100多家公司进入市场。

第二节　金融租赁公司

一、金融租赁公司简介

金融租赁公司是专门经营租赁业务的公司，是租赁设备的物主，通过提供租赁设备而定期向承租人收取租金。金融租赁公司开展业务的过程是：租赁公司根据企业的要求，筹措资金，提供以"融物"代替"融资"的设备租赁；在租期内，作为承租人的企业只有使用租赁物件的权利，没有所有权，并要按租赁合同规定，定期向租赁公司交付租金。租期届满时，承租人向租赁公司交付少量的租赁物件的名义贷价（即象征性的租赁物件残值），双方即可办理租赁物件的产权转移手续。

二、我国金融租赁公司设立的条件

根据我国修订后的《金融租赁公司管理办法》（银监会［2007］1号文），我国金融租赁公司设立的主要条件为：

（1）具有符合本办法规定的出资人。

（2）最低注册资本为1亿元人民币或等值的自由兑换货币，注册资本为实缴货币资本（银监会根据融资租赁业发展的需要，可以调整最低注册资本限额）。

（3）具有符合《中华人民共和国公司法》和本办法规定的章程。

（4）具有符合中国银行业监督管理委员会规定的任职资格条件的董事、高级管理人员和熟悉融资租赁业务的合格从业人员。

（5）具有完善的公司治理、内部控制、业务操作、风险防范等制度。

（6）具有合格的营业场所、安全防范措施和与业务有关的其他设施。

金融租赁公司的出资人分为主要出资人和一般出资人。主要出资人是指出资额占拟设金融租赁公司注册资本 50%以上的出资人。一般出资人是指除主要出资人以外的其他出资人。设立金融租赁公司，应由主要出资人作为申请人向中国银行业监督管理委员会提出申请。

金融租赁公司主要出资人应符合下列条件之一：

（1）中国境内外注册的具有独立法人资格的商业银行，还应具备以下条件：资本充足率符合注册地金融监管机构要求且不低于 8%；最近 1 年年末资产不低于 800 亿元人民币或等值的自由兑换货币；最近 2 年连续盈利；遵守注册地法律法规，最近 2 年内未发生重大案件或重大违法违规行为；具有良好的公司治理结构、内部控制机制和健全的风险管理制度；中国银行业监督管理委员会规定的其他审慎性条件。

（2）中国境内外注册的租赁公司，还应具备以下条件：最近 1 年年末资产不低于 100 亿元人民币或等值的自由兑换货币；最近 2 年连续盈利；遵守注册地法律法规，最近 2 年内未发生重大案件或重大违法违规行为。

（3）在中国境内注册的、主营业务为制造适合融资租赁交易产品的大型企业，还应具备以下条件：最近 1 年的营业收入不低于 50 亿元人民币或等值的自由兑换货币；最近 2 年连续盈利；最近 1 年年末净资产率不低于 30%；主营业务销售收入占全部营业收入的 80%以上；信用记录良好；遵守注册地法律法规，最近 2 年内未发生重大案件或重大违法违规行为。

三、金融租赁公司的主营业务

（一）融资租赁业务

公司自担风险的融资租赁业务包括典型的融资租赁业务（简称"直租"）、转租式融资租赁业务（简称"转租赁"）和售后回租式融资租赁业务（简称"回租"）三个类别。

（1）直租是指金融租赁公司以收取租金为条件按照用户企业确认的具体要求，向该用户企业指定的出卖人购买固定资产并出租给该用户企业使用的业务。直租分直接购买式和委托购买式两类。

在直接购买式直租中，金融租赁公司以买受人的身份，按照用户企业确认的条件同出卖人订立以用户企业指定的货物为标的物的买卖合同，同时，金融租赁公司以出租人的身份，同作为承租人的用户企业订立以相关买卖合同的货物为租赁物的融资租赁合同。同融资租赁合同关联的买卖合同可以是一个，也可以是多个。在相关的买卖合同中应该考虑列入以下内容的条款："出卖人知悉买受人的购买本合同货物，是为了以融资租赁方式向本合同货物的最终用户出租"；"出卖人同意，本合同的货物装运单证及发票的正本在向买受人提交的同时，还应向本合同货物的最终用户提交"；"出卖人同意，本合同货物的最终用户同买受人一样，有在交付不符时向出卖人追索的权利。双方约定，买受人与本合同货物的最终用户不得同时行使上述对出卖人的追索权。"

在委托购买式直租中，用户企业所指定的标的物不是由金融租赁公司自行购买，而是由金融租赁公司委托别的法人企业购买。这时，金融租赁公司以委托人的身份同作为其代理人的该法人机构订立委托代理合同。该法人机构则以买受人的身份按照用户企业确认的条件同出卖人订立以用户企业指定的货物为标的物的买卖合同。该法人机构可以由金融租赁公司指定，也可以由用户企业指定。融资租赁合同的订立同直接购买式直租相同。

（2）转租赁是指以同一固定资产为租赁物的多层次的融资租赁业务。在转租赁中，上一层次的融资租赁合同的承租人同时是下一层次的融资租赁合同的出租人，在整个交易中称转租人。第一层次的融资租赁合同的出租人称第一出租人，末一层次的融资租赁合同的承租人称最终承租人。各个层次的融资租赁合同的租赁物和租赁期限必须完全一致。在转租赁中，租赁物由第一出租人按照最终承租人的具体要求、向最终承租人指定的出卖人购买。购买方式同直租一样，既可以是直接购买，也可以是委托购买。金融租赁公司可以是转租赁中的第一出租人。这时，作为转租人的法人机构无须具备经营融资租赁的资质。金融租赁公司也可以是转租赁中的转租人。这时，如果第一出租人是境内法人机构，则后者必须具备经营融资租赁的资质。在上一层次的融资租赁合同中必须约定，承租人有以出租人的身份向下一层次的融资租赁合同的承租人转让自己对租赁物的占有、使用和收益权的权利。

（3）回租是指出卖人和承租人是同一人的融资租赁。在回租中，金融租赁公司以买受人的身份同作为出卖人的用户企业订立以用户企业的自有固定资产为标的物的买卖合同或所有权转让协议。同时，金融租赁公司又以出租人的身份同作为承租人的该用户企业订立融资租赁合同。

（4）回转租是回租和转租赁的结合，即，金融租赁公司购买了用户企业自有的固定资产后不是直接出租给该用户企业，而是通过融资租赁合同出租给另一企业法人，由后者通过同该用户企业之间的融资租赁合同将该固定资产作为租赁物出租给该用户企业使用。

（二）联合租赁和杠杆租赁

公司同其他机构分担风险的融资租赁业务有联合租赁和杠杆租赁两类。

（1）联合租赁是指多家有融资租赁资质的租赁公司对同一个融资租赁项目提供租赁融资，由其中一家租赁公司作为牵头人。无论是相关的买卖合同还是融资租赁合同都由牵头人出面订立。各家租赁公司按照所提供的租赁融资额的比例承担该融资租赁项目的风险和享有该融资租赁项目的收益。各家租赁公司同作为牵头人的租赁公司订立体现资金信托关系的联合租赁协议。牵头人同出卖人之间的买卖合同以及同用户企业之间的融资租赁合同同自担风险的融资租赁业务中的同类合同毫无差别。

（2）杠杆租赁是指某融资租赁项目中的大部分租赁融资是由其他金融机构以银团贷款的形式提供的，但是，这些金融机构对承办该融资租赁项目的租赁公司无追索权，同时，这些金融机构按所提供的资金在该项目的租赁融资额中的比例直接享有回收租金中所含的租赁收益。租赁公司同这些金融机构订立无追索权的银团贷款协议。租赁公司同出卖人之间的买卖合同以及同用户企业之间的融资租赁合同，与自担风险的融资租赁业务中的同类合同毫无差别。

（三）委托租赁

公司不担风险的融资租赁业务是委托租赁。委托租赁是指融资租赁项目中的租赁物或用于购买租赁物的资金是一个或多个法人机构提供的信托财产。租赁公司以受托人的身份同作为委托人的这些法人机构，订立由后者将自己的财产作为信托财产委托给租赁公司，以融资租赁方式运用和处分的信托合同。该融资租赁项目的风险和收益全部归委托人，租赁公司则依据该信托合同的约定收取由委托人支付的报酬。该信托合同受《中华人民共和国信托法》管辖。租赁公司同出卖人之间的买卖合同以及同用户企业之间的融资租赁合同同自担风险的融资租赁业务中的同类合同毫无差别。

截至 2011 年 3 月末，我国共有 17 家金融租赁公司，资产总额达到 3640 亿元，比 2007 年同期增长 25 倍；一季度 17 家金融租赁公司实现净利润 13.24 亿元，比 2007 年同期增长 39 倍，资产利润率和资本利润率分别达到 1.56%、10.07%。

与此同时，金融租赁公司的管理能力不断增强，与股东建立了风险隔离机制，防范风险在租赁业务和银行业务之间相互传导。截至 3 月末，金融租赁公司不良资产率为 0.49%，拨备覆盖率 322%，具有较好的抗风险能力。

作为与银行信贷和资本市场同样重要的融资工具，近年来金融租赁资产行业分布广泛，服务领域增加，行业配比不断均衡，并加大产品创新力度。部分租赁公司设立了专业化的租赁产品，将企业生产、销售和用户需求有机结合起来，有效地增加了企业的融资渠道。

截至 2011 年 3 月末，金融租赁公司在飞机、船舶、专业设备领域的投资余额分别达到 381.42 亿元、337.07 亿元和 1924.77 亿元。

第三节　典　当　行

一、典当行简介

典当行亦称典当公司或当铺，是主要以财物作为质押进行有偿有期借贷融资的非银行金融机构，是以货币借贷为主和商品销售为辅的市场中介组织。因其在世界各主要国家的历史上均曾存在过，故不同民族的语言都用固定的词汇予以表达。

典当行的发展为中小企业提供快捷、便利的融资手段，促进了生产的发展，繁荣了金融业，同时还在增加财政收入和调节经济等方面发挥了重要的作用。以物换钱是典当的本质特征和运作模式。当户把自己具有一定价值的财产交付典当机构实际占有作为债权担保，从而换取一定数额的资金使用，当期届满，典当公司通常有两条营利渠道：一是当户赎当，收取当金利息和其他费用营利；二是当户死当，处分当物用于弥补损失并营利。

典当行作为一种既有金融性质又有商业性质的、独特的社会经济机构，融资服务功能是显而易见的。融资服务功能是典当公司最主要的，也是首要的社会功能，是典当行的货币交易功能。此外，典当公司还发挥着当物保管功能和商品交易功能。另外典当行还有其他一些功能，诸如提供对当物的鉴定、评估、作价等服务功能。

二、我国典当行的成立条件

根据我国 2005 年施行的《典当管理办法》（商务部、公安部 2005 年第 8 号令）规定，典当行的成立条件是：有符合法律、法规规定的章程；有符合规定的最低限额的注册资本（典当行注册资本最低限额为 300 万元；从事房地产抵押典当业务的，注册资本最低限额为

500万元；从事财产权利质押典当业务的，注册资本最低限额为1000万元。典当行的注册资本最低限额应当为股东实缴的货币资本，不包括以实物、工业产权、非专利技术、土地使用权作价出资的资本）；有符合要求的营业场所和办理业务必需的设施；有熟悉典当业务的经营管理人员及鉴定评估人员；有两个以上法人股东，且法人股相对控股；符合《典当管理办法》第九条和第十条规定的治安管理要求；符合国家对典当行统筹规划、合理布局的要求。

三、典当行的经营范围

（一）典当行可以经营的业务

经批准，典当行可以经营以下业务：

（1）动产质押典当业务。

（2）财产权利质押典当业务。

（3）房地产（外省、自治区、直辖市的房地产或者未取得商品房预售许可证的在建工程除外）抵押典当业务。

（4）限额内绝当物品的变卖。

（5）鉴定评估及咨询服务。

（6）商务部依法批准的其他典当业务。

（二）典当行不得经营的业务

（1）非绝当物品的销售以及旧物收购、寄售。

（2）动产抵押业务。

（3）集资、吸收存款或者变相吸收存款。

（4）发放信用贷款。

（5）未经商务部批准的其他业务。

（三）典当行不得收当的财物

（1）依法被查封、扣押或者已经被采取其他保全措施的财产。

（2）赃物和来源不明的物品。

（3）易燃、易爆、剧毒、放射性物品及其容器。

（4）管制刀具，枪支、弹药，军、警用标志、制式服装和器械。

（5）国家机关公文、印章及其管理的财物。

（6）国家机关核发的除物权证书以外的证照及有效身份证件。

（7）当户没有所有权或者未能依法取得处分权的财产。

（8）法律、法规及国家有关规定禁止流通的自然资源或者其他财物。

（四）典当行不得有的行为

（1）从商业银行以外的单位和个人借款。

（2）与其他典当行拆借或者变相拆借资金。

（3）超过规定限额从商业银行贷款。

（4）对外投资。

另外，典当行收当国家统收、专营、专卖物品，须经有关部门批准。

典当行在中国已经有了 1600 多年的历史，其起源与流变的基本历史轨迹是：初见萌芽于两汉，肇始于南朝寺庙，入俗于唐五代市井，立行于南北两宋，兴盛于明清两季，衰落于清末民初，复兴于当代改革，新世纪有序发展。

我国早期的典当行，一般局限于寺院经营。从唐朝起，典当行除寺院经营外，还出现大量的民办性质和官办性质的经营。唐代的官办的典当行虽然在数量上显得比较少，但其规模与民办的相比显得很大。到了元末明初，寺院经营的典当业开始减少，民办典当行开始占整个典当业的主导地位。此外，明代达官贵人的自营典当行也得到迅速的发展。到了清代后，典当行开始形成民办、官办和皇室办的三大类型。清代的典当行的业务范围比以前任何朝代还要广泛，除传统的典当业务以外，还出现了房地产、粮食等方面的典当业务。近代以来，由于受到钱庄、票号、银行等金融机构的冲击，许多信誉卓著、财力强盛的典当行还开始从事兑换、发行信用货币等金融业务。但是到了现代，由于受到国内战争和政府限制等原因，典当业的发展受到一定的影响，新中国成立后，中国共产党领导的人民政府逐步取消了典当业，大陆的典当业从此绝迹了。

随着我国的改革开放，典当业开始恢复和发展，1987 年 12 月，成都开办了新中国第一家当铺，率先恢复了典当业，随后全国多个省市都开始兴办典当行业。"十一五"期间，典当业监管取得明显成效，促进了典当业平稳健康发展。截至 2010 年，全行业注册资本 584 亿元，比 2005 年年初增长了 5.1 倍。从业人员 3.9 万人，比 2005 年年初增长了 1.2 倍。五年来，典当业累计发放当金近 6000 亿元，在缓解小企业贷款难、促进小企业发展等方面起到了积极作用。

第四节　担保公司

一、担保公司简介

担保公司是担负个人或中小企业信用担保职能的专业机构，担保公司通过有偿出借自身信用资源、防控信用风险来获取经济与社会效益。

个人或企业在向银行借款的时候，银行为了降低风险，不直接放款给个人，而是要求借款人找到第三方（担保公司或资质好的个人）为其作信用担保。担保公司会根据银行的要求，让借款人出具相关的资质证明进行审核，之后将审核好的资料交到银行，银行复核后放款，担保公司收取相应的服务费用。随着房地产和银行系统的日趋完善，担保公司已逐渐成为不可缺少的环节。例如，北京市住房置业担保公司、上海市住房置业担保公司、安庆市房屋置业担保公司。

中小企业信用担保是指担保公司与银行等债权人约定，当被担保的中小企业没有履行合同约定的债务时，担保公司承担约定的责任或履行债务的行为。担保公司在中小企业自身无力提供足够的贷款担保时，作为第三方来承担一定的风险和责任，通过规范的运作为中小企业和商业银行牵线搭桥，从而引导社会资本特别是银行资金向中小企业顺利流动。从宏观角度来看，信用担保能够降低债权风险、强化债权作用，从而起到规范信用交易秩序、强化信用交易安全、维护社会经济关系稳定和促进市场经济环境有序发展的重要作用；

但从微观角度看，信用担保本质是银行将中小企业贷款风险转嫁给担保公司和担保公司凭自身风险管理的能力化解风险的过程。

二、担保公司的成立条件

成立条件：满足注册资本最低限额；有符合要求的经营场所；符合法律（公司法）规定的公司章程；有熟悉金融及相关业务的管理和评估人员。

申请设立时需要向公司登记机关（公司所在地的工商局）提交以下文件：设立公司的申请报告（机构名称、注册资本金来源、经营场所、经营范围）；公司章程；工商行政管理部门核发的企业名称预先审核通知书；各股东协议书。

三、担保公司经营范围

担保公司的经营范围主要包括为中小企业提供贷款、融资租赁及其他经济合同的担保；个人消费信贷担保、汽车消费信贷担保、项目投资、投资管理等。具体项目如下：

（一）借款担保业务

包括：企业技术改造贷款担保；企业流动资金贷款担保；企业信用证贷款担保；企业综合授信贷款担保；企业主个人贷款担保；个人投资贷款担保；产权置换过桥贷款担保；各种短期借款担保。

（二）票据证券担保业务

包括：开立信用证担保；银行承兑汇票担保；商业汇票担保；银行保函担保；企业债券担保；保本基金担保；信托产品担保；其他票据证券担保。

（三）交易履约担保业务

包括：工程履约担保；工程付款担保；投标担保；原材料赊购担保；设备分期付款担保；财产保全担保；租赁合同担保；其他合同担保。

四、担保行业有关法律、法规、政策

（1）《中华人民共和国担保法》（1995年）。

（2）经贸委《关于建立中小企业信用担保体系试点的指导意见》（1996年）。

（3）《中小企业担保机构风险管理暂行办法》（2001年）。

（4）税务局《关于中小企业信用担保、再担保机构免征营业税的通知》（2001年）。

（5）《中小企业促进法》（2002年）。

（6）2006年国办发［2006］90号《关于加强中小企业信用担保体系建设的意见》。

（7）2009年4月22日国务院同意建立"融资性担保业务监管部际联席会议制度"，由发展改革委、工业和信息化部、财政部、商务部、中国人民银行、国家工商总局、法制办、中国银监会组成，银监会为牵头单位。

（8）2009年9月中旬中国银行业监督管理委员会设立"融资性担保业务工作部"，标志着国家对担保行业纳入金融监管范围。

（9）2010年3月8日经国务院批准，中国银监会等七部委联合发布《融资性担保公司管理暂行办法》，进一步加强对融资性担保公司的监督管理，规范融资性担保行为，促进融资性担保行业健康发展。

近年来，国家和各省、区、市出台关于支持投资担保行业发展的法规、政策措施达近 100 个。这些说明，担保行业是国家大力提倡发展的行业，是朝阳产业，完全不同于以前的非法集资、高利贷、高息揽储等业务。

我国中小企业信用担保实践起步于 1992 年，商业性担保公司的出现距今已有 12 年时间。在各种担保活动中，以商业担保业务运作的市场化和商业化程度最高，但就整体而言，担保公司仍然处于微利和发展状态，并没有找到一致认同的良好模式。

据统计，截至 2009 年年底，全国中小企业信用担保机构已达 5 547 户，共筹集担保资金 3 389 亿元，当年为 37 万户中小企业提供担保贷款额已达 10 796 亿元（首次突破万亿元大关），占全国中小企业贷款余额的 7.5%；新增担保贷款 7 240 亿元，占中小企业新增贷款总额的 21.4%。5547 户担保机构当年实现收入 180 亿元，纳税 16.4 亿元，实现利润 44.5 亿元。2009 年在保中小企业 27.5 万户，在保责任余额 7 289 亿元，中小企业贷款担保额已累计 2.5 万亿元，累计担保企业 112 万户，信用担保已成为助推中小企业获取融资的重要渠道。

第五节　消费金融公司

一、消费金融公司简介

所谓的消费金融公司是指经中国银行业监督管理委员会批准，在中国境内设立的，不吸收公众存款，以小额、分散为原则，为中国境内居民个人提供以消费为目的贷款的非银行金融机构。消费金融公司的注册门槛为 3 亿元人民币或等值的可兑换货币，且为一次性实缴货币资本。消费金融公司的业务主要包括个人耐用消费品贷款及一般用途个人消费贷款、信贷资产转让及同业拆借、发行金融债等。2010 年 1 月 6 日，中国首批 3 家消费金融公司获得中国银监会同意筹建的批复，分别在上海、北京和成都三地率先试点，这标志着消费金融公司这种在西方市场经济中已经存在 400 年之久的金融业态终于在中国"破冰"。

与银行提供的房屋、汽车贷款不同，消费金融公司具有"短、平、快"的特点，无须抵押、无须担保，收入低点也无妨。另外，消费金融公司提供的单笔授信额度小，用途主要是购买家用电器、电子产品等耐用消费品，以及用于个人及家庭旅游、婚庆、教育、装修等消费事项。消费金融被积极评价为"恰逢其时"的消费金融公司试点肩负着双重使命，一是金融产品创新，二是刺激消费需求，而此次破冰可能意味着中国经济从投资主导向消费主导的真正转型。

二、消费金融公司的主要规定

根据银监会《消费金融公司试点管理办法》（2009 年 3 号令），我国消费金融公司的主要规定如下：

（1）市场定位：只放贷不吸收存款。在中国境内设立的，不吸收公众存款，为中国境内居民个人提供以消费为目的的贷款的非银行金融机构。

（2）注册门槛：资本金最低 3 亿元。消费金融公司的注册资本最低限额为 3 亿元人民币或等值的可自由兑换货币。银监会根据需要，可调整注册资本的最低额。

（3）出资人：资产不低于 600 亿元。出资人应为境内外金融机构和银监会认可的其他出资人，具备 5 年以上消费金融从业经验，资产总额不低于 600 亿元人民币等。

（4）业务范围：不涉及房贷和车贷。可经营的业务包括：个人耐用消费品贷款，一般用途个人消费贷款，信贷资产转让，境内同业拆借，向境内金融机构借款。

（5）利率：最高为基准利率的 4 倍。贷款利率虽然实行按借款人的风险定价，但不得上浮 4 倍以上。而且催收贷款不得采取威胁、恐吓、骚扰等不正当手段。

（6）额度：借款最高不超月薪 5 倍。为防止消费者过度消费，《办法》规定，消费金融公司向个人发放消费贷款的余额不得超过借款人月收入的 5 倍。

（7）经济来源：消费金融公司资金主要来源于同业拆借、金融机构借款、信贷资产转让以及金融债券等。

截止到 2011 年 6 月 30 日，我国已批准设立有四家消费金融公司。2010 年 1 月 6 日，中国首批 3 家消费金融公司获得中国银监会同意筹建的批复。这 3 家公司的发起人分别为中国银行、北京银行和成都银行，将分别在上海、北京和成都三地率先试点。其中，在上海浦东新区试点的中银消费金融公司注册资本拟为 5 亿元人民币，由中国银行出资 2.55 亿元，占股 51%；百联集团出资 1.5 亿元，占 30%；陆家嘴金融发展控股公司出资 0.95 亿元，占 19%。在北京试点的是北银消费金融有限公司，为北京银行独资筹建。在成都试点的四川锦程消费金融有限责任公司由成都银行和马来西亚丰隆银行合资。2010 年 2 月，中国银监会批准捷信消费金融（中国）有限公司在天津筹建，捷信由中东欧最大的私有投资集团 PPF 注册资金 3 亿元人民币全资建立，是国内唯一一家外资独资的消费金融公司。

本章小结：

1. 我国非银行金融机构包括：小额贷款公司、金融租赁公司、典当行、担保公司、消费金融公司等。

2. 小额贷款公司是企业法人，有独立的法人财产，享有法人财产权，以全部财产对其债务承担民事责任。小额贷款公司股东依法享有资产收益、参与重大决策和选择管理者等权利，以其认缴的出资额或认购的股份为限对公司承担责任。小额贷款公司在坚持为农民、农业和农村经济发展服务的原则下自主选择贷款对象。

3. 金融租赁公司是专门经营租赁业务的公司，是租赁设备的物主，通过提供租赁设备而定期向承租人收取租金。金融租赁公司的主营业务包括：融资租赁业务、联合租赁、杠杆租赁及委托租赁。

4. 典当行亦称典当公司或当铺，是主要以财物作为质押进行有偿有期借贷融资的非银行金融机构，是以货币借贷为主和商品销售为辅的市场中介组织。典当行的发展为中小企业提供快捷、便利的融资手段，促进了生产的发展，繁荣了金融业，同时还在增加财政收入和调节经济等方面发挥了重要的作用。

5. 担保公司是担负个人或中小企业信用担保职能的专业机构，担保公司通过有偿出借自身信用资源、防控信用风险来获取经济与社会效益。

6. 消费金融公司是指经中国银行业监督管理委员会批准，在中国境内设立的，不吸收公众存款，以小额、分散为原则，为中国境内居民个人提供以消费为目的贷款的非银行金融机构。

思考题：

1. 小额贷款公司的发展前景如何？

2. 金融租赁公司的主要业务分几类？各有何特点？

3. 典当行的恢复和发展在缓解小企业贷款难、促进小企业发展等方面起到怎样的作用？

4. 担保公司的融资性担保如何缓解中小企业融资难的问题？

5. 消费金融公司有何特点？

第三篇　金融市场

第十四章　货币市场

学习目标
1. 了解货币市场的含义及其构成
2. 了解货币市场的功能
3. 了解货币市场的投资工具包括哪些
4. 了解同业拆借市场的发展状况
5. 了解回购市场的发展状况
6. 了解债券市场的发展状况
7. 了解票据市场的发展状况
8. 了解我国货币市场的发展及其存在的问题

第一节　货币市场简介

　　货币市场是短期信用工具（期限在一年或一年以下）交易的金融市场，或者可以说，货币市场一般是指一年和一年以内的以短期金融工具为媒介进行短期融资和借贷的市场。广义的货币市场包括金融机构之间的同业拆借市场、国库券市场、短期信贷市场、商业票据贴现市场、银行承兑汇票市场、回购协议市场、大额可转让定期存单市场和欧洲货币市场等。货币市场作为融通短期资金的金融市场，货币市场发挥着它所特有的作用：为中央银行有效地控制货币供应量，以适应经济发展对货币适度需求创造基础性条件；为参与货币交易各方提供短期的支付手段，解决临时性资金周转困难，调剂暂时的资金余缺创造一种手段和机制。

　　我国的货币市场是随着改革开放而逐步发展起来的。目前我国的货币市场由多个子市场所构成，其中包括拆借市场、债券市场、票据市场和外汇市场等。近年来，中国的货币市场得到了快速发展，交易条件也在不断改善。具体表现为交易主体和交易品种的不断增加，市场交易价格（利率）的市场化趋势越来越明显和中央银行的货币政策间接调控方式的有效性在不断提高。但是，由于中国的货币市场还处于发展的初期，可供交易的货币市场工具还比较少，市场存在一定程度的分割，交易规模偏低。由于存贷款利率仍然受到管制，货币市场利率的变化对信贷市场等其他金融市场的影响还相对有限。因此，还需要积极创造条件，推动货币市场的发展，以满足金融市场发展的需要，并在此基础上提高货币政策操作的效率。

第二节　货币市场的类型和功能

一、货币市场的类型

根据不同的借贷或交易方式和业务，货币市场可分为以下几种。

（一）银行短期信贷市场

它是指国际银行同业间的拆放，以及银行对工商企业提供短期信贷资金的场所。该市场是在资本国际化的过程中发展起来的，其功能在于解决临时性的短期流动资金的不足。

短期信贷市场的拆放期是长短不一的。最短为日拆，一般多为 1 周、1 个月、3 个月和 6 个月，最长不超过 1 年。拆放利率以伦敦同业拆放利率为基础。该市场交易方式较为简便，存贷款都是每天通过电话联系来进行的，贷款不必担保。

（二）短期证券市场

短期证券市场是指进行短期证券发行与买卖的场所。这里的短期证券包括国库券、可转让定期存款单、商业票据、银行承兑票据等，它们的最大特点是具有较大的流动性和安全性。各国的短期信用工具种类繁多，名称也不一样，但实质上都属于信用票据。商业票据是指信用良好的工商企业为筹集短期资金而开出的票据，它可通过银行发行，票面金额不限，期限一般为 4～6 个月，交易按票面金额贴现的方式进行。银行承兑票据是指经银行承兑过的商业票据，票据一经银行承兑，其信用就得以提高，从而易于流通，由于银行信用较高，故其流动性比商业承兑票据更强。可转让存款单是指银行发行的证明存入款项的凭证，为存款单的一种，但与银行一般签发的定期存单不同，特点在于可转让性，一般为无记名式，在到期前可随时在二级市场上出售。国库券是指国家财政当局为弥补国库收支不平衡而发行的一种政府债券。因国库券的债务人是国家，其还款保证是国家财政收入，所以它几乎不存在信用违约风险，是金融市场风险最小的信用工具。西方国家国库券品种较多，一般可分为 3 个月、6 个月、9 个月、1 年期四种，其面额起点各国不一。国库券采用不记名形式，无须经过背书就可以转让流通。

（三）贴现市场

它是指对未到期票据，通过贴现方式进行资金融通而形成的交易市场。贴现市场的主要经营者是贴现公司。贴现交易的信用票据主要有政府国库券、短期债券、银行承兑票据和部分商业票据等。贴现利率一般高于银行贷款利率。

二、货币市场的功能

货币市场就其结构而言，包括同业拆借市场、票据市场、债券市场、回购市场等。货币市场产生和发展的初始动力是为了保持资金的流动性，它借助于各种短期资金融通工具将资金需求者和资金供应者联系起来，既满足了资金需求者的短期资金需要，又为资金有余者的暂时闲置资金提供了获取盈利的机会。但这只是货币市场的表面功能，将货币市场置于金融市场以至市场经济的大环境中可以发现，货币市场的功能远不止此。货币市场既从微观上为银行、企业提供灵活的管理手段，使他们在对资金的安全性、流动性、盈利性相统一的管理上更方便灵活，又为中央银行实施货币政策以调控宏观经济提供手段，为保证金融市场的发展发挥巨大作用。

（一）短期资金融通功能

市场经济条件下的各种经济行为主体，客观上有资金盈余方和资金不足方之分，从期间上可分为一年期以上的长期性资金余缺和一年期以内的短期性资金余缺两大类。相对于资本市场为中长期资金的供需提供服务，货币市场则为季节性、临时性资金的融通提供了可行之径。相对于长期投资性资金需求来说，短期性、临时性资金需求是微观经济行为主体最基本的、也是最经常的资金需求，因为短期的临时性、季节性资金不足是由于日常经济行为的频繁性所造成的，是必然的、经常的，这种资金缺口如果不能得到弥补，就连社会的简单再生产也不能维系，或者只能使商品经济处于初级水平，短期资金融通功能是货币市场的一个基本功能。

（二）管理功能

货币市场的管理功能主要是指通过其业务活动的开展，促使微观经济行为主体加强自身管理，提高经营水平和盈利能力。

（1）同业拆借市场、证券回购市场等有利于商业银行业务经营水平的提高和利润最大化目标的实现。同业拆借和证券回购是商业银行在货币市场上融通短期资金的主渠道。充分发达的同业拆借市场和证券回购市场可以适时有度地调节商业银行准备金的盈余和亏缺，使商业银行无须为了应付提取或兑现而保有大量的超额准备金，从而将各种可以用于高收益的资产得以充分运用，可谓"一举两得"。为此，商业银行要运用科学的方法进行资金的流动性管理，这使商业银行资产负债管理跃上一个新的台阶。

（2）票据市场有利于以营利为目的的企业加强经营管理，提高自身信用水平。票据市场从票据行为上可以分为票据发行市场、票据承兑市场、票据贴现市场，从签发主体上可以分为普通企业票据和银行票据。只有信誉优良、经营业绩良好的主体才有资格签发票据并在发行、承兑、贴现各环节得到社会的认可和接受，不同信用等级的主体所签发和承兑的票据在权利义务关系上有明显的区别，如利率的高低、票据流动能力的强弱、抵押或质押的金额的大小，等等。所以，试图从票据市场上获得短期资金来源的企业必须是信誉优良的企业，而只有管理科学、效益优良的企业才符合这样的条件。

（三）政策传导功能

货币市场具有传导货币政策的功能。众所周知，市场经济国家的中央银行实施货币政策主要是通过再贴现政策、法定存款准备金政策、公开市场业务等的运用来影响市场利率和调节货币供应量以实现宏观经济调控目标的，在这个过程中货币市场发挥了基础性作用。

（1）同业拆借市场是传导中央银行货币政策的重要渠道。中央银行通过同业拆借市场传导货币政策借助于对同业拆放利率和商业银行超额准备金的影响。首先，同业拆放利率是市场利率体系中对中央银行的货币政策反应最为敏感和直接的利率之一，成为中央银行货币政策变化的"信号灯"。这是因为，在发达的金融市场上，同业拆借活动涉及范围广、交易量大、交易频繁，同业拆放利率成为确定其他市场利率的基础利率。国际上已形成在同业拆放利率的基础上加减协议幅度来确定利率的方法，尤其是伦敦同业拆借利率更成为国际上通用的基础利率。中央银行通过货币政策工具的操作，首先传导影响同业拆放利率，继而影响整个市场利率体系，从而达到调节货币供应量和调节宏观经济的目的。其次，就超额准备而言，发达的同业拆借市场会促使商业银行的超额准备维持在一个稳定的水平，这显然给中央银行控制货币供应量创造了一个良好的条件。

（2）票据市场为中央银行提供了宏观调控的载体和渠道。传统的观念认为票据市场仅限于清算，甚至短期资金融通功能也经常被忽略。实际上除了上述两个基本功能外，票据市场还为中央银行执行货币政策提供了重要载体。首先，再贴现政策必须在票据市场实施。一般情况下，中央银行提高再贴现率，会起到收缩票据市场的作用；反之，则扩展票据市场。同时，中央银行通过票据市场信息的反馈，适时调整再贴现率，通过货币政策中介目标的变动，达到货币政策最终目标的实现。另外，随着票据市场的不断完善和发展，票据市场的稳定性不断增强，会形成一种处于均衡状态下随市场规律自由变动的、供求双方均能接受的市场价格，反映在资金价格上就是市场利率，它无疑是中央银行利率政策的重要参考。其次，多种多样的票据是中央银行进行公开市场业务操作的工具之一，中央银行通过买进或卖出票据投放或回笼货币，可以灵活地调节货币供应量，以实现货币政策的最终目标。

（3）国库券等短期债券是中央银行进行公开市场业务操作的主要工具。公开市场业务与存款准备金政策和再贴现政策相比有明显优势，它使中央银行处于主动地位，其规模根据宏观经济的需要可大可小，交易方法和步骤可以随意安排，不会对货币供给产生很大的冲击，同时，其操作的隐蔽性不会改变人们的心理预期，因此易于达到理想的效果。但是，开展公开市场业务操作需要中央银行具有相当规模、种类齐全的多种有价证券，其中国债尤其是短期国债是主要品种。因为国债信用优良、流动性强，适应了公开市场业务操作的需要，同时，公开市场业务操作影响的主要是短期内货币供应量的变化，所以对短期债券和票据要求较多。因此，具有普遍接受性的各种期限的国库券成为中央银行进行公开市场业务操作的主要工具。

（四）促进资本市场尤其是证券市场发展的功能

货币市场和资本市场作为金融市场的核心组成部分，前者是后者规范运作和发展的物质基础。首先，发达的货币市场为资本市场提供了稳定充裕的资金来源。从资金供给角度看，资金盈余方提供的资金层次是由短期到长期、由临时性到投资性的，因此货币市场在资金供给者和资本市场之间搭建了一个"资金池"，资本市场的参加者必不可少的短期资金可以从货币市场得到满足，而从资本市场退出的资金也能在货币市场找到出路。因此，货币市场和资本市场就如一对"孪生兄弟"，不可偏废于任何一方。其次，货币市场的良性发展减少了由于资金供求变化对社会造成的冲击。从长期市场退下来的资金有了出路，短期游资对市场的冲击力大减，投机活动达到了最大可能的抑制。因此，只有货币市场发展健全了，金融市场上的资金才能得到合理的配置，从世界上大多数发达国家金融市场的发展历程中可以总结出"先货币市场，后资本市场"是金融市场发展的基本规律。

由以上分析可以看出，货币市场在金融市场和市场经济的良性发展中都发挥着重要的作用，是微观主体和宏观经济正常运行的基础环节。但是货币市场功能的正常发挥是需要有前提条件的，货币市场本身的发达和完善是其功能得以发挥的首要前提。例如，发达的同业拆借市场需要有广泛的参与主体、频繁而广泛的交易行为、随行就市的市场价格；发达的票据市场要求票据行为的主体必须是信用良好的真正的市场经济行为主体，票据行为合法规范；国库券市场的形成要求政府发行的国库券达到一定规模，并且期限、档次合理。这些条件的具备为货币市场功能的发挥提供了良好的载体。其次，货币市场功能的发挥尤其是政策功能的发挥需借助于其他金融市场子市场的发展。货币市场在这个功能的发挥中实际上最早反映中央银行货币政策的变化，并通过进一步作用于长期金融市场即资本市场，进而作用于更广范围的市场。这是因为，在市场经济条件下，利益关系的变化引起经济行为的改变基本上都是借助货币这个载体，在这个过程中，货币市场和资本市场分别担任着"二传手"和"三传手"的作用。发达的市场经济是货币市场功能发挥的第三个条件。金融市场本身就是市场经济的产物。在市场经济中，政府通过间接调控的方式对市场和微观经济行为主体进行宏观管理，微观主体成为真正的"经济人"和"理性人"，为满足盈利最大化和效用最大化而进行营运和消费，供求关系成为价格变动的基本因素，价格成为资源配置变化的基本信号，发达的市场经济本身既需要货币市场，同时又为货币市场的发展提供良好的外部环境。

因此可以很容易地得出结论，货币市场是金融市场和市场经济良性发展的前提，金融市场和市场经济的完善又为货币市场的正常发展提供了条件，三者是相辅相成的统一体。在这一关系中，货币市场起着基础性作用。重资本市场，轻货币市场，其结果是削弱了货币市场的基础作用，使得市场经济行为主体失去了短期融资市场的依托，同时破坏了货币市场和资本市场的协调发展，造成大量本应属于货币市场的资金流向资本市场。一方面是货币市场因资金缺乏日渐萎缩，另一方面是不断膨胀的资本市场积聚了太多的短期游资，资本市场的泡沫成分日渐明显。再者，由于上述结果的延伸，使中央银行借以调节宏观经济的联系纽带被割断，在很大程度上削弱了中央银行货币政策的效应。正本清源，全面认识货币市场在整个金融市场以及市场经济中的基础功能与作用，对于社会主义市场经济的完善和金融市场的正常发展具有现实的以及长远的深刻意义。

第三节　我国货币市场状况

货币市场是金融市场的重要组成部分，其发展水平对于中央银行货币政策具有重要意义。1998 年以来，人民银行的货币政策操作逐渐由直接调控转为间接调控，货币市场也在快速、稳健发展。2010 年货币市场累计成交金额已达 115.46 万亿元，同业拆借市场成员达 887 家，银行间债券市场成员达 10235 家。目前货币市场与中央银行货币政策操作的联系更加密切，从而为中央银行货币政策的间接调控创造了重要的基础性条件。

我国的货币市场是由多个子市场构成的，主要包括同业拆借市场、回购市场、债券市场和票据市场，以下将分别予以介绍。

一、同业拆借市场

银行间同业拆借市场是货币市场的核心组成部分。在拆借市场上，商业银行等金融机构通过短期信用融资方式进行流动性管理。由于实行法定存款准备金制度，存款机构必须缴纳准备金，但由于临时性大额支付会出现准备金不足，从而形成了拆借资金的需求。

中国的拆借市场产生于 20 世纪 80 年代初期。但在 1993 年前后，金融机构之间也存在着混乱的拆借行为，主要表现为一部分金融机构将拆借市场作为长期融资的渠道，将拆入的资金进行证券投资和房地产投资，拆借成为逃避贷款规模管理的主要形式，也成为当时通货膨胀的重要原因之一。

1996 年 1 月，人民银行开始建立全国银行间同业拆借市场。商业银行总行及其授权分行、城市商业银行等金融机构成为全国银行间拆借市场成员，直接通过全国银行间同业拆借中心提供的电子交易系统进行拆借交易；其他金融机构的拆借交易在当地进行，并须报人民银行分支行备案。1998 年后，人民银行陆续批准了部分证券公司和财务公司成为全国银行间同业拆借市场交易成员，拆借市场覆盖的金融机构更加广泛。中央银行对各商业银行的拆借资金的期限和额度进行了限制，各商业银行拆借资金最长期限不得超过 4 个月，拆借额度根据存款余额按比例确定。电子交易系统可以及时向中央银行提供金融机构交易的情况，这对于中央银行准确了解市场流动性波动的原因，并实施相应的货币政策操作具有重要意义。1996 年 6 月起，中国人民银行规定，金融机构可根据市场资金供求状况，自行确定拆借利率，并开始定期公布银行间拆借市场利率，这是利率改革的重要一步。

随着有关政策的实施，拆借市场交易日趋活跃。2010 年同业拆借市场累计成交达 27.87 万亿元，日均成交 1115 亿元。从同业拆借市场交易的期限结构看，7 天期以内的交易量占市场总交易量的 97%，其中隔夜拆借占总交易量的 88%，1 个月期以上的交易合计占总成交量的 1.61%。从交易结构上看，在同业拆借市场上，股份制银行的交易量最大，占整个市场的 47.8%，国有商业银行占 16.5%，城市商业银行占 15.46%，三类机构合计占比约 80%；其他较为活跃的机构是外资银行和财务公司，交易量分别占整个市场的 7.94% 和 4.67%。

二、回购市场

1997 年以前，我国货币市场以同业拆借为主，货币市场交易工具单一。近年来，随着风险管理的加强，金融机构普遍需要更为安全的短期融资方式和工具，于是，依托于银行间债券市场的发展，债券回购也得到了迅速的发展。

目前，参加银行间债券市场回购业务的市场成员已包括中资商业银行及其授权分行、在华外资银行分行、中外资保险公司、证券公司、基金公司、农村信用社联社。全部成员金融资产总额占中国金融体系的 95% 以上。由于参加银行间债券市场成员比拆借市场的机构更为广泛，而债券回购的风险又低于信用拆借；与拆借相比，回购交易更为活跃，回购利率也更加稳定，因此，回购在反映金融市场流动性松紧方面的代表性也更加充分。

2010 年，我国银行间市场债券回购累计成交已达 87.59 万亿元，日均成交 3503 亿元；质押式回购累计成交 84.65 万亿元，日均成交 3386 亿元；买断式回购累计成交 2.94 万亿元，日均成交 118 亿元。从期限结构上看，2010 年银行间质押式回购市场上，7 天期以内交易占比为 94%，其中隔夜品种约占总成交量的 80%，1 个月期以上的交易合计占总成交量的 2.35%。从交易结构上看，在质押式回购市场上，国有商业银行的交易量最大，占整个市场 22.39%，城市商业银行占 21.18%，股份制银行占 18.14%，三类机构合计占比约 60%；其他较为活跃的机构是农村金融机构（含农村商业银行、合作银行和农村信用联社）和政策性银行，交易量分别占整个市场的 15.98%和 7.91%。

由于拆借和回购已成为商业银行等金融机构之间流动性管理的主要方式，银行间市场的同业拆借和回购利率开始成为货币市场的基准利率。

三、债券市场

自 1997 年建立银行间债券市场以来，我国债券市场得到了迅速发展，已经形成场外交易（银行间市场）为主，场内交易（交易所市场）为辅的债券市场体系。债券市场的规模不断扩大，债券品种日益丰富，债券市场体系和监管体系日益完善，债券市场制度建设取得了显著成就。

近年来，我国债券市场保持了较快的发展速度，债券发行额和托管余额增长数十倍。2010 年我国债券发行总额 9.51 万亿人民币，同比增长 10.1%。截至 2010 年年底，我国债券托管余额达到 20.17 万亿元，同步增长 15%，债券余额与股票市值比超过 70%，债券市场已经成为我国金融市场体系的重要组成部分。

从债券发行结构来看，2010 年我国债券发行总额 9.51 万亿元，其中国债占比 18.8%，央行票据占比 49%，政策性金融债占比 13.87%，央行票据占 20.28%，政策性金融债占25.58%，企业信用类债券占 17.2%，政府债券和政策性债券在债券券种中占据主导。

从交易情况看，我国债券市场主要分为两个部分：一是银行间债券市场，无论是从发行量、存量还是从交易量上来看，该市场都占绝对主导地位。银行间债券市场的市场参与者是各类机构投资者，属于大宗交易市场。实行双边谈判成交，逐笔结算。二是交易所债券市场，也就是以交易所为交易场所的债券市场，属场内市场，是集中撮合交易的零售市场，实行净额结算。市场参与者主要包括证券公司、保险公司、证券投资基金、信托公司、其他非金融机构和个人投资者。上市类商业银行机构也已经作为试点获准进入交易所债券市场。

此外，我国的债券市场还包括商业银行柜台市场，它是通过商业银行柜台向个人投资者销售记账式国债的零售市场，是银行间债券市场的延伸。

从投资者结构来看，商业银行、保险公司和基金公司是债券市场的主要投资者，其中商业银行占绝对主导地位。截至 2010 年 12 月底，商业银行、保险公司、基金公司三大投资者对主要券种持有分别为 9.72 万亿元、1.88 万亿元和 1.02 万亿元，占比分别为 63.95%、12.36% 和 6.69%，合计占比达到 83%。

从债券托管来看，我国已初步形成了分级托管体系。银行间债券市场实行一级托管体制，即参与银行间市场交易的机构投资者在中央国债登记结算公司直接开立债券账户，投资者以该账户进行交易和结算，由中央国债登记结算公司为投资者办理结算业务。

交易所债券市场实行二级托管体制，即中证登记公司在中央国债登记结算公司开立名义托管账户，交易所投资者在中证登记公司开立债券账户，交易所承担该市场债券的二级托管职责，中证登记公司为投资者办理债券结算业务。

商业银行柜台交易市场也实行二级托管体制，即债券在中央国债登记结算公司总托管，开展债券柜台交易业务的银行承担二级托管职责。

四、票据市场

过去,我国的票据市场以银行承兑汇票为主,商业期票的数量很少,基本形成不了成熟的市场。尤其是我国严禁纯粹融资性的商业票据的发行,所以票据的性质仍然是商业信用的工具,其交易则表现为少量的直接转让和较多的银行贴现。因此可以说票据市场仍处于初级阶段。为进一步推动国内票据业务和票据市场发展,便利企业支付和融资,支持商业银行票据业务创新,在充分调研论证的基础上,中国人民银行于 2008 年 1 月决定组织建设电子商业汇票系统,6 月正式立项,2009 年 10 月 28 日建成投入运行。电子商业汇票系统运行后,就有 20 家金融机构顺利接入,开始为其客户办理电子商业汇票业务。截至 2010 年年底,接入电子商业汇票系统的银行已经超过 300 家。2010 年,企业累计签发商业汇票 12.2 万亿元,同比增长 18.5%;累计贴现 26.0 万亿元,同比增长 12.4%。期末商业汇票未到期金额 5.6 万亿元,同比增长 35.9%;贴现余额 1.5 万亿元,同比下降 37.9%。2010 年年初以来,由于受金融机构加强信贷资产结构调整影响,票据融资余额逐季下降。2010 年年末,票据融资余额占贷款余额的比例为 3.1%,同比下降近 3 个百分点。

本章小结:

1. 货币市场是短期信用工具(期限在一年或一年以下)交易的金融市场,或者可以说,货币市场一般是指一年和一年以内的以短期金融工具为媒介进行短期融资和借贷的市场。我国的货币市场由多个子市场所构成,其中包括拆借市场、债券市场、票据市场和外汇市场等。

2. 银行短期信贷市场是指银行同业间的拆放,以及银行对工商企业提供短期信贷资金的场所。该市场的功能在于解决临时性的短期流动资金的不足。

3. 短期证券市场是指进行短期证券发行与买卖的场所,包括国库券、可转让定期存款单、商业票据、银行承兑票据等,它们的最大特点是具有较大的流动性和安全性。

4. 贴现市场是指对未到期票据,通过贴现方式进行资金融通而形成的交易市场。贴现交易的信用票据主要有政府国库券、短期债券、银行承兑票据和部分商业票据等。

5. 同业拆借和证券回购是商业银行在货币市场上融通短期资金的主渠道。

6. 货币市场的功能包括:短期资金融通的功能、管理的功能、政策传导的功能和促进证券市场发展的功能。

思考题:

1. 请解释货币市场与资本市场的区别。

2. 货币市场由哪些子市场组成?

3. 货币市场的主要功能包括哪些?

4. 票据市场具有什么功能?

5. 目前我国货币市场的发展存在什么问题?

第十五章　债券市场

学习目标:

1. 了解债券市场的含义
2. 了解债券市场的参与者有哪些
3. 了解债券市场工具有哪些
4. 掌握我国债券市场的构成
5. 了解债券市场的分类标准及其类型
6. 了解我国债券市场的发展状况

第一节　债券市场简介

债券市场是发行和买卖债券的场所，是金融市场的一个重要组成部分。债券市场是一国金融体系中不可或缺的部分，一个统一、成熟的债券市场可以为全社会的投资者和筹资者提供低风险的投融资工具。债券的收益率曲线是社会经济中一切金融商品收益水平的基准，因此债券市场也是传导中央银行货币政策的重要载体。可以说，统一、成熟的债券市场构成了一个国家金融市场的基础。

中国债券市场从 1981 年恢复发行国债开始至今，经历了曲折的探索阶段和快速的发展阶段。目前，我国债券市场形成了银行间市场、交易所市场和商业银行柜台市场三个基本子市场在内的统一分层的市场体系。在中央国债登记结算有限公司（以下简称中央结算公司）实行集中统一托管，又根据参与主体层次性的不同，相应实行不同的托管结算安排。

其中，银行间市场是债券市场的主体，债券存量和交易量约占全市场 90%。这一市场参与者是各类机构投资者，属于大宗交易市场（批发市场），实行双边谈判成交，逐笔结算。银行间市场投资者的证券账户直接开立在中央结算公司，实行一级托管；中央结算公司还为这一市场的交易结算提供服务。

交易所市场是另一重要部分，它由除银行以外的各类社会投资者构成，属于集中撮合交易的零售市场，实行净额结算。交易所市场实行两级托管体制，其中，中央结算公司为一级托管人，负责为交易所开立代理总账户，中国证券登记结算公司为债券二级托管人，记录交易所投资者账户，中央结算公司与交易所投资者没有直接的权责关系。交易所交易结算由中国证券登记结算公司负责。

商业银行柜台市场是银行间市场的延伸，也属于零售市场。柜台市场实行两级托管体制，其中，中央结算公司为一级托管人，负责为承办银行开立债券自营账户和代理总账户，承办银行为债券二级托管人，中央结算公司与柜台投资者没有直接的权责关系。与交易所市场不同的是，承办银行日终需将余额变动数据传给中央结算公司，同时中央结算公司为柜台投资人提供余额查询服务，成为保护投资者权益的重要途径。

第二节 债券市场的类型和功能

一、债券市场的类型

根据不同的分类标准，债券市场可分为不同的类别。最常见的分类有以下几种：

（一）根据债券运行过程和市场基本功能分类

根据债券的运行过程和市场的基本功能可将债券市场分为发行市场和流通市场。

债券发行市场，又称一级市场，是发行单位初次出售新债券的市场。债券发行市场的作用是将政府、金融机构以及工商企业等为筹集资金向社会发行的债券，分散发行到投资者手中。

债券流通市场，又称二级市场，是指已发行债券买卖转让的市场。债券一经认购，即确立了一定期限的债权债务关系，但通过债券流通市场，投资者可以转让债权，把债券变现。

债券发行市场和流通市场相辅相成，是互相依存的整体。发行市场是整个债券市场的源头，是债券流通中场的前提和基础。发达的流通市场是发行市场的重要支撑，流通市场的发达是发行市场扩大的必要条件。

（二）根据市场组织形式分类

根据市场组织形式可将债券市场分为场内交易市场和场外交易市场。

证券交易所是专门进行证券买卖的场所，如我国的上海证券交易所和深圳证券交易所。在证券交易所内买卖债券所形成的市场，就是场内交易市场，这种市场组织形式是债券流通市场的较为规范的形式，交易所作为债券交易的组织者，本身不参加债券的买卖和价格的决定，只是为债券买卖双方创造条件，提供服务，并进行监管。

场外交易市场是在证券交易所以外进行证券交易的中场。柜台市场为场外交易市场的主体。许多证券经营机构都设有专门的证券柜台，通过柜台进行债券买卖。在柜台交易中场中，证券经营机构既是交易的组织者，又是交易的参与者。此外，场外交易中场还包括银行间交易市场，以及一些机构投资者通过电话、电脑等通讯手段形成的市场等。目前，我国债券流通市场由三部分组成，即沪、深证券交易所市场、银行间交易市场和证券经营机构柜台交易市场。

（三）根据债券发行地点分类

根据债券发行地点的不同可将债券市场划分为国内债券市场和国际债券市场。

国内债券市场的发行者和发行地点属于同一个国家，而国际债券市场的发行者和发行地点不属于同一个国家。

二、债券市场的功能

纵观世界各个成熟的金融市场，无不有一个发达的债券市场。债券市场在社会经济中占有如此重要的地位，是因为它具有以下几项重要功能。

（一）融资功能

债券市场作为金融市场的一个重要组成部分，具有使资金从资金剩余者流向资金需求者，为资金不足者筹集资金的功能。我国政府和企业先后发行多批债券，为弥补国家财政赤字和国家的许多重点建设项目筹集了大量资金。在"八五"期间，我国企业通过发行债券共筹资 820 亿元，重点支持了三峡工程、上海浦东新区建设、京九铁路、沪宁高速公路、吉林化工、北京地铁、北京西客站等能源、交通、重要原材料等重点建设项目以及城市公用设施建设。

（二）资金流动导向功能

效益好的企业发行的债券通常较受投资者欢迎，因而发行时利率低，筹资成本小；相反，效益差的企业发行的债券风险相对较大，受投资者欢迎的程度较低，筹资成本较大。因此，通过债券市场，资金得以向优势企业集中，从而有利于资源的优化配置。

（三）宏观调控功能

一国中央银行作为国家货币政策的制定与实施部门，主要依靠存款准备金、公开市场业务、再贴现和利率等政策工具进行宏观经济调控。其中，公开市场业务就是中央银行通过在证券市场上买卖债券等有价证券，从而调节货币供应量，实现宏观调控的重要手段。在经济过热、需要减少货币供应时，中央银行卖出债券、收回金融机构或公众持有的一部分货币从而抑制经济的过热运行；当经济萧条、需要增加货币供应量时，中央银行便买入债券，增加货币的投放。

第三节　我国债券市场状况

一、我国债券市场发行状况

2010 年，我国债券市场累计发行人民币债券 5.1 万亿元，同比增长 3.1%。国债、政策性银行债券、短期融资券等债券品种发行量，较上年有所增加。截至 2010 年年末，债券市场债券托管总额达 16.3 万亿元，其中，银行间市场债券托管额为 15.8 万亿元，同比增长 21.5%。

2010 年，财政部通过银行间债券市场发行债券 1.7 万亿元（包括代发地方政府债券 2000 亿元）；国家开发银行、中国进出口银行、中国农业发展银行在银行间债券市场发行债券 1.3 万亿元；汇金公司在银行间债券市场公开发行债券 1090 亿元；金融债券发行主体范围进一步扩大，外资法人银行获准发行金融债券，三菱东京日联银行（中国）在银行间债券市场公开发行金融债券 10 亿元；积极拓宽金融租赁公司和汽车金融公司资金来源渠道，3 家金融租赁公司和 1 家汽车金融公司总计发行金融债券 50 亿元。公司信用债券继续发展，2010 年债券市场共发行公司信用债券 1.6 万亿元，其中发行短期融资券 6742 亿元、中期票据 4924 亿元、中小非金融企业集合票据 46.6 亿元、企业债券 3627 亿元、公司债券 511.5 亿元，同时为提高企业流动性管理能力，创新推出超短期融资券，已成功发行 150 亿元。

目前银行间债券市场的债券发行机构范围包括财政部、政策性银行、铁道部、商业银行、非银行金融机构、国际开发机构和非金融企业等各类市场参与主体，债券种类日趋多样化，信用层次更加丰富。

2010 年，银行间市场债券发行期限结构依然以中短期债券为主。其中，期限 5 年以内的债券发行量占比 40%，比 2009 年下降 8.8 个百分点；期限 5 年（含）到 10 年的债券发行量占比 34.7%，比 2009 年上升 7.9 个百分点；期限 10 年（含）以上的债券发行量占比 25.2%，比 2009 年上升 0.8 个百分点。

二、我国债券市场交易状况

2010 年，银行间现券市场共成交 30.4 万笔，累计成交 64 万亿元。银行间本币交易系统用户数也稳步增长，截至 2010 年年末，银行间本币交易系统用户达 3063 家，与 2009 年年末相比，新增系统用户 617 家。

从期限结构看，现券交易主要集中于 0～5 年期品种。2010 年，0～5 年期债券品种累计成交 50.7 万亿元，占现券市场总成交量的 79.2%，其中，1～3 年期债券品种的成交量涨幅最为明显，累计成交 21.1 万亿元，占现券市场总成交量的 33.0%。

从交易券种看，政策性金融债仍最受欢迎，成交量最大，央行票据和中期票据分列其后。2010 年，市场成交排名前三位的券种仍为政策性金融债、央行票据和中期票据，其中政策性金融债成交 21.3 万亿元，占总成交量的 33.3%，居于首位。

从现券投资者结构看，城市商业银行、股份制银行和证券公司的交易最为活跃，基金和保险公司由净卖出债券转为净买入债券。以现券的买入量和卖出量衡量，城市商业银行、股份制银行和证券公司是现券市场上交易最活跃的三类机构。从现券买入方看，这三类机构交易量分别占市场总交易量的 25.0%、23.3% 和 12.1%，合计占比为 60.4%。从现券卖出方看，这三类机构交易量分别占市场总交易量的 26.2%、23.7% 和 12.7%，合计占比为 62.5%。

就现券的净买入量而言，2010 年国有商业银行仍为现券市场最大的净买入方，累计净买入现券 9955.9 亿元；城市商业银行仍为现券市场最大的净卖出方，累计净卖出现券 7727.7 亿元。

三、我国债券市场参与者状况

截至 2010 年年末，银行间同业拆借市场参与者 887 家，比 2009 年年末增加 33 家。银行间债券市场参与主体 10235 个，包括各类金融机构和非金融机构投资者。以做市商为核心、金融机构为主体、其他机构投资者共同参与的多层市场结构更加完善，银行间债券市场已成为各类市场主体进行投融资活动的重要平台。2010 年，银行间债券市场参与主体类型进一步丰富，资金集合型投资主体与非金融企业增加较多。在新增的市场参与主体中，基金新增 581 个，企业新增 309 个，银行新增 54 个，信用社新增 26 个，非银行金融机构新增 11 个，保险机构新增 4 个。同时，境外中央银行或货币当局、香港、澳门地区人民币业务清算行和跨境贸易人民币结算境外参加银行等相关境外机构获准进入银行间债券市场投资试点。

本章小结：
1. 债券市场是发行和买卖债券的场所，是金融市场的一个重要组成部分。

2. 我国债券市场形成了银行间市场、交易所市场和商业银行柜台市场三个基本子市场在内的统一分层的市场体系。其中，银行间市场是债券市场的主体。

3. 根据不同的分类标准，债券市场可分为不同的类别：根据债券的运行过程和市场的基本功能可将债券市场分为发行市场和流通市场；根据市场组织形式可将债券市场分为场内交易市场和场外交易市场；根据债券发行地点的不同可将债券市场划分为国内债券市场和国际债券市场。

4. 债券市场具有融资功能、资金流动导向功能和宏观调控功能。

思考题：

1. 什么是债券市场？债券市场根据不同的标准可以分为哪几种类型？

2. 债券市场具有哪些功能？

3. 央行如何通过债券市场进行公开市场业务调控货币供应量？

4. 我国银行间债券市场的发行主体包括哪些机构和部门？

第十六章　股票市场

学习目标：
1. 掌握股票市场的概念和功能
2. 掌握股票市场的分类
3. 了解股票市场的参与者
4. 了解我国股票市场的发展简史

第一节　股票市场简介

股票市场是股票发行和交易的场所，包括发行市场和流通市场两部分。股份公司通过面向社会发行股票，迅速集中大量资金，实现生产的规模经营；而社会上分散的资金盈余者本着"利益共享、风险共担"的原则投资股份公司，谋求财富的增值。股票流通市场的存在和发展为股票发行者创造了有利的筹资环境，投资者可以根据自己的投资计划和市场变动情况，随时买卖股票。由于解除了投资者的后顾之忧，它们可以放心地参加股票发行市场的认购活动，有利于公司筹措长期资金，股票流通的顺畅也为股票发行起了积极的推动作用。对于投资者来说，通过股票流通市场的活动，可以使长期投资短期化，在股票和现金之间随时转换，增强了股票的流动性和安全性。股票流通市场上的价格是反映经济动向的晴雨表，它能灵敏地反映出资金供求状况、市场供求，行业前景和政治形势的变化，是进行经济预测和分析的重要指标，对于企业来说，股权的转移和股票行市的涨落是其经营状况的指示器，还能为企业及时提供大量信息，有助于它们的经营决策和改善经营管理。可见，股票流通市场具有重要的作用。

流通市场的构成要素主要有：一是股票持有人，在此为卖方；二是投资者，在此为买方；三是为股票交易提供流通、转让便利条件的信用中介操作机构，如证券公司或股票交易所（习惯称之为证券交易所）。交易所市场是股票流通市场的最重要的组成部分，也是交易所会员、证券自营商或证券经纪人在证券市场内集中买卖上市股票的场所，是二级市场的主体。具体说，它具有固定的交易所和固定的交易时间。接受和办理符合有关法律规定的股票上市买卖，使原股票持有人和投资者有机会在市场上通过经纪人进行自由买卖、成交、结算和交割。证券公司也是二级市场上重要的金融中介机构之一，其最重要的职能是为投资者买卖股票等证券，并提供为客户保存证券、为客户融资融券、提供证券投资信息等业务服务。

而转让股票进行买卖的方法和形式称为交易方式，它是股票流通交易的基本环节。现代股票流通市场的买卖交易方式种类繁多，从不同的角度可以分为以下三类：一是议价买卖和竞价买卖。议价买卖就是买方和卖方一对一地面谈，通过讨价还价达成买卖交易，它是场外交易中常用的方式，一般在股票上不了市、交易量少，需要保密或为了节省佣金等情况下采用。竞价买卖是指买卖双方都是由若干人组成的群体，双方公开进行双向竞争的交易，即交易不仅在买卖双方之间有出价和要价的竞争，而且在买者群体和卖者群体内部也存在着激烈的竞争，最后在买方出价最高者和卖方要价最低者之间成交。在这种双方竞争中，买方可以自由地选择卖方，卖方也可以自由地选择买方，使交易比较公平，产生的价格也比较合理。竞价买卖是证券交易所中买卖股票的主要方式。二是直接交易和间接交易。直接交易是买卖双方直接洽谈，股票也由买卖双方自行清算交割，在整个交易过程中不涉及任何中介的交易方式。场外交易绝大部分是直接交易。间接交易是买卖双方不直接见面和联系，而是委托中介人进行股票买卖的交易方式。证券交易所中的经纪人制度，就是典型的间接交易。三是现货交易和期货交易。现货交易是指股票买卖成交以后，马上办理交割清算手续，当场钱货两清，期货交易则是股票成交后按合同中规定的价格、数量，过若干时期再进行交割清算的交易方式。

股票除了在交易所交易之外，还可以在场外市场交易。场外市场又称店头市场或柜台市场。它与交易所共同构成一个完整的证券交易市场体系。场外交易市场实际上是由千万家证券商行组成的抽象的证券买卖市场。在场外市场交易市场内，每个证券商行大都同时具有经纪人和自营商双重身份，随时与买卖证券的投资者通过直接接触或电话、电报等方式迅速达成交易。作为自营商，证券商具有创造市场的功能。证券商往往根据自身的特点，选择几个交易对象。作为经纪证券商，证券商替顾客与某证券的交易商行进行交易。在这里，证券商只是顾客的代理人，不承担任何风险，只收少量的手续费作为补偿。

第二节　股票市场的类型和功能

一、股票市场的类型

（1）根据市场的功能划分，股票市场可分为发行市场和流通市场。

发行市场是通过发行股票进行筹资活动的市场，一方面为资本的需求者提供筹集资金的渠道，另一方面为资本的供应者提供投资场所。发行市场是实现资本职能转化的场所，通过发行股票，把社会闲散资金转化为生产资本。由于发行活动是股市一切活动的源头和起始点，故又称发行市场为"一级市场"。

流通市场是已发行股票进行转让的市场，又称"二级市场"。流通市场一方面为股票持有者提供随时变现的机会，另一方面又为新的投资者提供投资机会。与发行市场的一次性行为不同，在流通市场上股票可以不断地进行交易。

发行市场是流通市场的基础和前提，流通市场又是发行市场得以存在和发展的条件。发行市场的规模决定了流通市场的规模，影响着流通市场的交易价格。没有发行市场，流通市场就成为无源之水、无本之木，在一定时期内，发行市场规模过小，容易使流通市场供需脱节，造成过度投机，股价飙升；发行节奏过快，股票供过于求，对流通市场形成压力，股价低落，市场低迷，反过来影响发行市场的筹资。所以，发行市场和流通市场是相互依存、互为补充的整体。

（2）根据市场的组织形式划分，股票市场可分为场内交易市场和场外交易市场。

股票场内交易市场是股票集中交易的场所，即股票交易所。有些国家最初的股票交易所是自发产生的，有些则是根据国家的有关法规注册登记设立或经批准设立的。今天的股票交易所有严密的组织，严格的管理，并有进行集中交易的固定场所。在许多国家，交易所是股票交易的唯一合法场所。在我国，1990 年底，上海证券交易所正式成立，深圳证券交易所也开始试营业。

股票场外交易市场是在股票交易所以外的各证券交易机构柜台上进行的股票交易市场，所以也叫做柜台交易市场。随着通信技术的发展，一些国家出现了有组织的，并通过现代化通信与电脑网络进行交易的场外交易市场，如美国的全美证券商协会自动报价系统（NASDAQ）。由于我国的证券市场还不成熟，目前还不具备发展场外交易市场的条件。

（3）根据投资者范围不同，我国股票市场还可分为境内投资者参与的 A 股市场和专供境外投资者参与的 B 股市场。

二、股票市场的功能

股票市场的功能反映了股票市场的性质。在市场经济社会中，股票有如下四个方面的功能。

（一）积聚资本

上市公司通过股票市场发行股票来为公司筹集资本。上市公司将股票委托给证券承销商，证券承销商再在股票市场上发行给投资者。而随着股票的发行，资本就从投资者手中流入上市公司。

（二）转让资本

股市为股票的流通转让提供了场所，使股票的发行得以延续。如果没有股市，我们很难想象股票将如何流通，这是由股票的基本性质决定的。当一个投资者选择银行储蓄或购买债券时，他不必为这笔钱的流动性担心。因为无论怎么说，只要到了约定的期限，他都可以按照约定的利率收回利息并取回本金，特别是银行存款，即使提前去支取，除本金外也能得到少量利息。总之，将投资撤回、变为现金不存在任何问题。但股票就不同了，一旦购买了股票就成为了企业的股东，此后，你既不能要求发行股票的企业退股，也不能要求发行企业赎回。如果没有股票的流通与转让场所，购买股票的投资就变成了一笔死钱，即使持股人急需现金，股票也无法兑现。这样的话，人们对购买股票就会有后顾之忧，股票的发行就会出现困难。有了股票市场，股民就可以随时将持有的股票在股市上转让，按比较公平与合理的价格将股票兑现，使死钱变为活钱。

（三）转化资本

股市使非资本的货币资金转化为生产资本，它在股票买卖者之间架起了一座桥梁，为非资本的货币向资本的转化提供了必要的条件。股市的这一功能对资本的追加、促进企业的经济发展有着极为重要的意义。

（四）给股票赋予价格

股票本身并无价值，虽然股票也像商品那样在市场上流通，但其价格的多少与其所代表的资本的价值无关。股票的价格只有在进入股票市场后才表现出来，股票在市场上流通的价格与其票面金额不同，票面金额只是股票持有人参与红利分配的依据，不等于其本身所代表的真实资本价值，也不是股票价格的基础。在股票市场上，股票价格有可能高于其票面金额，也有可能低于其票面金额。股票在股票市场上的流通价格是由股票的预期收益、市场利息率以及供求关系等多种因素决定的。但即使这样，如果没有股票市场，无论预期收益如何，市场利率有多大的变化，也不会对股票价格造成影响。所以说，股票市场具有赋予股票价格的功能。

在股市中，由于股价的走向取决于资金的运动。资金实力雄厚的机构大户就能在一定程度上影响甚至操纵股价的涨跌。他们可以利用自身的资金实力，采取多种方式制造虚假的行情而从中获利，因而使得股票市场有投机的一面。但这并不能代表股票市场的全部，不能反映股票市场的实质。

对于股票市场上的投机行为要进行客观的评价。股票市场上的种种投机行为固然会对商品经济的发展产生很大的副作用，但不可忽视的是，投机活动也是资本集中的一个不可缺少的条件。我们应该认识到，正是由于投机活动有获得暴利的可能，才刺激了某些投资者，使其将资金投入股票市场，从而促进资本的大量集中，使货币资金转化为资本。

第三节　我国股票市场状况

一、我国股票市场的建立和发展

我国目前的股票市场是在改革开放以后经过探索准备后才建立和发展起来的。具体而言，可以分成以下几个阶段。

（一）探索起步阶段

中国内地证券市场是在 20 世纪 70 年代末确立改革开放政策后重新恢复和起步的，尽管存在市场结构不均衡、市场运作不规范、法制建设起步稍晚等问题，但证券市场的恢复对国民经济的改革开放仍发挥了积极作用。1978～1990 年中国证券市场上各种证券累计发行 2861 亿元，其中，股票 45.90 亿元，债券 1870.42 亿元，大额可转让存单 704.59 亿元。这期间，累计流通转让证券总额 187 亿元，其中以国债为主体的债券达 167.82 亿元，大额可转让存单 0.67 亿元。流通转让方式主要是私下交易和柜台交易等场外交易方式。

（二）交易所市场的形成和股票市场快速发展阶段

1990 年 12 月和 1991 年 7 月，上海证券交易所和深圳证券交易所分别正式营运，标志着中国证券集中交易市场的形成，证券市场开始了快速发展时期。1992 年春，邓小平在深圳视察时发表了对证券市场至关重要的谈话，谈话为改革开放的进一步深化统一了思想，实现了对姓"资"姓"社"问题上的思想解放，为证券市场的发展创造了良好的舆论环境和政治气候。1992 年 10 月，中共十四大报告明确提出，要"积极培育包括债券、股票等有价证券的金融市场"，证券市场作为国民经济的重要组成部分已在政治上得到认可，它在中国成长与发展的进程中已呈不可逆转之势。1992 年 10 月，国务院证券委员会（简称"证券委"）及其监管执行机构中国证监会宣布成立，标志着全国证券市场进行统一监督管理的专门机构产生。1993 年国务院先后发布了《股票发行与交易管理暂行条例》和《企业债券管理条例》，此后又陆续出台若干法规和行政规章，初步构建了最基本的证券法律法规体系。

1993 年以后，股票市场试点由点及面，扩大到全国，并以 B 股、H 股等方式开始发行，债券市场品种多样化，发债规模逐年递增。与此同时，证券中介机构在种类、数量和规模上迅速扩大。

（三）《证券法》出台与监管体制的逐步完善阶段

1998 年 4 月，根据国务院机构改革方案，决定撤销国务院证券委员会，其职能归中国证监会。同时，中国人民银行对证券监管机构的监管职能也划归中国证监会。中国证监会作为国务院直属事业单位，是全国证券、期货市场的主管部门，行使建立统一的证券、期货监管体系，对证券、期货监管机构实行垂直管理和对证券、期货业进行监管的职能。中国证监会接收和设立全国各省市证管办和特派员办事处，建立了由中国证监会及其派出机构组成的集中统一的监管体系。

1998 年 12 月，全国人大常委会通过《证券法》，并于 1999 年 7 月 1 日正式实施，奠定了我国证券市场基本的法律框架，使我国证券市场的法制建设进入了一个新的历史阶段。在这一时期，证券监管机构制定了包括《基金法》（2003 年）在内的一系列的法规和政策措施，完善上市公司治理结构，大力培育机构投资者，不断改革完善股票发行、交易制度，促进了证券市场的规范发展和对外开放。

（四）股票市场改革深化与稳步发展阶段

2004 年 1 月 31 日，国务院发布《关于推进资本市场改革开放和稳定发展的若干意见》，充分肯定了我国资本市场取得的巨大成就，明确了资本市场发展的指导思想和任务，提出了支持资本市场发展的有关政策。根据证券市场的发展需要，2004 年 8 月和 2005 年 11 月，全国人大常委会对《证券法》进行了两次修订，进一步夯实了中国证券市场发展的法律基础。

2004 年以来，中国证券市场发生了若干重大的制度变迁，2004 年 5 月起深交所在主板市场内设立中小企业板块，上海证券交易所和深圳证券交易所分别推出交易型开放式指数基金（ETF）和上市开放式基金（LOF）、权证等创新品种，交易机制、交易技术也不断完善。2005 年 4 月，经国务院批准，中国证监会发布了《关于上市公司股权分置改革试点有关问题的通知》，启动股权分置改革试点工作。截至 2006 年年底，沪、深两市已完成或者进入股权分置改革程序的上市公司共 1301 家，占应改革上市公司的 97%，对应市值占比 98%，未进入改革程序的上市公司仅 40 家。同时，上市公司大股东占用资金的清欠工作也基本完成。

2005 年以来，中国证监会还大力推进交易结算资金第三方独立存管、对证券公司全面实行净资本管理，适时推出投资者保护基金、加快风险券商处置进度，基本完成高风险券商处置工作，若干长期困扰中国资本市场发展的问题逐步得到解决。

2006 年 9 月 8 日，经国务院同意，中国证监会批准，由上海期货交易所、郑州商品交易所、大连商品交易所、上海证券交易所和深圳证券交易所共同发起设立中国金融期货交易所，2010 年 4 月 16 日，股指期货正式上市，有力地推进中国金融衍生产品的发展，对健全中国资本市场体系结构具有划时代的重大意义。

二、我国股票市场现状

经过 30 年的发展，我国股票市场迅速壮大，在国民经济发展过程中发挥着越来越重要的作用，甚至已经成为经济和社会生活不可或缺的一部分。

从市场参与者状况来看，截至 2011 年 7 月 31 日，我国 A 股市场上市公司已达 2196 家，B 股市场上市公司 106 家；有证券公司 109 家，证券投资基金管理公司 64 家，证券投资咨询公司 91 家，证券资信评级机构 6 家；整个行业注册从业人员 244979 人；开户投资者 1.33 亿户。

从市场容量和交易状况看，截至 2010 年年底，沪深两市总市值为 22.44 万亿元，居世界第二位。2010 年沪深两市股票累计成交金额 54.58 万亿元，其中沪市 30.45 万亿元，排名保持世界第三；深市 24.13 万亿元，排名世界第五。

从融资状况看，2010 年，沪、深两市共有 349 家企业 IPO 上市，其中主板 28 家、中小板 204 家、创业板 117 家，融资额为 4921.31 亿元，居世界第一；增发融资 3656.80 亿元，配股融资 1438.22 亿元。全年两市总募资金额达到 10016.33 亿元，突破万亿元大关，一举超越 2007 年 7985.82 亿元的历史纪录。

从市场中介状况看，首先，证券公司和证券营业部在中大城市已经趋于相对饱和和稳定，基本形成了覆盖全国的证券经营网络。截至 2011 年 6 月 30 日，我国已有证券公司 109 家，下辖 2400 多家证券营业部，总资产为 1.67 万亿元，净资产为 5808.96 亿元，净资本为 4357.17 亿元，受托管理资金本金总额为 2486.73 亿元。其次，证券交易所运行稳定、效率较高。目前，沪、深交易所整个交易、清算、登记、过户系统的技术水平位于世界前列，股票、基金、债券已全部实现无纸化发行和交易，这为证券市场的健康发展奠定了良好的物质和技术基础。再次，网上证券交易全面普及。计算机上网和手机上网交易成为绝大多数投资者主要交易方式，只有很少数的投资者还采用电话委托交易方式，已经几乎没有柜台委托交易方式。最后，全方位的证券市场服务体系基本形成。中国证券市场服务机构主要有证券登记结算公司、具有证券从业资格的会计师事务所或审计师事务所、具有证券从业资格的律师事务所、具有证券从业资格的证券投资咨询机构、资产评估机构和资信评级机构等，它们依照相关法律制度进行独立的审计、评估和咨询，为投资者进行投资提供具有一定价值的比较公正与客观的报告。

从市场自律性组织状况看，中国证券市场的自律性组织主要是中国证券业协会和沪、深交易所，近年来随着相关法律、法规和自律规章不断完善，证券业协会和交易所的分工已经非常明确，职责分明，使市场透明度不断加强，这对促进证券市场的健康发展起了重要的作用。除此之外，市场自律性组织还有一些地方性协会或研究合作机构，这里就不多作介绍。

从市场监管机构状况看，中国证券市场监管机构是中国证监会及其派出机构。证监会机关内设 18 个职能部门，1 个稽查总队，3 个中心；根据《证券法》第 14 条规定，中国证监会还设有股票发行审核委员会，委员由中国证监会专业人员和所聘请的会外有关专家担任。中国证监会在省、自治区、直辖市和计划单列市设立 36 个证券监管局，以及上海、深圳证券监管专员办事处。监管力度不断加强，全国统一的证券市场监管体系不断完善。

从监管体制角度看，我国证券市场的监管体制可以分为三个层次：一是由中国证监会及其在全国各地的 36 个派出机构所形成的政府监管；二是由中国证券业协会和证券交易所实施的行业自律监管；三是由会计师事务所、律师事务所等证券服务机构和社会传媒实施的社会监管。三个层次各有侧重，各司其职，形成一个统一的整体。

从法律制度框架状况看，2006 年 1 月 1 日经修订的《证券法》实施，标志着中国证券市场的法律规范又达到新的高度，以《公司法》、《证券法》为核心，以《刑法》、《会计法》、行政法规和部门规章为补充的法律制度框架为证券市场的健康运行构建了良好的基础平台。它规范的范围主要包括证券发行制度、证券交易制度、证券上市和退市制度、证券登记结算制度、证券市场信息披露制度、上市公司的财务会计制度、上市与证券经营中介机构的法人治理制度等，涉及市场的方方面面。

本章小结：

1. 股票市场是股票发行和交易的场所，包括发行市场和流通市场两部分。其中，流通市场的构成要素有：一为股票持有人，在此为卖方；二为投资者，在此为买方；三为股票交易提供流通、转让便利条件的信用中介操作机构。

2. 按照不同的标准划分，股票市场可以进行以下分类：根据市场的功能划分，股票市场可分为发行市场和流通市场；根据市场的组织形式划分，股票市场可分为场内交易市场和场外交易市场；根据投资者范围不同，我国股票市场还可分为境内投资者参与的 A 股市场和专供境外投资者参与的 B 股市场。

3. 股票市场的功能包括：积聚资本、转让资本、转化资本和给股票赋予价格。

思考题：

1. 什么是交易方式？股票市场的交易方式包括哪几种？
2. 股票有什么作用？股票市场有什么作用？
3. 我国的股票有哪些类型？
4. 什么是交易型开放式指数基金（ETF）？什么是上市开放式基金（LOF）？

第十七章　黄金市场

学习目标：
1. 了解黄金市场的发展简史
2. 掌握国家黄金市场参与者的构成
3. 掌握黄金市场的分类
4. 熟知世界的两大黄金集团
5. 了解各地黄金市场的状况
6. 了解我国黄金市场的发展情况

第一节　黄金市场简介

黄金市场是集中进行黄金买卖的交易场所。黄金交易与证券交易一样，都有一个固定的交易场所，世界各地的黄金市场就是由存在于各地的黄金交易所构成。黄金交易所一般都是设在各个国际金融中心，是国际金融市场的重要组成部分。在黄金市场上买卖的黄金形式多种多样，主要有各种成色和重量的金条、金币、金丝和金叶等，其中最重要的是金条。大金条量重价高，是专业金商和中央银行买卖的对象，小金条量轻价低，是私人和企业买卖、收藏的对象。金价按纯金的重量计算，即以金条的重量乘以金条的成色。

由于黄金是金属王国中最珍贵、最罕有的金属之一，极难开采，具有很好的化学稳定性，便于贮存，因而被人类赋予了社会属性，也就是流通货币功能。黄金成为人类的物质财富，成为人类储藏财富的重要手段。马克思在《资本论》里写道："货币天然不是金银，但金银天然就是货币"。从而我们在分析黄金市场的时候，不能单纯把它当成一般商品来考虑，更多地要考虑其具有货币功能的特性，可以作为国际储备来运用。

黄金自古以来就是货币。形成世界经济体系以后，黄金就是国际货币。1976年，国际货币基金组织在牙买加首都金斯敦召开的会议上决定，废除黄金官价，用特别提款权逐步代替黄金作为国际货币制度的主要储备资产，宣布黄金非货币化。但是从那以后，黄金仍然被世界上绝大多数国家作为国际储备资产、价值的最终储藏手段。在通货膨胀严重、政治经济危机时期，黄金的价值更会增加。

早在19世纪初期，世界上就已经出现了较为健全的国际黄金市场。当时处于金本位制时期，西方国家的黄金市场都是自由交易、自由输出入。后来，随着金本位制的崩溃，各国政府纷纷实行外汇管制，黄金交易受到很大程度的限制，如规定黄金一般要出售给官方外汇管理机构或指定的银行，至于工业和其他用途的黄金，也需向外汇管理机构或指定的银行购买。但是，国际黄金市场没有因为黄金已不再是货币材料而萎缩。第二次世界大战以后，各国对黄金管制有所放松，黄金市场得到进一步发展，交易量也明显增多。进入20

世纪 70 年代以后，国际黄金市场又有了新的发展变化，主要表现在以下几个方面：

一是市场规模进一步扩大。一些国家和地区相继开放黄金市场或放松对黄金输出入的管制。如加拿大温尼伯期货交易所于 1972 年 11 月开业进行黄金买卖；美国于 1975 年宣布允许居民持有和买卖黄金；香港在 1974 年也撤销了对黄金输出入的管制。此外，澳大利亚、新加坡也先后于 1978 年 4 月和 11 月设立了黄金期货市场。这样，加上原有的伦敦、巴黎和苏黎世黄金市场等，黄金市场几乎遍布世界各地，而且黄金交易量也迅猛增加，最终导致巨大的国际黄金市场的形成。

二是伦敦以外的一些黄金市场的重要性上升。伦敦的黄金市场在历史上虽然始终是西方世界最重要的国际黄金市场，但是，由于 20 世纪 60 年代以来世界各地黄金市场的开放及其业务的不断扩大，伦敦作为国际黄金市场的重要性有所下降。例如，1969 年后，苏黎世通过给予南非储备银行以优惠的信贷支持，以获得南非 80%黄金新产量的供应，加之苏联所抛售的黄金大部分也通过苏黎世黄金市场进行交易，因此使其很快成为西方世界很重要的国际黄金市场之一。另外，纽约、芝加哥国际黄金市场的扩展也十分迅速。

目前，它们对黄金的吸收量已占到世界总吸收量的 25%左右，对国际金价的动向起着越来越重要的作用。尽管如此，由于伦敦国际黄金市场对黄金的运输、精炼、库藏等，具有较高的技术和管理水平，其黄金价报价对世界黄金行市仍有很大影响。所以，伦敦仍不失为世界上最重要的国际黄金市场之一。

三是各黄金市场金价波动剧烈，投机活动越来越频繁。自从布雷顿森林体系崩溃以来，国际黄金市场的金价一直动荡不定。如 1980 年 1 月黄金价格曾达到 850 美元/盎司的破纪录的高峰，然而仅到当年 3 月，又迅速下跌至 470 美元/盎司。波动幅度高达近 80%。与此紧密相连，国际黄金市场中"买空卖空"的投机活动日益盛行，而这种投机活动又进一步加剧了金价的波动。

四是期货市场发展迅速。自 1947 年美国解除黄金禁令，开办了黄金期货市场以来，纽约期货交易所、芝加哥期货交易所的发展速度十分惊人。受此影响，不仅新加坡、澳大利亚相继开辟了期货市场，就连一贯以黄金现货交易著称的伦敦市场也于 1981 年开办了期货市场，使国际黄金市场的结构和布局发生了重大的变化。由于各地黄金市场对金价波动的敏感性进一步增强，黄金价格的差距也随之趋于缩小。此外，期货交易的性质也较以前有了重大变化。过去对黄金的期货交易通常是为了使买卖双方免受金价波动的影响，而近年来对黄金的期货交易在很大程度上是为投机服务，期货交易双方到期后，大多数并不实际交割，而只是支付金价波动的差额。

国际黄金市场的参加者方面。作为卖方出现的参加者主要有：产金国生产黄金的企业；拥有黄金需要出售的集团或个人；为解决外汇短缺和支付困难的各国中央银行；预测金价下跌做"空头"的投机商等。作为买方出现的参加者主要有：为增加官方储备的各国中央银行；为投机或投资的购买者；预测金价上涨做"多头"的投机商；以黄金作为工业用途的工商企业等。此外，一些国际金融机构，如国际清算银行和国际货币基金组织等也参与黄金市场的买卖活动。

在世界的黄金自由市场上，黄金的交易是操纵在交易商或经纪人手中的。交易商或经纪人的区别主要是他们在市场上的功能所决定的。经纪人所担任的是在固定的交易所与投资者之间发挥媒介作用的角色，他仅收取一些佣金，并不在交易过程中拥有交易的黄金；而交易商则是以自己的钱购买黄金，然后再转卖给投资者，反过来又从投资者那儿收购黄金，随时在市场上扮演着买进卖出的销售商角色，以赚取黄金买进与卖出之间的差额。交易商必须时刻注意和预测金价市场的波动情况，如果他们预测金价会上涨，就设法增加他们手中所持有的黄金数量，并提高黄金的出售价；相反，如果他们预测金价会下跌，就会适度降低价格，以便尽快卖出手中所持有的黄金。交易商和经纪人每天都必须处理业务，他们是以开发黄金市场为主要工作的专业人员，与各大洲的黄金交易中心都有联络。他们的利润主要来自复杂的"套利"作业。黄金在不同市场上的价格可能会有出入，交易商便可在低价的市场上买进而在高价的市场上出售以赚取其中的差价。

从事黄金买卖的交易所都有一种特色，即使是一家小小的交易公司，里面也是情绪高昂、喧闹异常。由于政治和经济情况的变化都会引起金价的升跌，交易商必须随时收听有关世界各地政治与经济情况的报道。无论是中东杂志所做的有关石油价格的评论，或者南非金市的销售量等消息，对现代的黄金交易商而言都是同等重要的消息。

目前世界上只有少数几个国家对黄金的交易持完全不加限制的政策，而大多数国家都有对黄金交易和管理的具体限制和规定，甚至在特定时代的某些地区，私人持有黄金可能会被当局判处死刑。因而在黄金买卖中有"黑市"和"灰市"两种情况。

所谓"黑市"，就是在黄金的持有被完全禁止的地方，需要以不正常的高价才能在暗中交易的市场（即"黑市"）上买到。黑市的高昂价格常造成日益猖獗的黄金走私集团。印度是黄金走私最为严重的国家，走私进入印度的黄金，大部分经过阿拉伯联合酋长国的迪拜。从迪拜经过阿拉伯海湾到印度，是世界上最为活跃的一条黄金走私路线。

所谓"灰市"，是指像大部分的亚洲、非洲和南美洲的国家，黄金的买卖和持有要受到许多方面的限制，即便能够持有或买卖黄金，往往也要课以重税。当然，即便是在拥有自由市场和公开市场的国家中，黄金市场的买卖通常也得对官方做报告、请示，真正毫无限制的国家是十分稀少的。

第二节　黄金市场的类型

国际黄金市场可根据其性质、作用、交易类型和交易方式、交易管制程度和交割形式等作不同的分类。

1. 按其性质和对整个世界黄金交易的影响程度，可分为主导性市场和区域性市场

主导性市场，是指其价格的形成及交易量的变化对其他黄金市场起主导性作用的市场。这类市场主要有伦敦、纽约、苏黎世、芝加哥、香港等。

区域性市场，主要指交易规模有限，且大多集中在本地区并对整个世界市场影响不很大的市场。这类市场主要有巴黎、法兰克福、布鲁塞尔、卢森堡、新加坡、东京等。

2. 按交易类型和交易方式的不同，可分为现货交易和期货交易

所谓现货交易，是指交易双方成交后两个营业日内交割的一种交易方式。

所谓期货交易，是指交易双方按签订的合约在未来的某一时间交割的一种交易方式。在同业间通过电话联系进行交易的欧洲型市场，如伦敦、苏黎世等是以现货交易为主；设有具体交易场所的美国型市场，如纽约、芝加哥、香港等，是以期货交易为主。

由于黄金交易及其类型上的差异，黄金市场又呈现着国际化的趋势，因而世界上就出现了两大黄金集团：一个是伦敦—苏黎世集团，另一个是纽约－香港集团（包括芝加哥）。这两大集团之间的合作十分密切，共同操纵着世界黄金市场。其中伦敦黄金市场的作用尤为突出，至今该市场的黄金交易和报价仍然是反映世界黄金市场的一个"晴雨表"。

3．按对黄金交易管理程度的不同，可分为自由交易市场和限制交易市场

自由交易市场，是指黄金可以自由输出入，居民和非居民均可自由买卖的黄金市场，如苏黎世。

限制交易市场，又可分为两种情况：一种是黄金的输出入一般要受管制，只准非居民自由买卖，而不准居民进行自由交易的黄金市场，如 1979 年 10 月英国撤销的全部外汇管制前的伦敦市场；另一种是对黄金的输出入实行管制，只准许居民自由买卖的国内黄金市场，如巴黎市场。但这并不意味着它同国际黄金市场没有联系，事实上黄金也可以流入，且在黄金的交易价格上是相互影响的。

第三节　主要国际黄金市场

一、伦敦黄金市场

伦敦黄金市场是世界上最大的黄金市场，其发展历史可追溯到三百多年前。1804 年，伦敦取代阿姆斯特丹成为世界黄金交易中心。1919 年伦敦金市正式成立，每天进行上午和下午的两次黄金定价。由五大金行定出当日的黄金市场价格，该价格一直影响纽约和香港的交易。狭义地说，伦敦黄金市场主要是指伦敦金银市场协会（London Bullion Market Association，LBMA），该市场不是以交易所形式存在，而是 OTC 市场。LBMA 充当的角色是其会员与交易对手的协调者，其主要职责是作为时常与规则制定者之间的桥梁，通过其职员及委员会的工作，确保伦敦始终能够满足世界金银市场革新的需求。其运作方式是通过无形方式——会员的业务网络来完成。LBMA 的会员主要有两类：做市商和普通会员。做市商目前有 9 家，均为知名投行，如巴克莱银行、德意志银行、汇丰银行、高盛、JP 摩根等。

监管部门：英国金融服务局。

以做市商为主体的场外交易构成了世界第一大黄金市场——伦敦黄金市场，其黄金交易主要通过以五大金商为首的做市商完成。做市商在提供黄金市场的流动性、提高市场交易效率、转移和分担风险，促进市场发展等方面发挥着重要作用。与以美国黄金市场为代表的交易所模式不同，交易所的黄金交易主要通过集中撮合成交，而做市商模式则是各做市商根据各自的实力和经营状况报出买价和卖价，交易更加灵活，黄金的纯度、重量、交割的地点都可由客户选择。

另外，做市商直接面向机构与个人投资者报价，并以延期交割的形式，在现货商品黄金市场基础上构建了一个以金融投资性的黄金市场。所谓延期交割即是投资者无须交收现金即可买卖黄金，以支付利率等方式获得持仓展期，并在恰当实际通过反向平仓操作兑现获利，而通常并不交割实物黄金。这一灵活的交易模式使得伦敦黄金市场成为机构与个人投资者投资黄金的绝佳选择，也让伦敦黄金市场成为一个市场主体遍布全球范围，交易规模最大的黄金投资市场。

二、苏黎世黄金市场

苏黎世黄金市场是第二次世界大战后发展起来的世界性黄金市场。瑞士特殊的银行体系和辅助性的黄金交易服务体系为黄金买卖者提供了一个既自由又保密的环境。瑞士与南非也有优惠协议，获得了 80% 的南非金，苏联的黄金也聚集于此，使得瑞士不仅是世界上新增黄金的最大中转站，也是世界上最大的私人黄金存储与借贷中心。苏黎世黄金市场在世界黄金市场上的地位仅次于伦敦。

苏黎世黄金市场没有正式组织结构，由瑞士三大银行：瑞士银行、瑞士信贷银行和瑞士联合银行负责清算。三大银行不仅可代客户交易，而且黄金交易也是这三家银行本身的主要业务。苏黎世黄金总库建立在瑞士三大银行非正式协商的基础上，不受政府管辖，作为交易商的联合体与清算系统混合体在市场上起中介作用。

苏黎世黄金市场无金价定盘制度，在每个交易日特定时间，根据供需状况议定当日交易金价，这一价格为苏黎世黄金官价。全日金价在此基础上的波动无涨停板限制。苏黎世金市的金条规格与伦敦金市相同，可方便参与者同时利用伦敦市场，增加流通性。其交易为 99.5% 的成色金，交割地点为苏黎世的黄金库或其他指定保管库。

监管机构：瑞士黄金市场的监管单位是公私合股的瑞士中央银行部门，瑞士国民银行。

市场规模：货币性黄金由瑞士中央银行管理，其保有规模约 1290 吨（2007 年 9 月数据）。苏黎世黄金交易所是兼容金融性黄金和商品性黄金交易的机构，并且是黄金金融投资，特别是世界私人黄金投资最大的市场。每年瑞士进口的黄金约 1200～1400 吨，同时每年约有 1000～1200 吨黄金出口。其黄金的主要来源为南非和俄罗斯等国。瑞士的黄金制造业和工业需求量每年在 150 吨左右波动。

三、美国黄金市场

美国黄金市场是 20 世纪 70 年代中期发展起来的，主要动因是 1977 年后美元贬值，美国人（主要是机构）为了套期保值和投资增值获利。美国黄金市场由纽约商业交易所（NYMEX）的 COMEX 分部、芝加哥世界商品交易所（IMM）、底特律、旧金山和水牛城共五家交易所构成。

美国黄金市场以黄金期货交易为主，目前纽约黄金市场已成为世界上交易量最大和最活跃的黄金期货市场。根据纽约商业交易所的界定，它的期货交易分为 NYMEX 及 COMEX 两大分部，NYMEX 负责能源、铂金及钯金交易，其余的金属（包括黄金）归 COMEX 负责。COMEX 目前交易的品种有黄金期货、迷你期货、期权和基金。COMEX 的黄金交易往往可以主导世界金价的走向，但实物黄金的交收占很少的比例。参与 COMEX 黄金买卖以大型的对冲基金及机构投资者为主，他们的买卖对金市产生极大的交易动力。庞大的交易量吸引了众多投机者加入，整个黄金期货交易市场有很高的市场流动性。

监管机构：美国联邦储备委员会及所属联邦储备银行、美国财政部、美国商品期货交易委员会。

　　市场规模：美联储和财政部管理美国货币储备黄金规模为 8135 吨（2007 年 9 月数据），占美国外汇总储备的 75%。并且美国的货币储备黄金多年来一直处于冻结状态，即没有增加，也没有减少。美国的黄金交易有现货和期货交易，且是世界上最大的黄金期货交易市场，主要集中在纽约、芝加哥、底特律、布法罗、旧金山五大交易所中，其中以纽约和芝加哥最有影响，但美国的实金交易量低于亚洲和欧洲。美国是全球黄金期货交易中心，这是它有别于其他黄金市场的典型特征。美国的黄金制造业主要用于首饰、电子工业、牙科和金币，2001 年数据分别是：K 金首饰 158 吨、牙科 14 吨、工业用金 8.3 吨、其他 231.7 吨。这种商品金通过金制造业生产产品后进入市场，在相关商品部门协会自律管理下，按商品运行规律运转，其通过交易所进行交易。

四、香港黄金市场

　　香港黄金市场已有 90 多年的历史，其形成是以香港金银贸易市场的成立为标志。1974 年，香港撤销了对黄金进出口的管制，从而推动了香港黄金市场的快速发展。由于香港黄金市场在时差上刚好填补了纽约、芝加哥市场收市和伦敦开市前的空当，可以连贯亚、欧、美，形成完整的世界黄金市场。其优越的地理条件引起了欧洲金商的注意，伦敦五大金商（现在伦敦交易所里的 5 个定价代表是：德意志银行；香港上海汇丰银行——密特兰银行；洛西尔银行；美国共和银行；加拿大枫叶银行）、瑞士三大银行等纷纷来港设立分公司。他们将在伦敦交收的黄金买卖活动带到香港，逐渐形成了一个无形的当地"伦敦金市场"，促使香港成为世界主要的黄金市场之一。

　　目前，香港黄金市场由三个市场组成：

　　一是香港金银贸易场。以华人金商为主，有固定买卖场所。主要交易的黄金规格为 5 司马两一条的 99 标准金条，交易方式是公开喊价，现货交易。

　　二是香港伦敦金市场。以外资金商为主体，没有固定交易场所。

　　三是香港黄金期货市场。这是一个正规的市场，其性质与美国纽约和芝加哥的黄金期货一样。交投方式正规，制度也比较健全，可弥补金银贸易场的不足。

　　管理机构：香港金管局、香港证监会。

　　市场规模：实金交易由香港金银贸易商经营。无形黄金交易、纸黄金投资由香港伦敦黄金交易所经营。黄金衍生品由香港黄金期货交易所来经营。上述交易规模是亚太地区最大的，且交易中大部分为投资型金融黄金。商品性黄金香港主要是需求消费市场。1992 年规模达 99.1 吨，到 2001 年降低为 46.1 吨。

　　香港黄金市场各种交易模式简介：

　　期货。1980 年香港期货交易所开始经营黄金期货业务，买卖以分开喊价方式进行，多方合约以 100 金盎司为单位，保证金为每份合约 1500 美元。以每金盎司美元定价，每份合约的价格变动为 10 美元或其倍数。若每金盎司价格变动超过上一个交易日收市结算价 40 美元，则买卖将暂停 30 分钟以补交额外保证金。交易不设任何变动限制。完成每份合约时，卖方交付 100 金盎司标准金。期货交易所按管理规程实施管理，并参照纽约市场规则运行。

伦敦金。1974 年，黄金恢复在香港市场自由买卖后，伦敦黄金交易所与苏黎世黄金交易所几大金商在香港设立了分支机构，建立了香港伦敦金市场。它是一个现货市场，黄金在伦敦交收，并在成交后两个交易日在纽约以美元结算。香港伦敦黄金市场客户可利用特别的信贷安排而迟延结算，方法涉及借贷黄金或美元、基本保证金和价格变动保证金等。这个市场进一步发展形成了香港独具特色的香港伦敦金迟延结算市场。全球的黄金交易商、制造商及生产商均参加这个市场交易。

香港金银贸易场。已经拥有几十年历史，有固定买卖场地。黄金以港元/两定价，交收标准金成色 99%，主要交易黄金规格为 5 司马两为一条的 99 标准金条。目前采用公开叫价、手势成交的方式。贸易场采用会员制管理，有 172 名会员、31 名交易场认可的金条熔铸商。香港金银贸易场是一个完全不受政府干预或监管，70 多年来一直运行良好，成为亚洲地区深受交易商、金饰商、长线投资人士及投机人士认可的交易场所。

香港实金市场。主要产品为金条、金币、金元宝、金像、金佛。一般香港金条的溢价为 1%，是销售金条的基本规则，溢价可确定。金价可随市波动开展实景交易，在香港的银行、金店、投资银行处买卖，并相应形成了实金、黄金存折、黄金券三个投资产品。

金饰市场。香港是世界第三大金饰出口商，仅次于意大利和瑞士。香港首饰店超过 1800家，制造商 1000 家，由各种首饰协会自律管理。

五、日本黄金市场

日本的期货市场最早起源于 1730 年日本大阪进行大米远期交易的"米相场"，1893 年日本政府通过了《期货交易所法案》，确立了近代期货交易制度。经过近代 50 多年的发展，日本期货市场已形成了独具特色的监管体系和管理模式。

日本黄金交易所成立于 1981 年 4 月。1982 年开设期货。它是日本政府正式批准的唯一黄金期货市场，为日本的黄金业者提供了一个透明和高效的交易平台。1984 与东京橡胶交易所等合并为东京工业品交易所。1991 年 4 月，东京工业品交易所将黄金市场原有的定盘交易方式改为与世界主要市场一样的动盘交易，同时引进电子屏幕交易系统，完全实现了电子操作、远程控制。交易所又在配备全新系统的基础上，采用全电子化连续交易技术。2004 年，黄金期权获准上市，日本的黄金期货市场更加活跃。据统计，2004 年国外投资者在东京工业品交易所所占份额为 12.50%，在黄金这个品种上国外投资者所占比重为13.67%。在 24 小时的黄金交易市场中，东京市场成为伦敦、纽约交易时间外的亚洲时段的重要交易市场。日本市场与欧美市场的不同之处在于，欧美的黄金市场以盎司/美元计价，而日本市场以日元/克计。

管理机构：经济产业省、农林水产省。

第三节　我国黄金市场状况

20 世纪 30 年代，上海金业交易所曾是远东最大的黄金交易中心之一，炒金是当时极为流行的投资方式。

新中国成立后，政府对黄金实行统一管理，1950 年 4 月，中国人民银行制定下发《金银管理办法》，冻结民间金银买卖，明确规定国内的金银买卖统一由中国人民银行经营管理。

1983年6月15日，《中华人民共和国金银管理条例》颁布实施，其基本内容是国家对金银实行统一管理、统收统配的政策，即对黄金实行市场营制，国家管理金银的主管机关为中国人民银行。

1993年，我国黄金市场启动改革，这一年国务院63号函确立了黄金市场化方向。

2001年4月，中国人民银行行长宣布取消黄金"统购统配"的计划管理体制，在上海组建黄金交易所。2002年10月上海黄金交易所开业，标志着中国的黄金业开始走向市场化。

据初步统计，黄金交易所会员单位中年产金量约占全国的75%；用金量占全国的80%；冶炼能力占全国的90%。此外，个人通过黄金交易所的二级交易平台也可以间接地参与交易，并且可以通过银行进行纸黄金交易和实货黄金交易。这些都体现了黄金市场化趋势的推进。

我国黄金的年度供需平衡量应当400吨左右，2008年，上海黄金交易所年成交量有1249.60吨，成交金额1947.51亿元，其中99.99%金成交量为537.14吨，99.95%金成交量为537.14吨；现货T+5分期付款交易黄金成交量为20千克，现货T+D延期交收交易黄金成交量为578.17吨。目前我国投资者可以进行黄金投资的方式主要有：

第一，黄金交易所的会员单位，可以直接在黄金市场上进行现货交易和现货延期交收业务。

第二，非黄金交易所会员的机构投资者可以以委托方式通过黄金交易所的会员单位间接进入黄金交易所进行交易，不能与银行或其他会员机构直接进行黄金交易。目前对以委托方式进入黄金市场的机构投资者的资格基本没有限制，只要是在中国境内合法注册的企业都可以通过这种方式进行黄金买卖，但非会员的金融机构还需要得到中国人民银行的许可。

第三，个人投资者将可以通过在16家会员银行及金店等其他黄金销售机构买卖黄金，现在还可通过金融类会员银行代理向黄金交易所申办黄金账户卡，参与黄金现货交易，实现黄金投资增值、保值及收藏的目的。

例如，现在市场上可供个人投资者投资的纸黄金。纸黄金是一种个人凭证式黄金，投资者按银行报价在账面上买卖虚拟黄金，个人通过把握国际金价走势低买高抛，赚取黄金价格的波动差价。投资者的买卖交易记录只在个人预先开立的"黄金存折账户"上体现，不发生实金提取和交割。中行的"黄金宝"、工行的"金行家"、建行的"龙鼎金"个人账户金交易都属于此类范畴。以工行"金行家"为例，其共有黄金（克）/人民币和黄金（盎司）/美元两个交易品种。黄金（克）/人民币的买卖业务以人民币为标价货币，交易单位为克，最低交易量为10克，其买卖报价根据国际市场金价（美元/盎司）及美元/人民币中间价套算并加减相应点差而确定。

黄金（盎司）/美元的买卖业务以美元为标价，交易单位为盎司，最低交易量为0.1盎司。工行和中行的"纸黄金"业务均为24小时连续交易。"纸黄金"业务由于操作较简单，可以让初级投资者熟悉黄金市场。同时，黄金价格存在一定的波动性，比较适合投机。但账户黄金是黄金的虚拟买卖，没有保值功能，并不能抵御通胀风险。

上海黄金交易所是目前国内可以交易现货黄金和其他贵金属的交易所。目前该交易所黄金的交易方式有两种，标准黄金的交易通过交易所的集中竞价方式进行，实行价格优先、时间优先撮合成交，非标准品种通过询价等方式进行，实行自主报价、协商成交。会员可自行选择通过现场或远程方式进行交易。交易所主要实行标准化撮合交易方式。目前交易的黄金有 Au99.95、Au99.99 和 Au50g 三个现货品种，以及 Au（T+5）与延期交收两个现货保证金交易品种。

2007 年 9 月 11 日，经国务院同意，中国证监会《关于同意上海期货交易所上市黄金期货合约的批复》（证监期货字［2007］58 号）批准上海期货交易所上市黄金期货。我国开展黄金期货交易具有重要意义，有利于广大企业和投资者利用黄金期货发现价格和套期保值，提高风险管理水平，增强国际竞争力；有利于进一步完善黄金市场体系和价格形成机制，形成现货市场、远期交易市场与期货市场互相促进、共同发展的局面；有利于打击黄金变相期货交易，维护投资者的合法利益。

目前中国黄金市场主要由如下几大市场构成：上海黄金交易所、上海期货交易所、天津股权交易所银行纸黄金、金商投资性金条、各种纪念性金条、不成型的国内做市商、海外黄金市场在中国的场外延伸。其中不成型的国内做市商与海外黄金市场在中国的场外延伸，目前基本被定义为不受法律监管与保护的灰色市场。但总体来看，我国黄金市场类型还算基本全面，但各大市场仍存在不少问题需要完善，而灰色黄金交易领域则有待于规范和发展新的市场予以补充。

一、上海黄金交易所

上海黄金交易所从 2002 年 10 月 30 日起开始正式运行。它是经国务院批准，由中国人民银行组建，履行《黄金交易所管理办法》规定职能，遵循公开、公平、公正和诚实信用的原则组织黄金交易，不以营利为目的，实行自律性管理的法人。上海黄金交易所以黄金现货交易为主，AU（T+D）是其主打品种。

目前上海黄金交易所推出的品种已比较齐全，且交易时段也非常方便地涵盖了欧美主要交易时段，这对投资人控制市场风险相当重要，这也是金交所交易品种的亮点之一。

但目前金交所客户资金管理模式似乎更适合以会员单位为主的机构投资参与。AU999与 AU9999 的品种主要体现为国内现货贸易。AU（T+D）为一方面现货贸易提供了套期保值途径，同时也适合机构和个人投资与投机。从交易量情况来看占总交易量的 61.5%。也就是说，金交所虽作为国内黄金现货贸易市场，但投资与投机性交易却在渐渐成为市场交易主流。虽然目前金交所品种也对个人投资者实行了有条件开放，但尚未充分促进个人投资者的参与。其中主要原因是个人投资者的账户资金管理存在不确定性的理论信用风险。目前关于客户资金信用风险问题已经得到彻底解决，多家商业银行已经或将进一步扩展个人投资者在上海黄金交易所的投资服务。

二、上海期货交易所

上海期货交易所自 2008 年 1 月开始黄金期货业务，目前已经成为国内有影响力的黄金市场之一。上海期交所期金目前仅仅是其交易所中的一个品种。目前期金市场吸引了一批新的黄金投资与投机者，这部分投资人部分来源于其他期货市场分流。期交所期金很好地解决了客户资金托管的信用风险问题，商业银行担纲着个人投资者的第三方托管单位。但交易模式上却存在一个较大缺陷，那就是缺少与欧美活跃交易时段的接轨，这使得投资人面临更大不确定性的市场驾驭风险。新成立的天交所黄金交易，正在作为它的改革的试点，对于后期市场发展，无论是直接引进国际做市商还是开放国际期金市场，都是以做大别人市场为主，我们应该发展和完善自己的市场，做大自己的市场。

三、天津股权交易所

目前各大商业银行基本都推出了各自的纸黄金业务，并且不少银行实行 24 小时不间断交易。目前银行的纸黄金交易也是一种做市商交易，银行充当所有买家的卖家，充当所有卖家的买家。以国际现货金价为参照，不涉及保证金交易，风险相对较小。比较适合投资人进行波段或中线操作，也可作为投资人检验自己是否适合黄金衍生品交易的试验田。

既然银行纸黄金也是一种做市商交易，那么可能会对客户净头寸进行风险对冲。而目前银行对冲风险的国内市场只有上海金交所和上海期交所。所以银行纸黄金业务的进一步发展壮大也会促进金交所与期交所的交易壮大，这从商业银行近年的场内交易增量可以看出。如果说银行纸黄金交易模式还需要什么补充，那应该是空头操作机制。如果银行纸黄金建立非保证金空头操作机制，将进一步刺激市场投机偏好，应该会对市场形成成倍促进作用。

从上可以看到，无论是天交所还是银行纸黄金都是通往黄金衍生品市场的试验田。目的是促进上海金交所与期交所的场内交易壮大。

四、投资性金条市场

伴随黄金投资在中国的逐渐走俏，各种投资性金条也越来越多：主要有银行投资性金条，有金商投资性金条。但销售渠道、交易模式、与定价机制千差万别。有的投资性金条在银行销售，有的在商场与金商铺面销售。有的提供回购渠道，有的销售之后不再进行回购。此外，尽管各种合格的投资性金条品质一样，但交易定价差别很大。很多对黄金市场还不太明白的投资人对此还没有太多觉察，认为黄金都一样，不知道黄金买卖也可以货比三家。此外，目前中国投资性金条的买卖价差总体偏大，这对投资人而言不太公平。有的投资性金条每克买卖的差异超过 10 元，这增加了投资人获利难度，也不利于投资性金条的市场培养与壮大。这种情况的出现可能主要在于企业将自己的市场操作风险充分向投资人转移，或者在谋求市场混沌时的短期暴利。目前投资性金条零售市场应该是"乱市"出英雄，"乱市"树品牌的阶段。

五、纪念性金条市场

目前投资人更难从纪念性金条中获得具备收藏价值的投资溢价。此外，纪念性金条的民间市场很不发达，纪念性金条的流动往往只在销售商与投资人之间，难以见到在投资人与投资人之间流动。销售商对投资型金条的回购也仅当黄金原材料回购，根本无从体现纪念性金条的收藏概念溢价，或者说销售商也不认可其存在的收藏溢价。纪念性金条应该由国家法定造币单位，或国家针对某历史题材指定单位生产。

六、不成型的国内做市商、海外黄金市场在中国的场外延伸

这个市场是最需要理顺以及加强发展。目前国内做市商模式主要由银行纸黄金和一般金商的做市商模式组成。前面介绍的银行纸黄金是做市商模式，可进行回购的投资性金条交易也是一种做市商模式，但不涉及保证金。

此外，部分国内金商建立的涉及杠杆比例不等的保证金交易模式，以及部分海外市场在中国通过网络交易的场外延伸，因其在国内不受法律保护和不受相关机构监管，被俗称为灰色市场。但就是这个所谓的灰色市场，多年来一直魅力不减。目前这个市场的优缺点是这样的：

从缺点来看，目前这种场外保证金做市商模式面临的最大缺点是法律监管空白的信用风险。就国内这种场外做市商模式而言，面临的信用风险主要有做市商资本金普遍达不到金融做市商应该具备的标准，即国内由部分金商自发形成的做市商，其抗意外的风险能力较差，这会对参与该市场交易的投资人带来较大信用风险。就国外黄金市场在中国的场外延伸而言，最主要的信用风险在于出现纠纷时缺乏法律保护，中国法律可能鞭长莫及。此外，过多的中间环节也增加了投资人面临的信用风险。

从优点来看，这种场外做市商模式交易灵活，交易有效性高，是对场内交易的必要补充。其灵活的交易模式主要体现在几乎 24 小时不间断的交易便捷上对于这种非常受投资人欢迎的交易模式，这几年国家一直采用"堵"的形式予以打击抵制，而不是积极地建立相应市场予以输导。但国家对这种场外的灰色交易并未达到彻底根除。我国场外的灰色黄金交易量远远大于场内交易，我国场外黄金的灰色交易量可能也不会比期交所与金交所交易总量少。可见我们应该建立这样一个市场来迎合黄金市场进一步发展的需求，而不是简单地"堵"。中国的黄金市场要彻底达到国际化，想要具备黄金交易的定价权，这个市场的建立显得不可或缺。

本章小结：

1. 国际黄金市场中，作为卖方出现的参加者主要有：产金国生产黄金的企业；拥有黄金需要出售的集团或个人；为解决外汇短缺和支付困难的各国中央银行；预测金价下跌做"空头"的投机商等；作为买方出现的参加者主要有：为增加官方储备的各国中央银行；为投机或投资的购买者；预测金价上涨做"多头"的投机商；以黄金作为工业用途的工商企业等。此外，一些国际金融机构，如国际清算银行和国际货币基金组织等也参与黄金市场的买卖活动。

2. 黄金的交易是操纵在交易商或经纪人手中的。交易商或经纪人的区别主要是他们在市场上的功能所决定的。

3. 国家黄金市场按照不同的标准可以分为不同的类型：按其性质和对整个世界黄金交易的影响程度，可分为主导性市场和区域性市场；按交易类型和交易方式的不同，可分为现货交易和期货交易；按对黄金交易管理程度的不同，可分为自由交易市场和限制交易市场。

4. 我国黄金市场主要由如下几大市场构成：上海黄金交易所、上海期货交易所、天津股权交易所银行纸黄金、金商投资性金条、各种纪念性金条、不成型的国内做市商、海外黄金市场在中国的场外延伸。

思考题：

1. 什么是特别提款权？

2. 交易经纪人和交易商有何区别？

3. 我国黄金交易市场由几个子市场构成？各子市场的交易品种分别是什么？

4. 什么是黄金交易的"灰色市场"？该市场的优缺点有哪些？我们该如何看待该市场的发展？

5. 我国投资者可以进行黄金交易的投资方式有哪些？

6. 为何黄金交易是备受投资者青睐的的一种投资方式？

第十八章　金融衍生产品市场

学习目标：

1. 掌握金融衍生产品的概念
2. 了解为何要使用衍生产品
3. 了解全球金融衍生产品交易市场有哪些
4. 掌握金融衍生产品市场的类型
5. 了解世界金融衍生产品市场的发展状况
6. 了解我国金融衍生产品市场的状况

第一节　金融衍生产品市场简介

金融衍生产品是指其价值依赖于基础资产价值变动的合约。这种合约可以是标准化的，也可以是非标准化的。标准化合约是指其标的物（基础资产）的交易价格、交易时间、资产特征、交易方式等都是事先标准化的，因此此类合约大多在交易所上市交易，如期货。非标准化合约是指以上各项由交易的双方自行约定，因此具有很强的灵活性，比如远期协议。由此我们得出金融衍生产品市场的定义，它是进行金融衍生产品交易的场所，是由一组规则、一批组织和一系列产权所有者构成的一套市场机制。

近年来，世界经济正在发生深刻变化，全球经济的一体化进程加快，促使生产要素和金融资本在全球范围内快速流动，商品和各类金融资产价格剧烈波动，经济、金融体系中的不确定因素明显增多，与经济发展密切相关的汇率、能源、金属和农产品等价格大幅波动。在全球流动性泛滥以及交易电子化与网络化的背景下，衍生品交易量迅猛增长。1997年场内衍生品交易量为19.3亿张；2007年，达到151.86亿张，较上年增长28.04%，较1997年增长6.87倍。

衍生品市场交易金额远远超过其基础资产。在芝加哥商业交易所（CME），仅欧洲美元、股指和外汇期货的日交易额，就是纽约证交所日交易额的20倍。国际大宗商品的买卖大多以期货价格为基准，全球已经形成了以芝加哥期货交易所（CBOT）农产品、伦敦金属交易所（LME）有色金属和纽约商业交易所（NYMEX）能源为主的几大世界商品定价中心，衍生品市场已成为全球资源配置的重要工具，对各国经济与金融政策产生了巨大的影响。

近两年，在全球交易所并购风潮下，衍生品市场份额发生了巨大的变化，集中度大幅提高。从美国来看，2007年场内衍生品交易量达到60.91亿张，占全球交易总量的40%，较上年提升1.5个百分点。2006年，芝加哥商业交易所（CME）交易量为14.03亿张，占期货与期货期权（不含期权）交易总量的55%；2007年，芝加哥商业交易所（CME）

并购美国第二大期货交易所——芝加哥期货交易所（CBOT）后，交易量达到 28.06 亿张，占美国期货及期货期权交易总量的 87%，并成为全球最大的衍生品交易所；2008 年，芝加哥商业交易所（CME）集团若并购纽约商品交易所（NYMEX），占比将提高到 96%。可以说，美国的期货与期货期权市场已经完全被芝加哥商业交易所（CME）集团垄断，其他老牌的交易所如堪萨斯（Kansas）商品交易所与明尼亚波里（Minneapolis）谷物交易所等已边缘化。

展望全球，德国交易所集团收购美国国际证券交易所（ISE）后，2007 年交易量达到 27.04 亿张，占全球衍生品交易总量 17.8%。纽约证券交易所并购泛欧交易所（Euronext）后，衍生品交易量达到 12.85 亿张，占全球市场份额 8.46%，成为全球第四大衍生品交易所；2008 年，收购美国股票交易所完成后，纽交所衍生品交易量市场份额占比将超过 10%，已形成横跨欧美、产品涉及现货与衍生产品的交易所集团，其控制的伦敦国际金融期货交易所（LIFFE）的利率衍生品对欧洲利率市场有深远的影响。美国 NASDAQ 交易所并购北欧交易所集团（OMX）、费城证交所及波士顿交易所后，2007 年衍生品交易量达到 6.81 亿张，成为全球第六大衍生品交易所，因此步入了全球最具有影响力的衍生品交易所行列。北欧交易所集团（OMX）是全球最大的 IT 交易所，它为 50 个国家超过 60 家交易所、清算公司和中央证券存管所提供市场解决方案，其衍生品交易系统广为世界多家交易所采用，客户包括新加坡、中国香港、韩国、澳大利亚、瑞士等交易所。纽交所集团 CEO 预言，再过几年，将迎来 4～5 家拥有丰富产品的超级交易所集团主导全球金融市场竞争的局面。

新兴市场在发展衍生品时通常选择较成熟的产品，一般以股权类衍生品作为发展的突破口，如股指期货、股指期权、个股期权与个股期货等，并取得一定成功。

2006 年，全球前十大衍生品交易所中，发展中国家占了三位，其中韩国已成为全球股指期权交易最活跃的市场。然而，发展中国家衍生品市场的影响仍然不大，其主要原因有两条：一是交易标的主要限于国内股权类市场。如印度的股指期货，巴西与南非的个股期货等；二是合约成交金额较小。如作为全球第二大衍生品交易所的韩国交易所，2007 年 KOSPI200 期权单个产品交易量巨大（26.4 亿张），但交易金额非常小，日均交易金额折合人民币仅 50 亿元左右。

在农产品方面，我国橡胶、白糖、棉花、早籼稻、豆粕、棕榈油等期货品种的成交量已居世界第一位，"中国价格"在产品定价中的作用正在逐步提高。但受合约面值较小和参与者结构等因素的限制，我国在大宗农产品定价中的作用有待进一步提高。

总体看，发展中国家（地区）交易活跃的产品主要集中在个股期权、个股期货等小合约产品，大宗商品及有国际影响力的金融产品等交易量仍然集中于欧美市场。

从 21 世纪初开始，我国期货市场开始步入规范发展之路，特别是 2004 年国务院颁布《关于推进资本市场改革开放和稳定发展的若干意见》，为期货市场的发展统一了认识，理清了思路，指出了方向。此后一系列引领期货市场规范发展的法规制度得以修改完善，期货市场长远发展的基础制度逐步建立健全，一批关系国计民生的商品期货品种上市，期货参与者队伍不断扩大，国际国内影响力逐步增强。

从 2004 年起，证监会相继推出了大宗商品期货品种，先后上市了棉花、燃料油、玉米、白糖、豆油、化纤、菜籽油、塑料、棕榈油及黄金等 10 个大宗商品期货交易品种，交易品种达到 17 个。除了原油外，国外成熟市场已有的大宗商品期货品种基本都在我国上市交易。我国金融期货的首个品种——沪深 300 股票指数期货的准备工作也正在扎实、稳健推进。

期货市场法制建设不断推进，期货监管和自律框架体系初步形成。2007 年，《期货管理条例》与证监会多个配套管理办法相继出台，辖区监管责任制、期货保证金安全存管系统、以净资本为核心的期货公司风险监管指标体系及投资者保障基金等一系列新制度、新系统的建立和投入运行，强化了对投资者合法权益的保护，夯实了期货市场规范发展的基础，并为金融期货、期货期权的推出提供了法规制度依据。

我国证券期货市场在短短十几年的时间内获得长足的发展，走过了成熟市场上百年的历史。与 2002 年底相比，2007 年期货市场交易量增长 4.2 倍，成交达到 7.3 亿张（买卖双边计算），交易金额增长 9.3 倍，达到 41 万亿元（买卖双边计算）。至 2010 年，我国已有锌、橡胶、螺纹钢、豆油、线性低密度聚乙烯、棕榈油、白糖、棉花、早籼稻、精对苯二甲酸等期货品种成交量位居世界第一，铜、铝期货成交量已居世界第二位。期货市场的定价功能逐步显现，部分期货品种参与全球定价的影响力日益增强，交易价格已经成为现货贸易的重要参考。越来越多的行业和企业自觉运用期货市场的价格和信息，安排生产消费，规避价格风险，优化资产配置，提升市场竞争力。农产品期货在提供价格信息、保护农民利益、探索农业产业化发展新模式等方面的积极作用日益显现。

第二节　金融衍生产品市场的类型

一、根据产品形态，可以分为远期、期货、期权和掉期四大类

远期合约和期货合约都是交易双方约定在未来某一特定时间、以某一特定价格、买卖某一特定数量和质量资产的交易形式。期货合约是期货交易所制定的标准化合约，对合约到期日及其买卖的资产的种类、数量、质量作出了统一规定。远期合约是根据买卖双方的特殊需求由买卖双方自行签订的合约。因此，期货交易流动性较高，远期交易流动性较低。

掉期合约，也称互换合约，是一种交易双方签订的在未来某一时期相互交换某种资产的合约。更为准确地说，掉期合约是当事人之间签订的在未来某一期间内相互交换他们认为具有相等经济价值的现金流的合约。较为常见的是利率掉期合约和货币掉期合约。掉期合约中规定的交换货币是同种货币，则为利率掉期；是异种货币，则为货币掉期。

期权交易是买卖权利的交易。期权合约规定了在某一特定时间、以某一特定价格买卖某一特定种类、数量、质量原生资产的权利。期权合同有在交易所上市的标准化合同，也有在柜台交易的非标准化合同。

二、根据原生资产大致可以分为四类，即股票、利率、汇率和商品

如果再加以细分，股票类中又包括具体的股票和由股票组合形成的股票指数；利率类中又可分为以短期存款利率为代表的短期利率和以长期债券利率为代表的长期利率；货币类中包括各种不同币种之间的比值，商品类中包括各类大宗实物商品。具体见表 18-1。

表 18-1   根据原生资产对金融衍生产品的分类

对象	原生资产	金融衍生产品
利率	短期存款	利率期货、利率远期、利率期权、利率掉期合约等
	长期债券	债券期货、债券期权合约等
股票	股票	股票期货、股票期权合约等
	股票指数	股票指数期货、股票指数期权合约等
货币	各类现汇	货币远期、货币期、货币期权、货币掉期合约等
商品	各类实物商品	商品远期、商品期货、商品期权、商品掉期合约等

三、根据交易方法，可分为场内交易和场外交易

场内交易，又称交易所交易，指所有的供求方集中在交易所进行竞价交易的交易方式。这种交易方式具有交易所向交易参与者收取保证金、同时负责进行清算和承担履约担保责任的特点。此外，由于每个投资者都有不同的需求，交易所事先设计出标准化的金融合同，由投资者选择与自身需求最接近的合同和数量进行交易。所有的交易者集中在一个场所进行交易，这就增加了交易的密度，一般可以形成流动性较高的市场。期货交易和部分标准化期权合同交易都属于这种交易方式。

场外交易，又称柜台交易，指交易双方直接成为交易对手的交易方式。这种交易方式有许多形态，可以根据每个使用者的不同需求设计出不同内容的产品。同时，为了满足客户的具体要求，出售衍生产品的金融机构需要有高超的金融技术和风险管理能力。场外交易不断产生金融创新。但是，由于每个交易的清算是由交易双方相互负责进行的，交易参与者仅限于信用程度高的客户。掉期交易和远期交易是具有代表性的柜台交易的衍生产品。

据统计，在金融衍生产品的持仓量中，按交易形态分类，远期交易的持仓量最大，占整体持仓量的 42%，以下依次是掉期（27%）、期货（18%）和期权（13%）。按交易对象分类，以利率掉期、利率远期交易等为代表的有关利率的金融衍生产品交易占市场份额最大，为 62%，以下依次是货币衍生产品（37%）和股票、商品衍生产品（1%），1989 年到 1995 年的 6 年间，金融衍生产品市场规模扩大了 5.7 倍。各种交易形态和各种交易对象之间的差距并不大，整体上呈高速扩大的趋势。

到目前为止，国际金融领域中，流行的衍生产品有如下四种：掉期、期货、期权和远期利率协议。采取这些衍生产品的最主要目的均为保值或投机。但是这些衍生产品所以能存在与发展都有其前提条件，那就是发达的远期市场。

第三节　我国金融衍生产品市场状况

以 20 世纪 90 年代初少数机构开展地下期货交易为起点，我国金融衍生产品市场先后出现了外汇期货、国债期货、指数期货及配股权证等交易品种。1992～1995 年间，上海和海南的交易所曾推出过国债和股指期货；2004 年推出的买断式回购，2005 年推出的银行间债券远期交易、人民币远期产品、人民币互换和远期结算的机构安排等，意味着中国衍生

品市场已小荷初露。此后，伴随着股权分置改革而创立的各式权证使衍生品开始进入普通投资者的视野，权证市场成为仅次于香港的全球第二大市场。2006年9月8日，中国金融期货交易所在上海挂牌成立，2010年4月16日股指期货正式上市，拉开了我国金融衍生品市场发展的大幕。黄金期货于2008年1月9日在上海期货交易所的鸣锣上市，使得期货市场品种体系进一步健全，除石油外，国外成熟市场主要的大宗商品期货品种基本上都在我国上市交易。

从交易量来看，期货市场方面，2010年，上海期货交易所铜、铝期货的成交量继续位居世界第二，上期所与LME和COMEX铜期货交易量（按成交吨数计算，下同）之比为1∶2.9∶0.5；上期所与LME铝期货的交易量之比为1∶13.5。目前，上海期货交易所锌、橡胶期货的交易量位居世界第一，2010年上期所锌期货交易量是LME的1.6倍，橡胶期货交易量是东京商品交易所（TOCOM）的53.5倍。上海期货交易所螺纹钢期货继续成为全球最大的钢铁类期货品种。2010年，上海期货交易所黄金期货累计成交3397吨，成交量位居世界第四，其与CMEG、MCX和TOCOM的黄金期货成交量之比为1∶41∶4∶3.6。大连商品交易所豆油期货的成交量继续位居世界第一，2010年该品种交易量是芝加哥商业交易所集团（CMEG）的1.6倍。大商所豆粕、玉米和大豆期货的成交量分别位居世界第二，大商所与CMEG豆粕期货的成交量之比为1∶1.02；大商所与CMEG玉米期货的成交量之比为1∶24.7；大商所与CMEG大豆期货成交量之比为1∶13.5。目前，大连商品交易所线型低密度聚乙烯（LLDPE）期货品种的成交量继续保持世界第一。2010年，大商所棕榈油期货的交易量跃居世界第一，大商所与马来西亚交易所棕榈油期货交易量之比为4.1∶1。郑州商品交易所白糖期货的成交量保持世界第一，棉花和早籼稻期货的成交量跃居世界第一，小麦期货的成交量位居世界第三。郑商所白糖与洲际交易所（ICE）原糖期货的交易量之比为2.1∶1；郑商所与ICE棉花期货交易量之比为3.3∶1；郑商所与CMEG早籼稻期货的交易量之比为6.6∶1；郑商所与CMEG和美国堪萨斯商品交易所（KCBT）小麦期货的交易量之比为1∶54∶13。目前，郑州商品交易所精对苯二甲酸（PTA）期货品种的成交量继续保持世界第一。尽管中国期货市场的某些品种交易量排名靠前，但由于目前参与者仍以国内为主，其国际影响与其全球排名尚不相称。

货币市场方面，2010年，我国债券远期共达成交易967笔，成交金额3183.4亿元，同比下降51.4%。从标的债券来看，债券远期交易以政策性银行债券为主，其交易量占总量的54.5%。从期限来看，以2～7天品种交易量占比最高，为74.4%。2010年，人民币利率互换市场发生交易1.2万笔，名义本金总额1.5万亿元，同比大幅增长225%。从期限结构来看，1年及1年期以下交易最为活跃，其名义本金总额8579.6亿元，占总量的57.2%。从参考利率来看，2010年人民币利率互换交易的浮动端参考利率包括7天回购定盘利率、Shibor以及1年期定存利率，与之挂钩的利率互换交易名义本金占比分别为54.5%、40.3%和5.2%，与上年同期相比，以1年期定存利率为浮动端参考利率的互换交易占比有明显上升。2010年，远期利率协议交易较为清淡，全年共成交20笔，名义本金额共33.5亿元。

本章小结：
1. 金融衍生产品是指其价值依赖于基础资产价值变动的合约。
2. 金融衍生产品市场根据不同的标准可以分为以下类型：根据产品形态，可以分为远期、期货、期权和掉期四大类根据产品形态，可以分为远期、期货、期权和掉期四大类；根据原生资产大致可以分为四类，即股票、利率、汇率和商品；根据交易方法，可分为场内交易和场外交易。

3. 场内交易，又称交易所交易，指所有的供求方集中在交易所进行竞价交易的交易方式。这种交易方式具有交易所向交易参与者收取保证金、同时负责进行清算和承担履约担保责任的特点。

4. 场外交易，又称柜台交易，指交易双方直接成为交易对手的交易方式。这种交易方式有许多形态，可以根据每个使用者的不同需求设计出不同内容的产品。同时，为了满足客户的具体要求，出售衍生产品的金融机构需要有高超的金融技术和风险管理能力。

思考题：

1. 什么是金融衍生产品？为何要使用衍生产品？
2. 期货合约与远期合约有何区别？
3. 场内交易市场与场外交易市场的区别在哪些方面？
4. 你认为我国应该如何发展金融衍生交易市场？

第十九章　外汇市场

学习目标：
1. 了解外汇市场的概念
2. 了解外汇市场的作用
3. 了解外汇市场的类型
4. 了解世界主要外汇市场的发展
5. 了解我国外汇市场的发展现状
6. 了解中国外汇交易中心的概况

第一节　外汇市场简介

外汇市场是指经营外币和以外币计价的票据等有价证券买卖的市场，是金融市场的主要组成部分。以前，一般人对外汇市场的了解仅是一个外币的概念，然而历经几个时期的演进，它已较能被一般人了解，而且已应用外汇交易为理财工具。外汇市场的概念有静态和动态之分。动态外汇，是指把一国货币兑换成为另一国货币以清偿国际间债务的金融活动。从这个意义上来说，动态外汇等同于国际结算。静态的外汇又分为广义和狭义两种。广义的外汇是外国外汇管理法令所称的外汇，它泛指一切对外金融资产。现行的《中华人民共和国外汇管理条例》第三条规定，外汇是指以外币表示的可以用作国际清偿的支付手段和资产。狭义的外汇是指以外币表示的用于国际结算的支付手段。总之，外汇市场是指经营外币和以外币计价的票据等有价证券买卖的市场，是金融市场的主要组成部分。

不论是否了解外汇市场，每个人已身为其中的一分子。简而言之，口袋中的钱已使你成为货币的投资人。如果你居住在美国，各项贷款、股票、债券及其他投资都是以美元为单位，换言之，除非你是少数拥有外币账户或是买入了外币、股票的多种货币投资人，否则就是美元的投资者。

以持有美元而言，基本上你已选择了不持有其他国家的货币，因为你所买入的股票、债券及其他投资或是银行账户中的存款皆以美元为单位。由于美元的升值或贬值，都可能影响你的资产价值，进而影响到总体财务状况。所以，已有许多精明的投资人善用了外汇汇率的多变特性，进行外汇交易而从中获利。

外汇市场从创始至今已历经数次的改变。以前，美国及其盟国皆以布雷顿森林协议(Bretton Wood Agreement)为准则，即一国货币汇率钉住于其黄金准备的多寡，然而在1971年的夏天，尼克松总统暂停美元与黄金的兑换后，而产生了汇率浮动制度。现在一国货币的汇率取决于其供给与需求及其相对价值。障碍的减少及机会的增加，如苏联的瓦解、亚洲及拉丁美洲的戏剧性经济成长，已为外汇投资人带来新的契机。

贸易往来的频繁及国际投资的增加，使各国之经济形成密不可分的关系，全球的经常性经济报告如通货膨胀率、失业率及一些不可预期的消息如天灾或政局的不安定等，皆为影响币值的因素，币值的变动，也影响了这个货币在国际间的供给与需求。而美元的波动持续抗衡世界上其他的货币。国际性贸易及汇率变动的结果，造就了全球最大的交易市场——外汇市场，一个具高效率性、公平性及流通性的一流世界级市场。

外汇交易市场是个现金银行间市场或交易商间市场，它并非传统印象中的实体市场，没有实体的场所供交易进行，交易是通过电话及经由计算机终端机在世界各地进行，直接的银行间市场是以具有外汇清算交易资格的交易商为主，他们的交易构成总体外汇交易中的大额交易，这些交易创造了外汇市场的交易巨额，也使外汇市场成为最具流通性的市场。

国际外汇市场是现行国际市场中最年轻的市场。创建于 1971 年废止金汇兑本位的时期。FOREX 市场的日流通额达到 4 万亿～5 万亿美金——是世界交易数量最大的市场。再没有如此稳定和安全的市场，FOREX 市场是世界经济的中枢系统，它总是反映当前时事事件，市场不能承受崩盘和突发事件。

外汇市场是全球最大的金融市场，目前平均单日交易额高达 4 万亿美元。在传统印象中，认为外汇交易仅适合银行、财团及财务经理人所应用，但是经过这些年，外汇市场持续成长，并已联结了全球的外汇交易人，包括银行、中央银行、经纪商及公司组织如进出口业者及个人投资者，许多机构组织包括美国联邦银行都透过外汇赚取丰厚的利润。现今，外汇市场不仅为银行及财团提供了获利的机会，也为个别投资者带来了获利的契机。

第二节　外汇市场的类型

一、按外汇市场的外部形态分类

按外汇市场的外部形态进行分类，外汇市场可以分为无形外汇市场和有形外汇市场。

无形外汇市场，也称为抽象的外汇市场，是指没有固定、具体场所的外汇市场。这种市场最初流行于英国和美国，故其组织形式被称为英美方式。现在，这种组织形式不仅扩展到加拿大、东京等其他地区，而且也渗入到欧洲大陆。无形外汇市场的主要特点是：第一，没有确定的开盘与收盘时间。第二，外汇买卖双方无须进行面对面的交易，外汇供给者和需求者凭借电传、电报和电话等通信设备进行与外汇机构的联系。第三，各主体之间有较好的信任关系，否则，这种交易难以完成。目前，除了个别欧洲大陆国家的一部分银行与顾客之间的外汇交易还在外汇交易所进行外，世界各国的外汇交易均通过现代通讯网络进行。无形外汇市场已成为今日外汇市场的主导形式。

有形外汇市场，也称为具体的外汇市场，是指有具体的固定场所的外汇市场。这种市场最初流行于欧洲大陆，故其组织形式被称为大陆方式。有形外汇市场的主要特点是：第一，固定场所一般指外汇交易所，通常位于世界各国金融中心。第二，从事外汇业务经营的双方都在每个交易日的规定时间内进行外汇交易。在自由竞争时期，西方各国的外汇买卖主要集中在外汇交易所。但进入垄断阶段后，银行垄断了外汇交易，致使外汇交易所日渐衰落。

二、按外汇所受管制程度分类

按外汇所受管制程度进行分类，外汇市场可以分为自由外汇市场、外汇黑市和官方市场。

自由外汇市场，是指政府、机构和个人可以买卖任何币种、任何数量外汇的市场。自由外汇市场的主要特点是：第一，买卖的外汇不受管制。第二，交易过程公开。例如，美国、英国、法国、瑞士的外汇市场皆属于自由外汇市场。

外汇黑市，是指非法进行外汇买卖的市场。外汇黑市的主要特点是：第一，是在政府限制或法律禁止外汇交易的条件下产生的。第二，交易过程具有非公开性。由于发展中国家大多执行外汇管制政策，不允许自由外汇市场存在，所以这些国家的外汇黑市比较普遍。

官方市场，是指按照政府的外汇管制法令来买卖外汇的市场。这种外汇市场对参与主体、汇价和交易过程都有具体的规定。在发展中国家，官方市场较为普遍。

三、按外汇买卖的范围进行分类

按外汇买卖的范围进行分类，外汇市场可以分为外汇批发市场和外汇零售市场。

外汇批发市场，是指银行同业之间的外汇买卖行为及其场所。其主要特点是交易规模大。

外汇零售市场，是指银行与个人及公司客户之间进行的外汇买卖行为及场所。

第三节　全球主要外汇市场

目前具有国际影响的外汇市场基本上都在西方工业发达国家和地区。世界主要外汇市场有：伦敦、纽约、苏黎世、法兰克福、巴黎、东京、香港和新加坡等。除以上八大市场以外，还有巴林、米兰、阿姆斯特丹、蒙特利尔等外汇市场，它们的影响也较大。

一、美国纽约外汇市场

纽约外汇市场是美国规模最大的外汇市场。纽约外汇市场没有一个固定的场所，客户并不聚集在固定场所进行交易，而是通过电话、电报、电传等现代通信设备进行。目前，纽约外汇市场建立了最为现代化的电子计算机系统，它的电脑系统和监视系统纳入了外汇交易和信贷控制的全部程序，通过外汇市场电控中心控制的行市电子设备，客户可随时了解世界主要货币的即期、远期汇率和货币市场汇率，并随时与外汇经纪人和经营外汇业务的银行保持着密切联系，这种联系组成了纽约银行间的外汇市场。

由于美元在国际货币体系中的特殊地位，美国对经营外汇业务不加限制，政府不指定专门的外汇银行，外汇业务主要通过商业银行办理，商业银行在外汇交易中起着重要的作用。1978 年，美国对外汇市场交易进行了三项改革，一是改变了过去银行之间的外汇交易必须通过经纪人的做法，允许银行之间直接进行交易；二是美国的外汇经纪人开始从事国际经纪活动，可以直接接受国外银行的外汇报价和出价；三是改变外汇牌价的标价方法，由过去的直接标价法改为间接标价法，减少了汇率换算的不便。这些改革使纽约外汇市场的交易条件和方法得到改善，从而有力地推动了外汇市场业务的扩展。此外，欧洲大陆的一些主要货币（如英镑、欧元、瑞士法郎、法国法郎等），以及加拿大元、日元、港币等在纽约外汇市场也大量投入交易。目前，纽约外汇市场在世界外汇市场上占有重要地位，它实际上已成为世界美元交易的清算中心，有着世界上任何外汇市场都无法取代的美元清算中心和划拨的职能。

外汇市场的开盘价和收盘价都是以纽约外汇市场为准的。北京时间凌晨 4：00，纽约外汇市场的最后一笔交易价格就是前一天的收盘价，此后的第一笔交易就是当天的开盘价。

二、英国伦敦外汇市场

伦敦外汇市场是建立最早的世界性的市场，是久负盛名的国际外汇市场，它历史悠久，交易量大，拥有先进的现代化电子通信网络，是全球最大的外汇市场之一。尽管第二次世界大战后，英镑作为国际储备与国际贸易支付手段的地位被美元所代替，而且从 20 世纪40 年代英国就开始实行了严格的外汇管制，但由于伦敦银行界在外汇交易中的丰富经验和完备的机构，它仍保持着世界性外汇市场的中心地位。现在，由英国中央银行——英格兰银行指定的"外汇指定银行"约有 300 家。此外，还有十几家外汇经纪公司专门充当外汇交易的中介人。英格兰银行时刻注视着整个市场的动向，并利用"外汇平衡账户"随时进行市场干预，以稳定汇率，维持市场秩序。

伦敦外汇市场作为一个世界性的外汇中心，并无一个具体的外汇交易场所，它与欧洲大陆某些国家的外汇市场固定在一定的场所进行交易有所不同。在伦敦市场，被批准的外汇经纪商，包括清算银行、商业银行、外国银行设在伦敦的分支行及其他金融机构之间，有十分完整的电信网络设备，专用的对讲电话，灵敏的电子装置，迅速灵活地处理着各种即期和远期外汇买卖业务。

1979 年 10 月 24 日，英国政府宣布自即日起完全解除外汇管制，伦敦外汇市场成为基本上完全自由的市场，外汇交易量不断增长，并以交易效率高、货币种类多、交易设施先进和拥有一批训练有素的专门人才而闻名。

伦敦外汇市场的交易时间是北京时间 17：00～次日 1：00。

经营范围：伦敦市场经营一切可兑换货币的现货交易，也经营为期 1 年的期货交易。

（一）现汇交易

在伦敦外汇市场上，大部分经营的是现货交易（即期交易），即在外汇买卖成交后 2 天之内进行交割。如果外汇银行直接向客户买卖外汇，其交割日则在当天。

在外汇行情表中，一般均标明两套不同的汇率：一种为上日幅度，即指前一天的最高与最低的行情；另一种为"本日收盘"，即指本日收盘时的买价与卖价。在该市场上，英国银行与顾客进行交易的汇率，均以市场行情为依据，各银行的分支机构每天清晨都收到当天的汇率表，可在此幅度内自行变动，银行也可以从中收取手段费。

（二）期货交易

外汇期货交易是在外汇买卖成交时，双方签订合约，规定按约定的时间进行交割。伦敦外汇市场上的期货交易预约的期限都按月计算，一般为 1 个月、3 个月或半年，最长可达 1 年，通常以 3 个月较为普遍。

伦敦外汇市场由英格兰银行指定的外汇银行和外汇经纪人组成，外汇银行和外汇经纪人分别组成了行业自律组织，即伦敦外汇银行家委员会和外汇经纪人协会。伦敦作为欧洲货币市场的中心，大量外国银行纷纷在伦敦设立分支机构，目前有200多家银行从事外汇买卖，大多数是外国银行。伦敦外汇市场上，经营外汇买卖的银行及其他金融机构均采用了先进电子通信设备，是欧洲美元交易的中心，在英镑、欧元、瑞士法郎、日元对美元的交易中，亦都占有重要地位。

伦敦外汇市场上，参与外汇交易的外汇银行机构约有600家，包括本国的清算银行、商人银行、其他商业银行、贴现公司和外国银行。这些外汇银行组成伦敦外汇银行公会，负责制定参加外汇市场交易的规则和收费标准。

在伦敦外汇市场上，约有250多个指定经营商。作为外汇经纪人，他们与外币存款经纪人共同组成外汇经纪人与外币存款经纪人协会。在英国实行外汇管制期间，外汇银行间的外汇交易一般都通过外汇经纪人进行。1979年10月英国取消外汇管制后，外汇银行间的外汇交易就不一定通过外汇经纪人了。

汇率报价采用间接标价法，交易货币种类众多，最多达80多种，常用的有三四十种。交易处理速度很快，工作效率高。伦敦外汇市场上外币套汇业务十分活跃，自从欧洲货币市场发展以来，伦敦外汇市场上的外汇买卖与"欧洲货币"的存放有着密切联系。欧洲投资银行积极地在伦敦市场发行大量欧洲德国马克债券，使伦敦外汇市场的国际性更加突出。

三、日本东京外汇市场

东京外汇市场是一个无形市场，交易者通过现代化通讯设施联网进行交易。东京外汇市场是由政府批准的外国银行或外汇专业银行、经纪商与客户所组成。但能与外国银行直接进行外汇交易的，仅限于经政府批准和与外国签订通汇合同的银行。因此，东京外汇市场的交易规模与范围尚有一定的局限性。实际上，作为日本中央银行的日本银行，也是外汇市场的参与者。

日本过去实行严格的外汇管制，20世纪50年代后，逐渐放松外汇管制。从70年代起，东京外汇市场有了很大发展，经营业务较为多样化，涉及范围也与以前大不相同。但还是不能像伦敦和纽约外汇市场那样，成为一个真正的国际性的金融市场，只是一个地区性的外汇市场。这是由于日本是个出口贸易占国民经济比重较大的国家，外汇波动对其整个国民经济的影响十分巨大，如果外汇发生供不应求的现象，则将导致外汇汇率上升，日元汇率下降，国内物价随之上涨的危险。日本政府为防止汇率波动，不得不采取一定的干预市场的措施，这就是日本外汇市场上的平衡管理。

东京外汇市场进行交易的货币种类较为单一，外汇交易的90%以上都是以美元和日元成交。其他货币交易量所占的比重很小，且在交易时受到一定的限制。

日本是个典型的出口加工型国家，因此东京市场受进出口贸易集中收付的影响较大。也就是说该市场具有明显的季节性特点。还由于日本工商业界习惯在月末和企业结算期间进行结算，出口换汇时间比较集中。

20世纪80年代以来，日本政府力图使日元走向国际化，摆脱东京外汇市场地区性限制的羁绊，使之与日本在世界经济中的实力地位相适应，于是在1980年修改了第二次世界大战后初期制定的《外贸和外汇管理法》，改变过去只有经过政府批准的外汇银行和经纪商才能经营外汇业务的规定，使所有银行都可在国内经营外汇业务。因此外汇市场有了较快发展，与纽约外汇交易市场规模的差距越来越小。

东京外汇市场的交易方式可分为三种，即期外汇银行与客户之间的交易；外汇银行之间的交易；本国外汇银行与外国银行之间的交易。以外汇的交割期限来划分，分为即期交易、远期交易和掉期交易。

东京外汇市场上，银行同业间的外汇交易可以通过外汇经纪人进行，也可以直接进行。日本国内的企业、个人进行外汇交易必须通过外汇指定银行进行。

汇率有两种。一是挂牌汇率，包括了利率风险、手续费等的汇率。每个营业日上午10点左右，各家银行以银行间市场的实际汇率为基准各自挂牌，原则上同一营业日中不更改挂牌汇率。二是市场连动汇率，以银行间市场的实际汇率为基准标价。

东京外汇市场的参加者有五类：一是外汇专业银行，即东京银行；二是外汇指定银行，指可以经营外汇业务的银行，共340多家，其中日本国内银行243家，外国银行99家；三是外汇经纪人8家；四是日本银行；五是非银行客户，主要是企业法人、进出口企业商社、人寿财产保险公司、投资信托公司、信托银行等。

四、新加坡外汇市场

参与新加坡外汇市场的主要有：

（1）国内银行。国内大银行买卖外汇比较慎重，主要是为经营商业上的外汇需求，而一些小银行和离岸银行则常冒风险进行投机，赚取外汇买卖差价。

（2）外国银行在新加坡设立的分支机构。

（3）外汇经纪商。在新加坡外汇市场上，绝大多数的外汇交易是银行之间的直接交易，经纪商做中介的外汇交易只占少数。

（4）新加坡金融管理局。它买卖的货币包括美元、欧元、日元、英镑、瑞士法郎等，其目的在于管理外汇市场。

（5）其他参加者，如其他政府机构、企业公司和个人等。

新加坡外汇市场是无形市场，无固定交易场所，市场采用直接标价法。外汇交易主要由在此的国内外商业银行和货币经纪商来经营。由于时差关系，交易商将该市场和世界其他主要外汇市场联系起来，使全球外汇交易得以不间断。市场交易以即期为主，远期和投机交易也较频繁。新加坡国际金融期货交易所与美国芝加哥商品交易所联结外汇期货业务。

五、瑞士苏黎世外汇市场

苏黎世外汇市场是一个无形市场，外汇交易由银行之间通过电话或电传进行，不通过外汇经纪人或外汇中间商。这与伦敦外汇市场和纽约外汇市场有所不同。

瑞士苏黎世外汇市场是一个有历史传统的外汇市场，在国际外汇交易中处于重要地位。这一方面是由于瑞士法郎是自由兑换货币；另一方面是由于第二次世界大战期间瑞士是中立国，外汇市场未受战争影响，一直坚持对外开放。其交易量原先居世界第四位，但近年来被新加坡外汇市场超过。

苏黎世作为一个国际金融中心，具有许多特殊的有利条件。

首先，瑞士是一个永久中立的自由经济国家，经济繁荣、政局稳定、保护私人财产，被认为是国际游资的安全存放地。瑞士对资本输出入基本无限制，是国际资金的分配中心。

其次，苏黎世在国际外汇交易中处于重要地位。这一方面因为瑞士法郎是世界上最稳定的货币之一，从历史上看，瑞士法郎只在 1936 年有过一次贬值和 1971 年进行了一次升值，甚至在第二次世界大战后欧洲各国货币纷纷对美元贬值时，瑞士法郎仍然保持其汇率平价；另一方面在过去"欧洲支付同盟"存在的年代里，瑞士法郎是唯一可自由兑换美元的货币，这就使得瑞士法郎在对许多国家，包括对当时英镑区的属于可能转让账户的那些国家的贸易上，享有特殊地位。所以，对那些当时有外汇管制的国家来说，苏黎世是比纽约更为重要的清算中心。

第三，瑞士处于欧洲大陆的中心，通信设备完备，交通便利，以及传统的外汇交易程序，娴熟的业务经验，先进的银行设施等，都使得苏黎世能够成为全球性的国际金融中心。

该市场采用直接标价法，美元作为干预市场和交易媒介的工具，因此美元在市场上具有特殊的重要地位。欧洲货币之间的外汇交易却并不常见，在绝大部分交易中，美元总是作为媒介货币。银行之间的外汇交易也大多使用美元与其他外汇的汇率。换言之，在苏黎世外汇市场上的外币价格，不是以瑞士法郎而是以美元来表示的。

苏黎世外汇市场可进行即期和远期的外汇买卖业务。银行的外汇业务即期汇率视对各种货币的需求而随时变动，但当天业务的开盘价格是参照纽约和远东在前一天的收盘价、经济政治形势的新发展，以及银行各种外汇头寸来确定的。由于市场即期价格竞争激烈，且价格波动频繁，所以市场报价一般并不报出行市的全部数字，而是只报最后两位万分点，如 \$/SF＝1.6550～1.6560 时，只报 50～60。

苏黎世在外汇市场的远期外汇买卖也很活跃，从事远期交易可抵补或对冲将来可能发生的外汇风险，这些大多是为了商业或金融上的安全考虑的。但也不能排除投机因素，特别是发生货币风潮时，投机之势更为炽热。掉期交易业务也是该外汇市场的一项惯常业务。

苏黎世外汇市场的构成。三大银行即瑞士银行、瑞士信贷银行和瑞士联合银行，是苏黎世外汇市场的中坚力量。此外，瑞士国家银行（中央银行）、外国银行在苏黎世设立的分支机构、国际清算银行以及经营国际金融业务的各种银行等均是该外汇市场的积极参与者。

苏黎世外汇市场的特点主要是：第一，与伦敦、纽约和东京外汇市场等不同的是，外汇交易由银行之间通过电话、电传进行，而不是通过外汇经纪人或外汇中间商间接进行；第二，美元在苏黎世市场上占据重要地位，外汇价格不是以瑞士法郎而是以美元来表示的，其结果是，外汇市场上外汇买卖的对象不是瑞士法郎而主要是美元。

欧洲货币之间的外汇交易绝大部分要以美元作为媒介；银行之间专业外汇交易也大多使用美元与其他货币的汇率；美元成为瑞士中央银行干预外汇市场的重要工具。苏黎世外汇市场具有良好的组织和工作效率，可以进行即期、远期等外汇买卖。

苏黎世外汇市场的外汇交易方式。苏黎世外汇市场上，外汇交易是由银行自己通过电话或电传进行的，并不依经纪人或中间商。由于瑞士法郎一直处于硬货币地位，汇率坚挺稳定，并且瑞士作为资金庇护地，对国际资金有很大的吸引力，同时瑞士银行能为客户资金严格保密，吸引了大量资金流入瑞士。所以苏黎世外汇市场上的外汇交易大部分是由于资金流动而产生的，只有小部分是出自对外贸易的需求。

六、中国香港外汇市场

香港是自由港，是远东地区重要的国际金融中心。香港外汇市场是 20 世纪 70 年代以后发展起来的国际性外汇市场。自 1973 年香港取消外汇管制后，国际资本大量流入，经营外汇业务的金融机构不断增加，外汇市场越来越活跃，发展成为国际性的外汇市场。

香港外汇市场是一个无形市场，没有固定的交易场所，交易者通过各种现代化的通讯设施和电脑网络进行外汇交易。香港地理位置和时区条件与新加坡相似，可以十分方便地与其他国际外汇市场进行交易。

香港外汇市场的参加者主要是商业银行和财务公司。该市场的外汇经纪人有三类：当地经纪人，其业务仅限于香港本地；国际经纪人，是 20 世纪 70 年代后将其业务扩展到香港的其他外汇市场的经纪人；香港本地成长起来的国际经纪人，即业务已扩展到其他外汇市场的香港经纪人。市场参与者分为商业银行、存款公司和外汇经纪商三大类型。商业银行主要是指由汇丰银行和恒生银行等组成的汇丰集团、外资银行集团等。市场交易绝大多数在银行之间进行，约占市场全部业务的 80%，存款公司作为独特的金融实体对香港外汇市场的发展起到一定的积极作用。在暂停申请新银行许可证时期（1975～1978 年），存款公司是在香港设立银行的间接方式。香港外汇市场上有 1 家外汇经纪商，它们是香港外汇经纪协会的成员，会员资格使它们得到了香港银行公会的认可。香港 166 家持有许可证的银行只允许与香港外汇经纪协会的会员进行交易。该外汇市场上多数交易是即期交易买卖，远期交易和掉期交易约占 20%。

20 世纪 70 年代以前，香港外汇市场的交易以港币和英镑的兑换为主。70 年代后，随着该市场的国际化及港币与英镑脱钩与美元挂钩，美元成了市场上交易的主要外币。香港外汇市场上的交易可以划分为两大类：一类是港币和外币的兑换，其中以和美元兑换为主。另一类是美元兑换其他外币的交易。

七、德国法兰克福外汇市场

法兰克福外汇市场是德国中央银行（德国联邦银行）所在地。由于长期以来实行自由汇兑制度，随着经济的迅速发展、欧元地位的提高，法兰克福遂逐渐发展成为世界主要外汇市场。

法兰克福外汇市场分为定价市场和一般市场。定价市场由官方指定的外汇经纪人负责撮合交易，他们分属法兰克福、杜塞尔多夫、汉堡、慕尼黑和柏林五个交易所，他们接受各家银行外汇交易委托，如果买卖不平衡汇率就继续变动，一直变动到买汇和卖汇相等，或中央银行干预以达到平衡，定价活动才结束，时间大约在上午 12：45。中央银行干预外汇市场的主要业务是美元对欧元交易，其中 70% 为即期外汇，30% 为远期外汇，有时也有外币对外币之间的汇率变动进行干预。外汇经纪人除了撮合当地银行外汇交易外，还随时与各国外汇市场联系，促进德国与世界各地的外汇交易活动。在法兰克福外汇市场上交易的货币有美元、英镑、瑞士法郎、欧元等。

八、法国巴黎外汇市场

巴黎外汇市场由有形市场和无形市场两部分组成。其有形市场主要是指在巴黎交易所内进行的外汇交易，其交易方式和证券市场买卖一样，每天公布官方外汇牌价，外汇对法国法郎汇价采用直接标价法。但大量的外汇交易是在交易所外进行的。在交易所外进行的外汇交易，或者是交易双方通过电话直接进行买卖，或者是通过经纪人进行。

在巴黎外汇市场上，名义上所有的外币都可以进行买卖，但实际上，目前巴黎外汇市场标价的只有：美元、英镑、瑞士法郎、瑞典克朗、奥地利先令、加元等 17 种货币，且经常进行交易的货币只有 7 种。

原则上，所有银行都可以中间人身份为它本身或客户进行外汇买卖，实际上，巴黎仅有较大的 100 家左右银行积极参加外汇市场的活动。外汇经纪人约有 20 名，参与大部分远期外汇交易和交易所外的即期外汇交易。

第四节　我国外汇市场状况

一、我国外汇市场总体概况

我国的外汇市场主要指银行之间进行结售汇头寸平补的市场，就是通常所说的国内银行间外汇市场。根据国家规定，金融机构不得在该市场之外进行人民币与外币之间的交易。但对于不同外汇之间的交易，国内银行可以自由地参与国际市场的交易，没有政策限制。

我国外汇市场改革自 1979 年开始，可以将其分为三个阶段。1979～1994 年，从计划到市场的转变阶段；1994～2005 年，统一的外汇市场初步创立阶段；2005 年到现在，是中国外汇市场的深化发展阶段。

第一阶段（1979～1994 年），"外汇市场"概念的提出，这是改革开放带来的成果。20世纪 80 年代中后期，全国各省市纷纷设立了外汇调剂中心，外汇价格逐步开放，参与外汇的主题方位在日益扩大。市场化、公开化的成分不断增强。这个阶段，中国外汇市场从无到有地建立起来。

第二阶段（1994～2005 年），中国外汇管理体制进行了重大改革，作为改革的措施之一，采取政府推动的方式，建立了全国统一的银行间外汇市场，从而彻底改变了市场分割、汇率不统一的局面，奠定了以市场供求为基础的、单一的、有管理的浮动汇率制的基础。这一阶段的改革，建立了统一、规范的外汇市场，外汇资金可以在不同地区和银行之间流动，保证了外汇资源的合理配置，奠定了外汇市场发展的基本雏形。

第三阶段（2005 年至今），我国外汇市场进入了向市场化、自由化方向发展的新阶段，交易工具日益丰富，功能不断完善，多种交易方式并存、分层有序的外汇市场体系正逐渐确立。

外汇体制改革以后，中国告别了计划经济色彩较浓、地区分割的外汇调剂市场，形成了全国统一的外汇市场。外汇市场主要包括外汇指定银行与企业之间的结售汇市场和银行间市场，后者以中国外汇交易中心负责管理的全国联网的外汇交易系统为载体，是汇率形成机制的核心。中央银行参与其间的交易，对汇率进行调控。与外汇调剂市场相比，银行间市场尽管有了很大的飞跃，但仍存在不少问题，难以适应开放的市场经济的需要。

"十一五"时期以来，国家外汇管理局采取了一系列外汇市场改革措施，使我国外汇市场形成快速发展的良好势头，基本形成人民币汇率灵活浮动的市场基础，不断增强人民币汇率形成机制改革与外汇市场发展的互动。

完善人民币汇价管理，增强银行的定价自主权。2007年12月，进一步优化银行对客户挂牌人民币对美元汇价管理，实行最大买卖价差波幅管理，增强了银行的定价自主权和灵活性及其对企业和个人的服务能力。

丰富交易品种，满足市场主体多种避险需求。"十一五"期间，外汇市场产品创新加快。2006年4月和2007年12月，在银行间外汇市场分别推出外汇掉期交易和货币掉期交易。2006年8月、2010年8月和2010年11月，分别增加人民币对英镑、人民币对马来西亚林吉特、人民币对俄罗斯卢布的挂牌汇率，便利了经济主体的跨境贸易和投资活动。2011年4月1日，我国银行间外汇市场正式开展人民币对外汇期权交易。

扩大市场主体，构建多元化的市场主体层次。在继续扩大银行类市场主体的同时，鼓励非银行金融机构和非金融性企业机构参与银行间外汇市场交易。2010年年末，银行间即期外汇市场会员总数达293家，其中远期市场、外汇掉期市场和货币掉期市场会员总数分别为75家、73家和27家，中化、中石化财务、中石油财务、上汽财务等22家企业集团财务公司入市交易。

完善市场机制，增强交易自主性和灵活性。"十一五"期间，市场机制建设取得了跨越式发展。2006年1月，银行间外汇市场推出询价交易模式，并引入做市商制度。在询价交易模式下，交易双方可在双边授信的前提下自行商议交易的相关要素，改变了原先竞价交易的单一模式，大幅度提升了交易的灵活性。引入做市商制度后，做市商根据自身的风险能力和市场判断持续提供买卖双向报价，为提高和保障市场流动性、培育市场主体交易自主性发挥了积极作用。2008年10月，为进一步提高外汇市场流动性和交易效率，规范和鼓励货币经纪公司在银行间外汇市场开展外汇经纪业务，为市场参与者节约询价时间、便利匿名报价提供新的交易手段，在市场参与者、中国外汇交易中心和货币经纪公司之间形成良性互补互动，丰富和完善了外汇市场交易机制。

健全市场基础设施，保障外汇市场健康发展。一是改进外汇交易系统。在借鉴国际先进经验的基础上，国家外汇管理局根据我国外汇市场发展的客观需要，指导中国外汇交易中心开发了新一代外汇交易系统，达到国际主流交易平台的先进水平。二是夯实风险防范能力。2007年8月，顺应人民币外汇衍生产品市场的发展需要，国家外汇管理局发布我国境内首个人民币外汇场外衍生产品主协议，提出单一协议原则、净额结算安排、双边协议等创新性内容，有效降低了衍生产品交易的信用风险和法律风险，为交易主体防范汇率风险提供了法律保障。三是完善外汇交易清算制度。2009年6月，为适应外汇市场对于更为高效、安全的清算安排的需求，银行间外汇市场即期询价交易推出净额清算业务，实施以多边净额清算为基础的清算对手方制度。这有利于降低外汇交易的信用风险和清算风险，促进外汇市场特别是衍生产品市场的长远发展。四是优化银行间外汇市场收费方案。借鉴国际外汇市场通行收费标准，2007年，国家外汇管理局指导中国外汇交易中心调整外汇市场收费方案，降低交易成本，活跃市场交易。

交易量方面。2010 年，我国银行间外汇市场人民币对外汇产品中即期、远期、外汇掉期和货币掉期四类产品累计成交达 4.36 万亿美元；即期外汇市场累计成交 3.05 万亿美元。2010 年 11 月出台对银行收付实现制头寸余额实行下限管理的措施后，由于银行在与客户签约远期结售汇后通过银行间外汇掉期市场拆入美元提前在即期市场卖出平盘的机制受到收付实现制头寸下限的约束，部分银行开始通过银行间远期外汇市场直接平盘，由此激发远期交易量大幅增长。11 月和 12 月的交易量同比分别增长 436.7% 和增长 847.4%，两个月的合计交易量占全年交易量的 76.1%。全年，远期外汇市场累计成交 5408 笔和 326.7 亿美元，较 2009 年分别增长 116.2% 和 234.5%，日均交易量 1.35 亿美元，较上年增长 237.5%。2010 年，外汇掉期市场累计交易 53602 笔，成交 12834.6 亿美元，日均成交量为 53 亿美元，总成交量和日均成交量较 2009 年分别增长 60.1% 和 61.4%。在期限分布上，隔夜、即/远和远/远交易的占比分别为 57.7%、37.0% 和 5.3%。

截至 2010 年年末，银行间外币买卖市场共有做市商银行 16 家，会员银行 79 家。6 月份新增了美元对新加坡元交易。2010 年，外币对即期买卖累计成交 36683 笔，累计成交量折合 502.3 亿美元，日均成交 2.1 亿美元，较 2009 年增长 45.5%。

二、中国外汇交易中心概况

（一）基本职能

中国外汇交易中心暨全国银行间同业拆借中心（简称交易中心），为中国人民银行直属事业单位，主要职能是：提供银行间外汇交易、人民币同业拆借、债券交易系统并组织市场交易；办理外汇交易的资金清算、交割，提供人民币同业拆借及债券交易的清算提示服务；提供网上票据报价系统；提供外汇市场、债券市场和货币市场的信息服务；开展经人民银行批准的其他业务。

（二）组织架构

交易中心总部设在上海，备份中心建在北京，目前在广州、深圳、天津、济南、大连、南京、厦门、青岛、武汉、重庆、成都、珠海、汕头、福州、宁波、西安、沈阳、海口 18 个中心城市设有分中心。

（三）发展概况

交易中心是国家外汇体制改革的产物，成立于 1994 年 4 月。根据中国人民银行、国家外汇管理局发展市场的战略部署，交易中心贯彻"多种技术手段，多种交易方式，满足不同层次市场需要"的业务工作方针，于 1994 年 4 月推出外汇交易系统，1996 年 1 月启用人民币信用拆借系统，1997 年 6 月开办银行间债券交易业务，1999 年 9 月推出交易信息系统，2000 年 6 月开通"中国货币"网站，2001 年 7 月试办本币声讯中介业务，2001 年 10 月创办《中国货币市场》杂志，2002 年 6 月开办外币拆借中介业务，2003 年 6 月开通"中国票据"网，推出中国票据报价系统，2005 年 5 月上线银行间外币买卖业务，2005 年 6 月开通银行间债券远期交易，2005 年 8 月推出人民币/外币远期交易。以电子交易和声讯经纪等多种方式，为银行间外汇市场、人民币拆借市场、债券市场和票据市场，提供交易、清算、信息和监管等服务，在保证人民币汇率稳定、传导央行货币政策、服务金融机构和监管市场运行等方面发挥了重要的作用。

（四）交易服务

组织原则：国家外汇管理局为外汇市场的监管部门，中国人民银行公开市场业务操作室为外汇市场调控部门，交易中心负责外汇市场组织运行。

会员构成：外汇市场实行会员制的组织形式，凡经中国人民银行批准可经营结售汇业务的外汇指定银行及其授权分支机构可成为外汇市场会员。

交易方式：外汇市场采用电子竞价交易系统组织交易。会员通过现场或远程交易终端自主报价，交易系统按"价格优先、时间优先"撮合成交。会员可选择DDN、F.R或拨号上网等方式实现远程联网。

交易时间：每周一至五（节假日除外）上午9：30～15：30。

交易品种：人民币兑美元、港币、日元和欧元的即期交易。

汇价形成：外汇市场每场交易产生开盘价、收盘价和加权平均价，人民币兑美元的加权平均价由中国人民银行公布作为第二日人民币兑美元的基准汇价，银行据此公布人民币兑美元挂牌价。

（五）清算服务

清算原则：外汇市场实行"集中、双向、差额、一级"的清算原则，由交易中心在清算日集中为会员办理人民币、外汇资金收付净额的清算交割。

清算速度：外汇市场本、外币资金清算速度为T+1，交易日后的第一个营业日办理资金交割。

清算方式：人民币资金清算通过中国人民银行支付系统办理，外汇资金清算通过境外清算系统办理。

清算备份：在北京备份中心建立实时清算备份系统。

（六）网络服务

交易系统采用上海、北京双中心异地备份的体系结构，公共数据网与金融卫星专用网互为备份，形成了全国范围的实时电子交易平台。经鉴定，该系统设计合理、功能齐全、运行安全可靠、用户界面友好，是一项具有国内先进水平的系统工程。多年来，交易中心一直致力于建设一个安全、高效、可控的电子交易平台。根据市场发展的需要，2002年全面实施了网络系统的扩容改造，在上海、北京、广州、深圳、济南和天津六地设中继站，所有成员都通过以上六地接入交易中心网络。经过网络扩容和本外币交易、信息系统升级改造，系统安全性、稳定性、有效性和可扩性明显提高，为加速实现全国统一联网和交易主体增加、交易量增长提供了强有力的技术保障。

（七）信息服务

中国货币网（www.chinamoney.com.cn）是交易中心为银行间市场提供交易所需信息、中小金融机构备案报价和银行结售汇备案的基本平台，以"方便交易、防范风险、便利监管"为宗旨，为金融机构广泛参与市场、获取行情报价、了解对手资信、熟悉政策法规、学习操作技能、交流业务经验、培育市场人才、展示机构风采提供快捷的通道和基础的信息。中国货币网同时为未与交易中心交易系统联网的金融机构提供报价服务，为中国人民银行、国家外汇管理局提供市场监管服务。

本章小结：

1. 外汇市场是指经营外币和以外币计价的票据等有价证券买卖的市场，是金融市场的主要组成部分。外汇交易市场是个现金银行间市场或交易商间市场。外汇市场是全球最大的金融市场。

2. 外汇市场按照不同的标准可以分为以下类型：按外汇市场的外部形态进行分类，外汇市场可以分为无形外汇市场和有形外汇市场；按外汇所受管制程度进行分类，外汇市场可以分为自由外汇市场、外汇黑市和官方市场；按外汇买卖的范围进行分类，外汇市场可以分为外汇批发市场和外汇零售市场。

3. 世界主要外汇市场有：伦敦、纽约、苏黎世、法兰克福、巴黎、东京、香港和新加坡等。

4. 外汇市场的参与者包括：外汇银行、外汇经纪商、央行和与外汇银行有外汇交易关系的公司和个人。

5. 我国外汇市场改革自 1979 年开始，可以将其分为三个阶段。1979～1994 年，从计划到市场的转变阶段；1994～2005 年，统一的外汇市场初步创立阶段；2005 年到现在，是中国外汇市场的深化发展阶段。

6. 中国外汇交易中心的主要职能是：提供银行间外汇交易、人民币同业拆借、债券交易系统并组织市场交易；办理外汇交易的资金清算、交割，提供人民币同业拆借及债券交易的清算提示服务；提供网上票据报价系统；提供外汇市场、债券市场和货币市场的信息服务；开展经中国人民银行批准的其他业务。

思考题：

1. 外汇市场的参与者是谁？

2. 我国外汇交易中心的汇价是怎样形成的？

3. 什么是外汇市场？外汇市场的基本功能是什么？

参考文献

1. 张亦春主编：《现代金融市场学》，中国金融出版社 2007 年版。

2. 朱新蓉主编：《金融市场学》，高等教育出版社 2007 年版。

3. 谢百三主编：《金融市场学》，北京大学出版社 2009 年版。

4. 沈悦主编：《金融市场学》（第二版），科学出版社 2008 年版。

5. 霍文文主编：《金融市场学教程》，复旦大学出版社 2005 年版。

6. ［美］罗斯、马奎斯著，陆军等译：《金融市场学》，机械工业出版社 2009 年版。

7. 王兆星等编著：《金融市场学》（第四版），中国金融出版社 2006 年版。

8. 许文新主编：《金融市场学》，复旦大学出版社 2007 年版。

9. 王振山、王立元编著：《金融市场学》，清华大学出版社 2011 年版。

10. ［美］法博齐、莫迪利亚尼、琼斯著，孔爱国等译：《金融市场与金融机构基础》，机械工业出版社 2010 年版。

11. ［美］桑德斯、科尼特著：《金融市场与金融机构》（第 3 版），人民邮电出版社 2008 年版。

12. ［美］米什金、埃金斯著，李健编审，贾玉革等译校：《金融市场与机构》（第五版），中国人民大学出版社 2007 年版。

13. ［美］马杜拉著，何丽芬译：《金融市场与机构》（第 8 版），机械工业出版社 2010 年版。

14. 曹凤岐、贾春新著：《金融市场与金融机构》，北京大学出版社 2002 年版。

15. 张维主编：《金融机构与金融市场》，科学出版社 2008 年版。

16. ［美］基德韦尔、布莱克威尔等著，李建军、章爱民译：《货币、金融市场与金融机构》，机械工业出版社 2009 年版。

17. ［加］赫尔著、［加］王勇译：《风险管理与金融机构》（第 2 版），机械工业出版社 2010 年版。

18. ［美］舒贝克著，王永钦译：《货币和金融机构理论》，上海人民出版社 2006 年版。

19. 瓦伊尼著，陈未等译，张杰校：《金融机构、金融工具和金融市场》（第四版），中国人民大学出版社 2008 年版。

20. 博迪等著，刘澄等校、曹辉等译：《金融学》（第二版），中国人民大学出版社 2010 年版。

21. 戴国强主编：《货币金融学》，上海财经大学 2006 年版。

22. ［美］佩特·D.斯潘瑟著，戴国强等译：《金融市场结构与监管》，上海财经大学 2005 年版。

23. 王淑敏、齐佩金主编：《金融信托与租赁》（第二版），中国金融出版社 2002 年版。

24．黄达编著：《金融学》（第二版），中国人民大学出版社 2009 年版。

25．夏汉平、王贵福主编：《农村合作金融机构客户经理培训手册》，西南财经大学出版社 2009 年版。

26．梁福涛著：《货币市场利率结构、基准利率与利率衍生品创新》，上海财经大学出版社 2007 年版。

27．[美] 切凯蒂著，郑振龙译：《货币、银行与金融市场》（第 1 版），北京大学出版社 2007 年版。

28．[美] 托马斯著，杜朝运译：《货币银行学：货币、银行业和金融市场》，机械工业出版社 2008 年版。

29．李格平著：《金融市场化改革中的货币市场》，社会科学文献出版社 2008 年版。

30．张自力著：《货币市场动作实验教程》，中国金融出版社 2006 年版。

31．王曦著：《中国货币市场研究》，经济管理出版社 2009 年版。

32．[美] 里特等著，范立夫译注：《货币、银行与金融市场》（第 11 版），东北财经大学出版社 2008 年版。

33．张丽娟著：《我国银行间货币市场利率研究》，上海人民出版社 2010 年版。

34．杨健编著：《股票市场基础分析手册》，中国宇航出版社 2006 年版。

35．中国期货业协会编：《黄金》，中国财政经济出版社 2010 年版。

36．上海黄金交易所研究发展部编著：《黄金投资必读》，经济日报出版社 2008 年版。

37．戴永良编著：《黄金投资实用全书》，电子工业出版社 2008 年版。

38．覃维桓著：《黄金投资入门与技巧》，经济管理出版社 2007 年版。

39．中央国债登记结算公司编：《债券市场》，中国金融出版社 2008 年版。

40．沈炳熙、曹媛媛著：《中国债券市场：30 年改革与发展》，北京大学出版社 2010 年版。

41．冯光华著：《中国债券市场发展问题研究》，中国金融出版社 2008 年版。

42．中央中国债登记结算有限责任公司编：《中国银行间债券市场研究》，中国金融出版社 2008 年版。

43．路透编，黄玲、何丽梅译：《债券市场导论》，北京大学出版社 2001 年版。

44．刘园、吴莹主编：《外汇交易与管理》，首都经济贸易大学出版社 2007 年版。

45．杨向荣主编：《外汇交易实务》，电子工业出版社 2009 年版。

46．王晋忠主编：《衍生金融工具》，西南财经大学出版社 2011 年版。